超英文法マニュアル

意識革命デ全問正解状態ヲ

今までにない感動をあなたに

かんべ やすひろ [著]

研究社

まえがき
～今の教え方の問題点～

　本書は,「意識革命」をもたらしたいと思い書いた英文解釈の本の"英文法版"です。前著と同様,目的は「意識革命」です。

「英文法が苦手なのは,英文法の教え方に問題がある」

　それが僕の主張です。

　今の英文法の勉強法は,①英文法の分厚い参考書やテキストを使って勉強する方法と,②一問一答式の入試用(試験用)問題集をひたすら暗記する方法の,大体2つに分けられるよね。結論から言えば,この2つは大きな欠陥を持っているんだ。

1.「英文法の分厚い参考書やテキストで勉強する方法」の問題点

　学校で英文法を習うときは「英文法の教科書」を基に勉強しますね。あるいは「英文法総則」などといった分厚い参考書で勉強したりするのですが,詳しすぎてよくわからないよね。途中で飽きてしまっておしまいです。結論から言うとこれらは,

「英語を研究するための知識」

なのです。「学者養成用知識」と言ってもいい。例えば,

> 文の種類には平叙文,疑問文,感嘆文,否定文…と何種類あり,さらに疑問文は選択疑問文,否定疑問文…と何種類あり,さらに文には単文,複文,重文があり…」

などと書いてある。「研究するための知識」はこのように「分類学」なんだ。いろんな英語の現象を名前を付けて細かく分類(分解)していくわけ。皆さんは英語学者になりたいの?そうではないよね。「英語をマスターしたい」だけ

だよね。

「"英語をマスターするための知識"は全然違う」

のです。例えば「日本語には何種類あるか」と聞かれて答えられる？そんなことは「日本語を書けて読む」ためには関係ない知識ですね。

　つまり，英語の「分類学」(「学者養成用知識」)を「英語をただマスターしたいと思っている人」に教えているわけですから，皆さんが「何かおかしい」と思うのも無理はないのです。

　英語をマスターするとは「逆の作業」です。英語をマスターする，つまり「英語を書けて読める」とは

「多くの文法事項を→1つに集約(統合)する作業」

なんだ。「関係詞は→文を書く上でどう使うのか」「仮定法は→文を書く上でどう使うのか」「分詞は→文を書く上でどう使うのか」…と発想するわけ！それ以外何が必要？つまり，

『各文法のルール(関係詞など)を→文を書く・読むという観点から整理・統合していく作業が⇨英文法の勉強』

なのです。

2.「試験用(受験用)の一問一答式問題集」での勉強の問題点

【問　題】	【解答・解説】
1.…（　　）…	1.「may well～＝～するのももっともだ」

　例えばこのように書いてあるわけですが，**大きな欠点2つ**があるよね。

1つは，「**何が**」**公式なのかがわかりにくい**ことです。

上の例だと「**may well〜**」をどこで使ってもいいわけ？文の先頭とか文の最後でもいいのか，その辺がわからないので自分で文を書くとき使えないんだ。つまり「この問題」しか通用しないわけ。応用がきかないのです。大体なぜ「もっともだ〜」という意味になるのかもわからないですね。

2つ目の欠点は「**ばらばらに暗記しないといけない**」こと。100問あれば100個ばらばらに暗記しないといけない。これはとても「**効率が悪い**」のです。なぜなら**本当は全て**「**つながっている**」からです。それがわかったほうが「効率的」なのです。

ではどういうやり方がいいのでしょうか？

僕のやり方はいたってシンプルです。それは

『全ての文法事項を→SVC，SVOで説明する』

という方法です。

もう少し正確に言うと「"**1つの設計図**"**だけで説明する**」ということ。例えば普通の本には「so〜that…構文＝とても〜なので…する」などと書いてあって丸暗記するわけですが，僕のやり方は違います。

「so〜that…構文は→SVCやSVOの文の"ここ"で使う」

と説明します。違いがわかりますか？「**仮定法の公式**」なら「**仮定法の公式は→SVCやSVOの文の"ここ"が変わるだけ**」と言います。

従来のやり方だと，文法用語はやたらくわしいのに「英文が書けない読めない」という生徒を大量に作ってしまうんだ。

> 僕は英文法のテストでいい点が取りたいんだ。英作文や読解は別に勉強するからいいよ…

君はそう思うかもしれませんが，**英文法のテストで聞かれるのは**「**英文が書けて読めるか**」ただそれだけなんだ。「**英文をどういうルールで書くのか**」それが英文法でしょ？英文法という学問があるわけではない。皆さんは勘違いしている，というより正しく習ってないんだ。

従来の英文法勉強法の問題点

1．「英文法の分厚い参考書やテキストでの勉強」の問題点
　　欠点…「英語を研究するための知識」(学者養成用知識)
　　　　　にすぎない
　　　　　→英語を細かく分類する「分類学」
　　　　　　　　　⇩
　　　「英語をマスターするため」，つまり「英語を書けて読める」
　　　　　　　　 こととは無関係
★英語を書けて読めるとは
　☞ 多くの文法事項を→1つに集約(統合)する作業 なんだ。
　　　関係詞は→文を書く上でどう使うのか
　　　仮定法は→文を書く上でどう使うのか
　　　分詞は→文を書く上でどう使うのか
　　　　…と発想するわけ！それ以外何が必要？
　　　　　　　　　⇩
　つまり各文法のルール(関係詞など)を
　☞ 文を書く・読む という観点から 整理・統合していく作業
が
　　→「英文法の勉強」なのだ！
　つまり「英語を研究する知識」と「英語をマスターするための知識」は
　☞ 分類学 と 統合学 との違いなのだ！（全く別の知識）

2．「一問一答式の試験用(受験用)問題集での勉強」の問題点
　　欠点①…何が「公式」なのかわかりにくい
　　　　　　→応用がきかない(ちょっと変わるとわからなくなる)

　　欠点②…ばらばらに暗記するので効率が悪い
　　　　　　(本当は全てつながっていることがわからない…)

そして，文を書くとき書き手は「SVCで書くか，SVOで書くか」と考えるのです(原則)。だからSVC，SVOの文と各文法事項との"関係"がわかっていないと，結局「使えない知識」になってしまうのです。

逆に，関係詞や仮定法が「SVC，SVOの"どこ"の話なのか」がわかると「英文が書けて読める」ようになります。そうすると文法問題は「**全問正解状態**」になるんだ。つまりそれこそが「英語をマスターするための知識」なのです。

日本には「英語を研究するための知識」しかなくて，それを英語を教えるときに代用してしまっているんだ。「英語をマスターするための知識」は日本では確立されていなかったわけです。

どうか従来の教え方と比べてみてください。そしてできれば「**感動**」してほしい。「この構文はそうか単なる"SVCの文"だったのか…」，そんな感じで読み進めてほしい。そうやって読み進めていくうちに英文法の一見複雑な知識がとてもシンプルに見えてくるはずです。その瞬間こそが英文法をマスターした瞬間なんだ。

全ての文法事項(関係詞や仮定法など) を
⇩
SVC，SVOで説明する
⇩
ならば従来の勉強法の欠点が解消される
⇩
① 全ての文法事項を→SVC，SVOに集約することで
②「何が公式なのか」が理解でき
③ 全体が「つながって」見え，覚える効率が良くなる

★君に必要なのは知識ではなく　**"意識革命"**

● 分厚い文法書は…

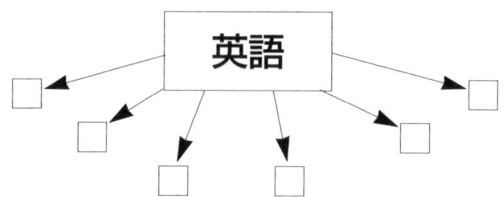

英語を細かく分解(分類)していく…
→英語を「書いて読む」ことと無関係
(学者養成用知識)

● 「英語をマスター」するために必要なのは…

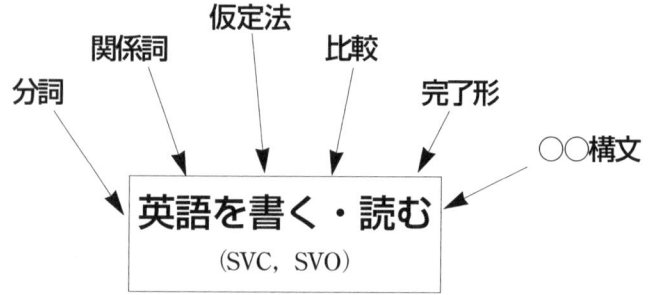

・文を書く上で各文法事項をどう使うのか，
　どうつながるのかを整理・統合する作業
　(文法用語を知っていても文が書けて読めなければ意味がない)
・文を書く上で**必要ない知識を"削除"する作業**

つまり…
　各文法事項が
　SVC，SVOの**"どこの話"なのかがわかること**
　(SVC，SVOから離れた知識は何の役にも立たない)

もくじ

まえがき　iii
これですっきり！　一覧表　xi

第1章　**文型**はみんなどうやってマスターしたのか　1
1. 英文法とは　2
2. 文型とは　5
3. SVCの見抜き方　8
4. 一般動詞を使った文①②：SVとSVO　13
5. 一般動詞を使った文③：SVOO₂　16
6. 一般動詞を使った文④：SVOC　21
7. 文型の識別問題　24
8. これからお話すること（予告編）　30

第2章　**動詞**問題をSVC，SVOだけでマスターする方法　37
1. 自動詞と他動詞　38
2. 動詞と名詞の意外な結びつき　45
3. 「群動詞」問題　51

第3章　**不定詞**をSVC，SVOだけでマスターする方法　59
1. 不定詞の教え方　60
2. 不定詞の名詞用法　62
3. 不定詞の「意味上の主語」　66
4. 不定詞の形容詞用法　72
5. 不定詞の副詞用法　79
6. 不定詞を使った"構文"　83
7. 原形不定詞（toなし不定詞）　90

第4章　**動名詞**をSVC，SVOだけでマスターする方法　99
1. 動名詞の教え方　100

2. 動名詞と不定詞の使い分け　104
　　3. to+Ving　114
　　4. 動名詞を使った"構文"　122

第5章　分詞 をSVC，SVOだけでマスターする方法　131
　　1. 分詞の教え方　132
　　2. 分詞の「1つ目」の使い方(限定用法)　135
　　3. 分詞の「2つ目」の使い方(叙述用法)　141
　　4. 分詞の「3つ目」の使い方(分詞構文)　150
　　5. 受け身文と進行形文の変形バージョン　154
　　6. 感情動詞(感情分詞)問題　157

第6章　関係詞 をSVC，SVOだけでマスターする方法　163
　　1. 関係詞の教え方　164
　　2. 関係詞の「基本パターン」　168
　　3. 「前置詞＋関係詞」パターン　176
　　4. 「関係副詞」パターン　182
　　5. 特殊かつ頻出の関係詞what　192
　　6. 関係詞のwhatを使った慣用表現　198

第7章　仮定法 をSVC，SVOだけでマスターする方法　207
　　1. 仮定法の教え方　208
　　2. 仮定法の第1公式　213
　　3. 仮定法の第2公式　218
　　4. 仮定法の第3公式　224
　　5. 仮定法を使った慣用表現(1)　232
　　6. 仮定法を使った慣用表現(2)　242

あとがき　246

「構文」一覧　248

お助け索引　252

これですっきり！ 一覧表

- ☐ 1 英文法は難しい？ — 4
- ☐ 2 文型とは？ — 7
- ☐ 3 SVCとは — 9
- ☐ 4 「be動詞の仲間」を使ったSVC文 — 11
- ☐ 5 SVとSVOの見抜き方 — 15
- ☐ 6 SVOとSVOO₂の見抜き方 — 19
- ☐ 7 SVOO₂をSVOへ変換した時の前置詞 — 20
- ☐ 8 こんなときはSVOCで訳す！ — 23
- ☐ 9 SVC文の2つの見抜き方 — 27
- ☐ 10 SVC，SVOが大半 — 27
- ☐ 11 自動詞，他動詞とは？ — 40
- ☐ 12 自動詞／他動詞問題で狙われるもの — 42
- ☐ 13 動詞と名詞の意外な組み合わせ — 46
- ☐ 14 動詞のニュアンス — 47
- ☐ 15 「借りる」「教える」問題 — 49
- ☐ 16 群動詞もやはりSVC, SVOで考える！ — 54
- ☐ 17 群動詞をうまく活用しよう！ — 55
- ☐ 18 不定詞の本当の意味 — 61
- ☐ 19 不定詞の名詞用法 — 63
- ☐ 20 不定詞の中身も「5文型」だ！ — 65
- ☐ 21 不定詞の意味上の主語 — 67
- ☐ 22 forとof — 71
- ☐ 23 不定詞の形容詞用法 — 74
- ☐ 24 「名詞」と「後ろの不定詞」との関係 — 77
- ☐ 25 不定詞の副詞用法 — 80
- ☐ 26 副詞用法の訳し方 — 81
- ☐ 27 too～to…構文 — 85
- ☐ 28 enough to…構文 — 86
- ☐ 29 so～as to…構文 — 88
- ☐ 30 不定詞の3大構文 — 89
- ☐ 31 原形不定詞 — 92
- ☐ 32 makeとenable — 94
- ☐ 33 haveとget — 95
- ☐ 34 letとallow — 96
- ☐ 35 動名詞とは — 101
- ☐ 36 Ving…の中身も5文型 — 101
- ☐ 37 用語の整理 — 102
- ☐ 38 動名詞と不定詞の違い — 106
- ☐ 39 to不定詞をとるタイプ＝「未来」 — 106
- ☐ 40 動名詞をとるタイプ＝「過去／現在」 — 108
- ☐ 41 両方とって意味が異なるもの（過去と未来） — 110
- ☐ 42 両方とれて意味が異なるもの（能動と受動） — 112
- ☐ 43 toの後ろなのにVing — 115
- ☐ 44 look forward to Ving — 116

- ☐ 45 What do you say to Ving…など —— 118
- ☐ 46 be used to Ving / used to V —— 120
- ☐ 47 cannot help Ving / cannot but V —— 124
- ☐ 48 It is no use Ving —— 126
- ☐ 49 There is no Ving… —— 129
- ☐ 50 分　詞 —— 133
- ☐ 51 準動詞のカタマリの整理 —— 134
- ☐ 52 分詞の使い方 —— 137
- ☐ 53 分詞は「S 説」「O 説」「C 説」で使う！ —— 138
- ☐ 54 知覚動詞の場合！ —— 143
- ☐ 55 使役動詞 have の場合 —— 144
- ☐ 56 使役動詞 make の場合 —— 148
- ☐ 57 can't make oneself understood… —— 148
- ☐ 58 分詞構文 —— 151
- ☐ 59 イントロで分詞を使うには？ —— 152
- ☐ 60 受身文と進行形文の変形バージョン —— 156
- ☐ 61 感情動詞(〜させる動詞)問題の解き方 —— 159
- ☐ 62 「後ろに説明」系の話 —— 166
- ☐ 63 「名詞(←説明文)」の作り方講座 —— 172
- ☐ 64 目的格の省略 —— 174
- ☐ 65 「前置詞＋関係詞」は"どこ"の話？ —— 177
- ☐ 66 「前置詞＋関係詞」の秘密 —— 179
- ☐ 67 関係副詞の where —— 183
- ☐ 68 関係副詞の when —— 187
- ☐ 69 関係副詞の why —— 189
- ☐ 70 関係副詞の how —— 191
- ☐ 71 what と that —— 195
- ☐ 72 what S is / what S was —— 199
- ☐ 73 what is called… —— 201
- ☐ 74 A is to B what C is to D —— 203
- ☐ 75 what little money —— 205
- ☐ 76 「もし…」 —— 212
- ☐ 77 仮定法の第 1 公式…現在のことに対する仮定法 —— 216
- ☐ 78 仮定法の第 2 公式…過去のことに対する仮定法 —— 220
- ☐ 79 If …でも仮定法じゃないパターン！ —— 225
- ☐ 80 未来の仮定法 1 ／可能性少々 —— 227
- ☐ 81 未来の仮定法 2 ／可能性ゼロ —— 229
- ☐ 82 I wish …パターン —— 235
- ☐ 83 It is time …パターン —— 237
- ☐ 84 as if / as though …パターン —— 240
- ☐ 85 仮定法の慣用表現の秘密 —— 241
- ☐ 86 なければ表現 —— 243

第1章

文型は みんなどうやって マスターしたのか

先輩たちの秘伝公開!

1. 英文法とは

 英文法は難しくてよくわからない…
何かいい方法はないの？

　英文法というと「難しい，面倒くさい…」というのが皆さんのイメージだと思いますが，このような「**英文法＝難しい**」というイメージが定着してしまった原因は→**実は最初に習った５文型にある**んだ。

　「SV，SVC，SVO，SVOO，SVOC…」という５文型を僕らは最初に習うのですが，

> この５文型では ☞ 不定詞や分詞，仮定法などの文法事項を十分に説明できない！

のです。

　だから５文型で説明がつかないことは「○○構文」とか「○○の公式」というような名前を付けて丸暗記させることになるんだ。そして「英文法＝構文や公式の大量暗記」というイメージが付いてしまって「英文法は難しい→やめた！」となってしまうのです。

> **英語の本当の"設計図"は ☞ この５文型とは少し違う**

のです。英語が読めて書ける人の頭の中には，右ページのような"設計図"が入っているんだ。これは，５文型を一部修正しただけですが，原則的に英語の文は実は全てこの設計図を使って書かれています。

　だから，

> この設計図を使えば，不定詞や関係詞，比較などの英文法のルールを ☞ 「１つの設計図上」で表わすことができる

第1章　文型はみんなどうやってマスターしたのか

のです。ならば構文の丸暗記から解放されて，英文法が「理解できて」「使いこなせる」ようになるはずです。具体的にはこれから説明していきますが，要は**英文法とは，この設計図の使い方に関するルール**なんだ。

つまり，君に求められているのは，「あらゆる文法のルール」を☞「**この設計図上で使いこなせる能力**」なのです。

というわけで，これから，文法問題に頻出するテーマに沿って，全てこの設計図を使って説明してみたいと思います。その中で，皆さんが抱えているモヤモヤをスッキリ晴らしてもらって，英文法が大好きになってもらいましょう，というのが本書の趣旨です。決して暗記しようと思わないで「へ〜，そうなのか」と思ってください。ならば一生忘れないはずです。

まずは「文型」の話から始めましょう。

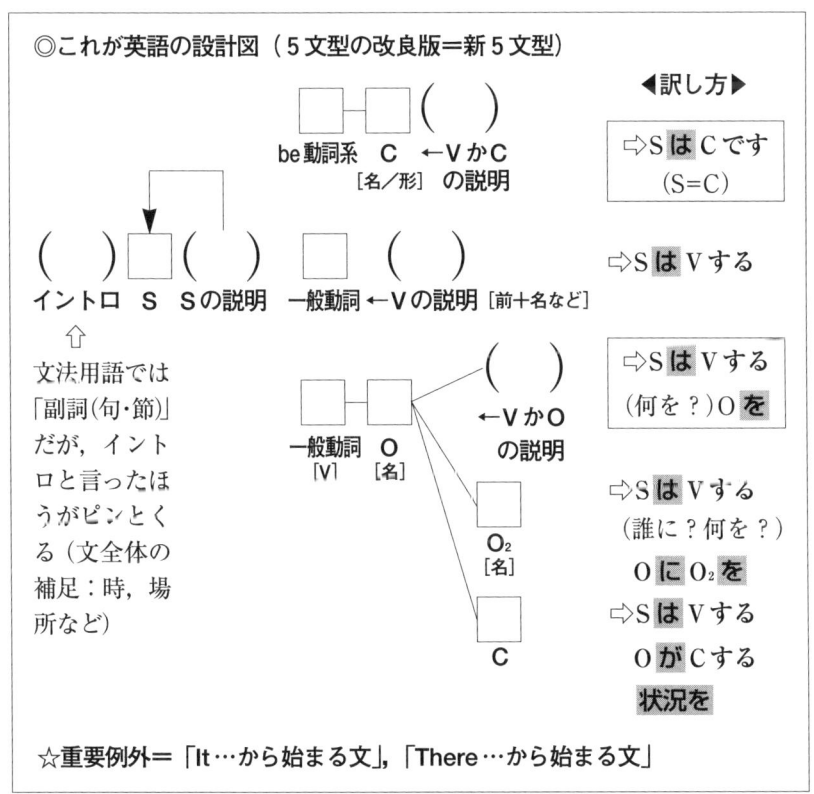

これですっきり！❶ 英文法は難しい？

○ 英文法が難しいのは
☞ 実は 最初に習う5文型 に原因がある！
- SV
- SVC
- SVO
- SVOO
- SVOC

○ この5文型では ☞ 分詞 や 関係詞 や 比較 などの文法事項を十分に説明できない！

だからたくさんの「構文」を丸暗記するしかないと思ってしまう…

⇩

英語の設計図（5文型の修正判）を使えば

○ 全ての文法事項を 1つの設計上で 表わせる！

⇧

ならば，構文や公式の丸暗記から解放されて英文法を使いこなせるようになる！（←それが君の目的）

2. 文型とは

『文型の見抜き方』がよくわからない…
そもそもなぜ文型判別が必要なのかわからない…

英文法を習うとき，始めにやらされるのが「**文型の判別問題**」という奴ですね。

1. She made a doll yesterday.
2. She gave me a doll yesterday.

例えばこのような文が並んでいて「それぞれ何文型が答えよ」というものです。この例で言えば1は「第3文型(SVO)」で，2は「第4文型(SVOO)」と答えると「正解！」となります。

このような問題をやるとき，皆さんは

「なぜ文型，文型と先生はしつこく言うんだ。別に文型なんかわからなくてもいいよ。訳さえできれば…」

そう思っていませんか？ つまり皆さんの不満は2つあるはずです。それは

① 文型の見抜き方がよくわからない
② そもそもなぜ文型を見抜く必要があるのかわからない

この2点に尽きると思います。
まず2の方からいきましょう。実は，

文型とは ☞「訳し方」の指示

なのです。

ある目印で「SVCの文」だとわかると ⇨「SVCの訳」をする

(SはCです(S = C))

ある目印で「SVOの文」だとわかると ⇨「SVOの訳」をする
(SはVする／Oを)

　ただそれだけの話なんです。別に英文法の勉強のために文型を見抜く訓練をしているわけではないのです。**訳したいから文型を知りたいわけ**です。「文型」が決まると「訳し方」が決まるからです。

　訳し方とは例えば，「SVOの文」なら「SはVする／O を」と訳しますが，ある目印で「SVOOの文」だとわかると，今度は訳し方が「SはVする／O に O₂ を 」と変わります。

　付ける「てにをは」が変わっているだけなのがわかりますか？

> 文型は ☞ 訳すときの「てにをは」を自動的に決めてくれる

ということですね。
　そしてその文型は5つしかないわけです。つまり

> 「5文型」とは ☞「訳し方」("てにをは"の付け方)が5パターンしかない！というルール

のことなんだ。
　これで，なぜ文型の判別問題が重要なのかわかってもらえたでしょうか。

「でも，実際の英文は例外ばかりで5文型通りいかないんでしょ？だから構文を暗記しないといけないのでは？」

　まだそんなことを言っている人がいますか？
　英語の文は，たとえ東大の入試問題であろうと，今日の英字新聞であろうと，原則としてこの「5つの訳」と，重要な例外である「It…から始まる文」と「There…から始まる文」の訳だけでOKなのです(後述)。

第1章 文型はみんなどうやってマスターしたのか

> **これですっきり！ ❷ 文型とは？**
>
> ○ 文型とは☞ 訳し方の指示 なんだ！
>   SVCなら☞「SVCで訳せ」という作者のサイン！
>
> ○ 5文型とは☞ 訳し方が5パターンしかない
>   　　　　　　　　　("てにをは"の付け方)
>   というルールのこと
>
> ☆文型の判別は「訳すために」必要なのです！

3. SVCの見抜き方

**「こんな時はSVCの文だ」と教わるが…
どう見抜くか決め手がよくわからない…**

　文型を区別する意味がわかったら今度は「**どう見抜くか**」ということですね。

　これも例文を見せて「こんなときは○○文型，これは○○文型…」と曖昧な説明を受けるだけなので，よくわからない人も多いと思います。

　ひどいときには(×)「**こう訳せるから○○文型…**」などと説明している本もあるのですが，訳せているなら別に文型なんて必要ないのです。

　「**文型が決まる→訳し方が決まる**」この順序をお忘れなく。

　結論から言えば，

> 　　　　文型は ☞ 簡単な「目印」で誰でもわかる

のです。**決して意味で文型が決まるわけではない。**

　作者は必ず「設計図をどう使ったか」，つまり「文型は何なのか」を読み手にわかるように書いてくれます。そうしないと相手は読めないからね。

　そうして「設計図」を見ればわかる通り，

> 英語の文は実は
> ☞「be動詞(系)を使った文」と「一般動詞を使った文」
> 　の2つしかない！

のです。知ってましたか？

　「一般動詞って何？」と思うかもしれませんが，要は「**be動詞以外の全て**」だと思って下さい。

第1章　文型はみんなどうやってマスターしたのか

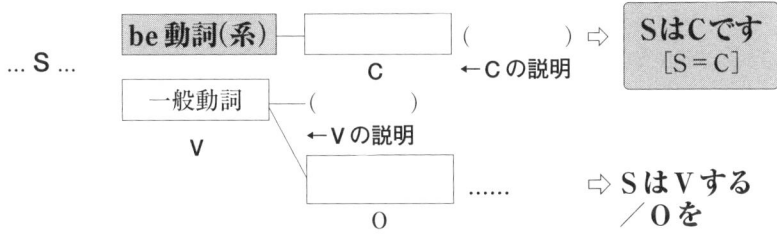

つまり

> 「be動詞(系)」を使った文を「SVCの文」と呼んでいて
> ☞ 必ず「S＝C」で訳せという作者の強い指示(サイン)になる

わけ(原則)。

　つまり文型判断はVを「be動詞(系)」と「一般動詞」に分けるところから始まるということですね。

　それが第1関門になるわけです。

　　　① She **is** a nurse.　　② He **loves** the nurse.

　この2つの文で言えば、①はもちろん「SVCの文」ですが、なぜ？そう、**「be動詞を使っているから」**ですね。決して意味は関係ないです。

　そして②は「一般動詞を使っているから」SVOの文でSVOの訳をするわけですね(くわしくは後述)。

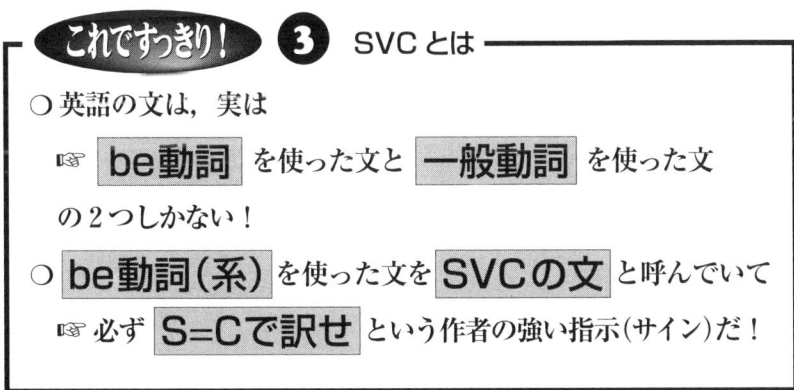

ただし，これでは簡単過ぎるので，問題としては「be 動詞を使わない SVC の文」が問われます。原則があれば例外ありで，厳密に言うと，

> 「be 動詞の代わりに使ってもいい動詞」というのがある！

のです。いわば「**be 動詞の仲間**」ですね。

専門用語では「**第 2 文型をとる動詞**」と言います。

もちろん SVC の 90％は「be 動詞を使った文」で，「be 動詞の仲間」を使った文はあくまで少数（10％）ですが，文法問題ではこの割合が逆転して 90％以上は be 動詞の仲間を使った SVC 文が出ます。

(1) This plan **sounds** good.
(2) She **remains** silent.

この例文は(1)も(2)も「be 動詞の仲間」を使った SVC の文ですが，

> わからなくなったら ☞「be 動詞に置き換えて」みればいい

のです。(1)なら「S = C」，つまり「この計画 = 良い」という関係を確認するんです。そしてそれに sound の意味を加える。つまり「この計画 = 良いように聞こえる／良さそうに響く」という感じ。

この場合の sound のような「be 動詞の仲間」は

> be 動詞以外の動詞を使って ☞ "無色透明" な be 動詞に色を付けている

といった感じなんだ。(2)もわからなくなったら be 動詞に置き換えて，「She = silent」という関係を確認するんだ。そしてそれに remain の意味を加えて「S = C のまま」→「彼女は黙ったままだ」と訳せばいいわけ。

SVC である以上作者は「S は C です（S = C です）」を訳の土台にしろというメッセージを送っているわけです。

だからその訳の土台から「下線部だけ」を変えてもらえば OK です。

「S＝Cです」
　⇩
「S＝Cに見える／に聞こえる／のまま」etc.

つまりSVCは必ず「SはCです(S＝C)」が訳の土台になる文ということですね。

代表的な「be動詞の仲間」とその"下線部"の訳をあげておきます。

───────〈代表的な「be動詞の仲間」〉───────
・seem／look／appear（〜に見える）　・sound（〜に聞こえる）
・feel（〜の感じがする）　・taste（〜の味がする）
・smell（〜のにおいがする）　・prove/turn out（〜とわかる）
・become/get/grow/turn（〜になる）　・remain/keep（〜のまま）

これですっきり！ ❹「be動詞の仲間」を使ったSVC文

She **remains** silent.

○「be動詞の仲間」(lookなど)を使った文も☞「SVCの文」で
○わからなくなったら☞① **be動詞** に置き換えてみて
　　　　　　　　　　② **S＝C** の関係を確認して
　　　　　　　　　　③そして
　　　　　　　　　　　 使った動詞の意味を加える

○あくまで「SはCです(S＝C)」を土台に訳す！
☞訳はここが変わるだけ（〜に見える／〜のまま, etc）
（無色透明のbe動詞に→彩りを添えているわけ）

○つまりSVC文は正確に言うと
☞「SはCです（S＝C）」が必ず訳の土台になる文ということ

「"be動詞の仲間"は全部暗記しないとダメ？」

このような質問もよく受けますが，数も少ないですし，おそらく自然と覚えてしまうと思います。というより，

> SVC文かどうかの判断材料は☞なにも「V」だけではない！

のです。Vが「be動詞」か「be動詞の仲間」かが"第1の決め手"だとすると，"第2の決め手"は⇨「Vの直後」なのです。

> Vの直後が「形容詞」ならば☞必ず「SVCの文」

なんです。
　なぜかって？　これについては後でくわしく述べることにします。とりあえず5文型全てを先に見ていきましょう。細かいことは後回しです。
　大事なことは5つの文型の区別ができるようになることです。

4. 一般動詞を使った文①②：SVとSVO

SVとSVOの見抜き方がよくわからない…
「後ろが副詞ならSV」と習うが，副詞と言われても…

今までの話はどうでしたか？

最後に「5文型の判別問題」やその他の文型に関する問題をたっぷりとやってもらいますので，何が"目印(決め手)"となって文型が判断できるのかよく理解してください。皆さんも必ず全ての文の文型が，つまり「訳し方」がわかるようになっているはずです。

さて，be動詞ではなく「一般動詞を使った文」はどうでしょう？

もう一度設計図を見てください。

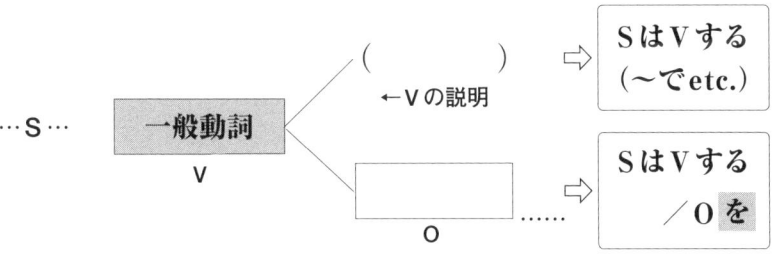

この設計図を見てもわかる通り，

　一般動詞の後ろは ☞ 「O」か「Vの説明」か2つしかない！

のです。

これも意外と知らない人が多いよね。

そして，どちらを付けたかによって文型が決まる仕組みになっているのです。**大半は「O」が付いているはずですが**(80%)，もし**「Vの説明」が付いていたら，文型が「SV」(いわゆる第1文型)に決まって**，「SVの訳」をします。

だから作者は一般動詞の後ろにどちらを付けたのか，**読み手に「わかり**

やすい目印」を付けることになっているんです。

わかりやすい目印とは何か？ それは「前置詞」です。

一般動詞の"直後"が

① 「前置詞＋名詞」ならば☞「Ｖの説明」だよというサイン！
② 「名詞」ならば☞「Ｏ」を付けたというサイン

になるのです。つまり知らない単語でも，

> 「Ｏ」か「Ｖの説明」かは☞「前置詞の有無」で誰でもわかる

ということですね。

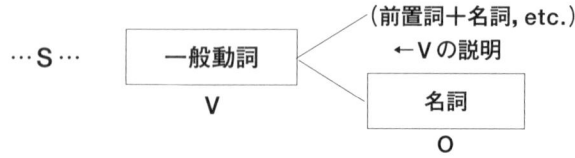

(1) The sun rises **in the east**.
(2) The girl has **a brother**.

　例えばこの２文ならば，まず(1)のrisesのように「一般動詞」が使ってあれば，その直後を見てください。「前置詞＋名詞」になっているよね。ならば「Ｏ」ではなく「Ｖの説明」として訳せ！と作者はサインを送っているんだ。つまり「ＳＶ」（第１文型）の文で「ＳＶの訳」をすればいいわけ☞「太陽はのぼる／東から」。

　逆に(2)は後ろが「名詞」になっているから「ＳＶＯ」（第３文型）の文で「ＳＶＯの訳」をしろというサインになるわけです☞「その少女は持っている／兄[弟]を」。どうですか？ 簡単だよね。**意味ではなく**

> **前置詞が付いているから→Ｖの説明で→第１文型（ＳＶ）**

という感覚が大事なんだ。目印がないと誰もわからないのです。

(1) The sun rises (**in the east**).　　⇨ SVの訳
　　 S　　 V　←Vの説明

(2) The girl has **a brother**.　　　　⇨ SVOの訳
　　 S　　V　　O を

　もちろんVの説明は「前置詞＋名詞」以外でもfastなどの副詞でもいいわけ。約8割が「前置詞＋名詞」という形をしているはず。

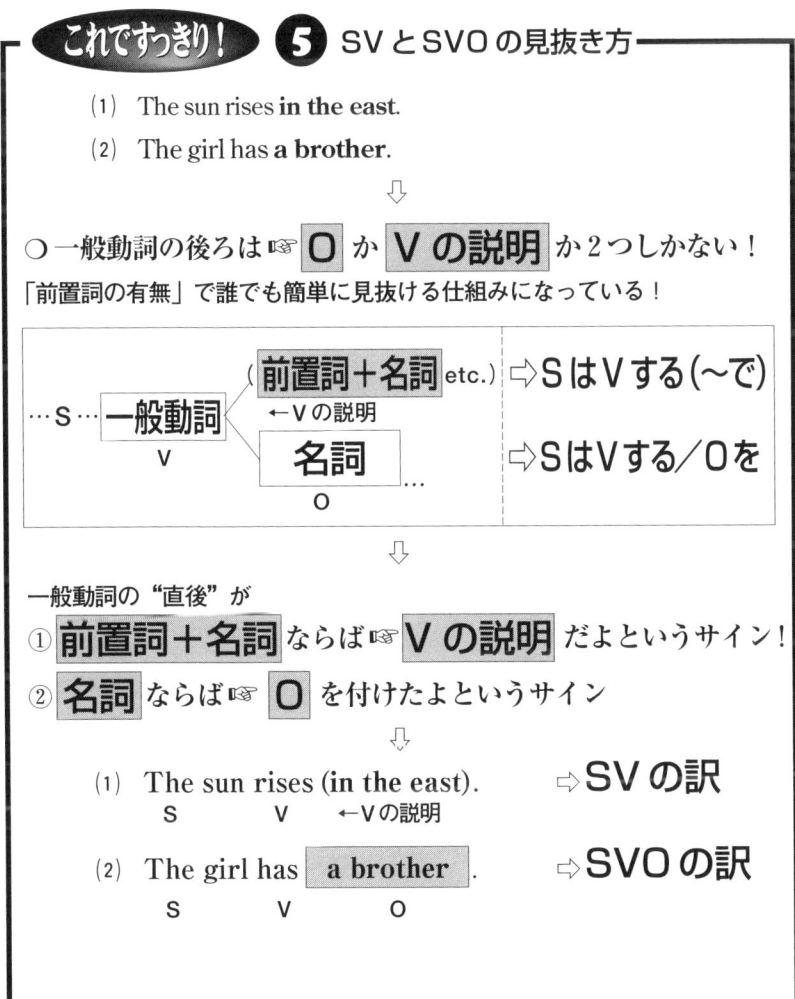

5. 一般動詞を使った文③：SVOO₂

「SVOO₂で訳す文」はどうやって見抜く？
第4文型(SVOO₂)をとれる動詞を暗記するの？

　前項で，一般動詞の後ろは「O」か「Vの説明」しかないと言いました。そして「Vの説明」が付いているとわかれば文型が「SV」（第1文型）に決まるのですが，「O」が付いているときは，正確に言うとまだ文型が決まらないんです。なぜかって？それは

> 「O」の後ろには ☞ 更に「3つのもの」を付けることができる

からです。それ次第で文型が変わる可能性があるんだ。

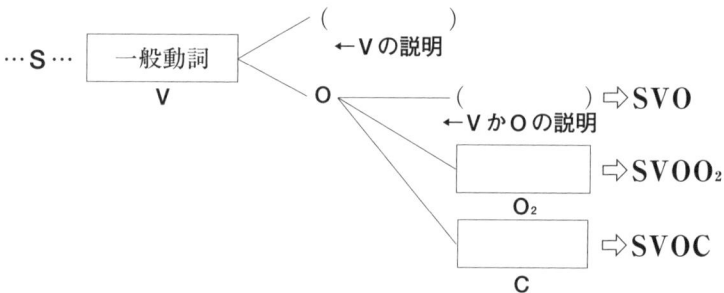

　この設計図の通り「O」の後ろは3つあって，何も付いてなかったり，「VかOの説明」（いわゆる修飾語）が付いているときは文型がSVOに決まるのですが，それ以外に「Oの2つ目」(O_2)や，「C」が付いていることもあるんだ。そうすれば文型がわかって訳し方が変わるのです。だから作者は，

> Oの後ろに何か付けるときは
> ☞ 3つのうち"どれ"を付けたのか
> 　「分かりやすい目印」を必ず付けることになっている

のです。

　結論から言えば「前置詞＋名詞」となっていれば修飾語，つまり「VかOの説明」を付けたぞというサイン，そして名詞がもう1つ付いていれば「O_2」で，$SVOO_2$で訳せ！というサイン，そして形容詞などその他の形ならばSVOCということになります。

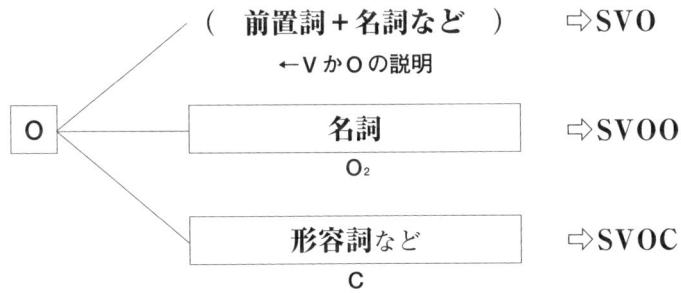

　英語には日本語のような"てにをは"がないので，カタチや品詞によってどの役割をしているかを示すわけです。

　　(1) I bought **my daughter a doll**.
　　(2) I bought **a doll** for **my daughter**.

　ではこの2つの文で具体的な見抜き方を説明しましょう。まず一般動詞を使った文だから，後ろはOかVの説明かと考えますね。前置詞が付いてないので，どちらもOです。しかしまだ後ろに何か付いてますので，まだ文型は決まりません。Oの直後は3つの可能性がありますが，そのうちの何かと考えますが，(1)は名詞が付いているから「$SVOO_2$で訳せ」ということですね。だから「SはVする／O**に**O_2**を**」と"てにをは"が決まるわけです。

　　(1) I bought **my daughter a doll**.
　　　　 S　V　　　O　　　O_2

　　　「私は買った／娘**に**人形**を**」

　(2)は「前置詞＋名詞」パターンになっているから「VかOの説明」，つまり修飾語ですから「SはVするOを」で訳すわけ。

(2) I bought **a doll** (**for my daughter**).
　　S　V　　O　　　←Vの説明

「私は買った／人形**を**（娘のために）」

つまりSVOO₂なら必ず「SはVする（誰に？何？を）OにO₂を」と訳すので，"てにをは"が自動的に決まるわけです。

SVOO₂をとることのできる動詞は限られているのですが，参考書などには次のように「to型」「for型」「of型」に分けて解説してあると思います。

```
------------------〈SVOO₂をとれる動詞〉------------------
  to型    =    give, lend, sell, send, show, teach など
  for型   =    buy, call, cook, make, find など
  of型    =    ask のみ
```

これはどういうことかわかりますか？これはSVOO₂のOとO₂を入れ替えたとき，つまりSVOO₂をSVOの文型に変えたとき，必要となる前置詞が動詞によって違うということですね。

　　He gave me some money.

　　He gave some money (to me).

SVOO₂は「SはVする／OにO₂を」，だから単純にOとO₂を入れ替えたら違う意味になってしまうよね。例文なら「お金に私をあげた（×）…」と意味不明になってしまう。だから「お金を」を前に出すなら文型をSVOにしないとだめ。ならば「私に」の部分は修飾語，つまりVの説明にしないと相手は読めないので「前置詞＋名詞」にするわけですが，giveやlendなどは「前置詞にtoを使う」んだけど，buyやcookは「forを使う」わけです。ofを使うのはaskのみです。

しばしばこのことが，文法問題の格好のテーマとなるわけですが，どうやって覚えましょうか。

まずofは1個だけだから，実質「toタイプ」と「forタイプ」の区別ができ

ればいいわけ。上の表を眺めると何となく特徴が見えてきませんか？

　まずtoをとるタイプは一般的なタイプですね。「あげる」「貸す」「送る」などが並んでいますが，要はこのtoは**「誰に」という方向性を表わしている**だけですね。

　それに対しforをとるタイプは「買って**あげる**／AにBを」「料理して**あげる**…」「作って**あげる**…」「見つけて**あげる**…」など基本的に「…して**あげる**」という感じですね。だから「**for＝～のために**」となるのは納得できますね。

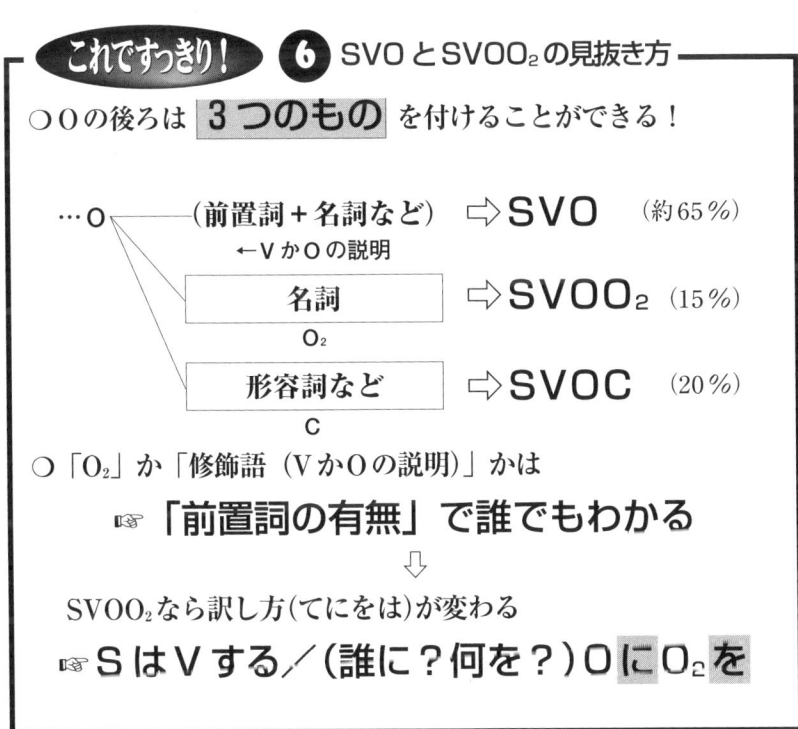

◆どんな問題が出るの？

では練習してみましょう。

> 問　He (　　) me a book.
> ①bought　②paid　③put　④robbed
>
> （早稲田大）

▶アプローチ　うしろの形から「2重目的語をとれる動詞」はどれかという問題みたいだ。boughtはもちろんとれますが，payは？

正解　①

　　　He **bought** me a book.
　　　「彼は私に本を買ってくれた」

▶ポイント　payは2重目的語をとれるが「pay＋人＋代金」という順でとるので，このような使い方はできない。

これですっきり！　❼ SVOO₂をSVOへ変換した時の前置詞

○SVOに変換したとき

☞付ける前置詞が **to型／for型／of型** と3パターンある

①**to型**＝このtoは単純に「方向性」を表わす
　（あげた→誰に）
　　give, lend, sell, send, show, teach など

②**for型**＝「…してあげたタイプ」だから
　　　　　　☞「～ために」のfor～
　　buy, call, cook, make, find など

③**of型**＝askのみ
　　ask A B（AにBを頼む）＝ ask B of A

6. 一般動詞を使った文④：SVOC

「SVOCで訳す文」はどうやって見抜く？
第5文型(SVOC)をとれる動詞を暗記するの？

5文型の最後はSVOCです。これは本当は難しいのですが，ここではごく簡単に述べておきます。要は他のパターンと違うことさえわかればいいです。

(1)　She made him **a new suit**.
(2)　She made him **uneasy**.

この2文はSVOまで，つまり…him までは同じですが，そこからが違いますね。意味ではなくまず文型がわからないと訳ができないので**文型のサイン**に注意！(1)は「名詞」を付けていますから作者は「SVOO₂で訳せ」と指示しているわけ。前回やったパターンですね。

　　She made him **a new suit**.
　　 S　V　O　　O₂

「彼女は作ってあげた／彼**に** 新しいスーツ**を**」

それに対し，(2)は目的語の後ろにuneasyという**形容詞**が来ていますね。このようなときは「**SVOCで訳せ**」**という作者の指示**なのです。

　　She made him uneasy.
　　 S　V　O　　C

「彼女は作った／彼**が** 不安だという **状況を**」
（＝彼女は彼を不安にさせた）

「SVOCで訳す」とはどういうことでしょうか？結論から言えば「**SはVする／OがCだという状況を**」と訳すことだと思ってください。例文なら「彼女は作った／"彼＝不安"という状況を」というのが直訳。

要は文が2つあるような感じで「SはVする／O＝Cという状況を」という感じ。Cが形容詞になるパターンは，以下のようになります。

```
〈SVOC（Cが形容詞パターン）〉
・make O C         OをCにする
                  （O＝Cという状況を作る）
・think O C        OがCだと思う
・believe O C      OがCだと信じる
・keep/leave O C   O＝Cのままにしておく
・find O C         OがCだとわかる
```

基本的には「Oが…」とOに**が**を付けると思ってください。
また，Oの後ろが「形容詞」なら…と言いましたが，

「形容詞かどうかなんてわからないよ，全部の品詞を暗記するの？」

そう思う人も多いでしょうが，これは簡単で，「名詞」ならば普通はa…，やthe…といった冠詞が必要になります。単独で素っ裸で使うことはまずない。これに対し**「形容詞」は絶対冠詞は付けられなくて99％素っ裸で，つまり単独で使われる**ので，知らない単語でもわかるはずです。

◆どんな問題が出るの？

問 The mere thought of it makes me (　　　).
　　①sad　　②to sad　　③to the sad　　　　　　（朝日大・改）

語句 mere (形)単なる　thought 考えること

▶**アプローチ**　makeの後ろにmeという目的語，そして後ろに何か付けてSVOCの文にしろということみたい。だから形容詞を探すと…。前半部は「それをちょっと考えてみることは…」という感じ。

正解 ①

　　The mere thought (of it) makes me **sad**.
　　　　　　S　　　　←Sの説明　　V　　O　　C

「それをちょっと考えただけで私は悲しくなります」
（それを考えるだけのことが私を悲しませる）

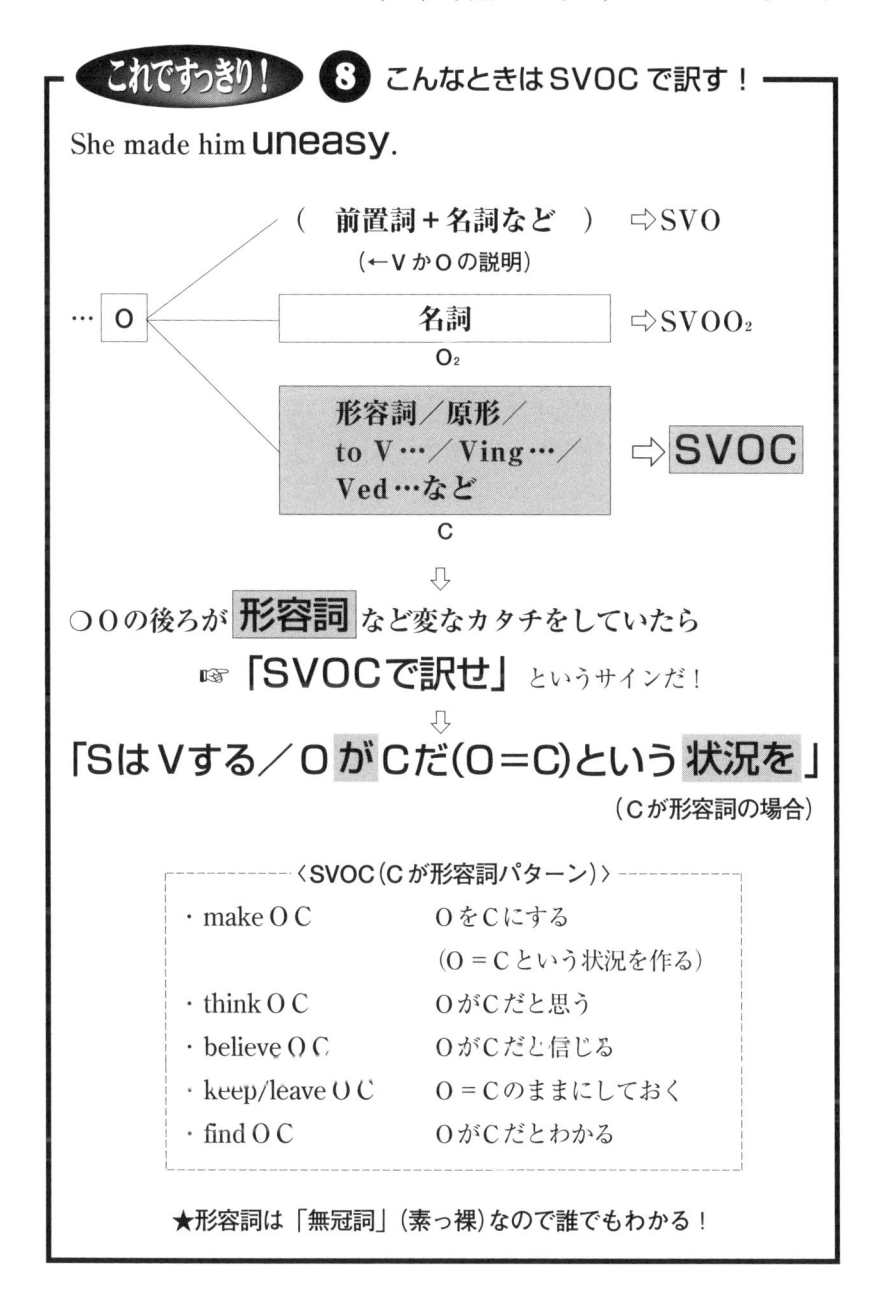

第1章　文型はみんなどうやってマスターしたのか

これですっきり！ ❽ こんなときはSVOCで訳す！

She made him **uneasy**.

…O ┬─（　前置詞＋名詞など　）　⇨ SVO
　　│　　　（←VかOの説明）
　　├─┌──────────┐　⇨ SVOO₂
　　│　│　　　名詞　　　　│
　　│　└──────────┘
　　│　　　　　O₂
　　└─┌──────────┐
　　　│　形容詞／原形／　　│　⇨ **SVOC**
　　　│　to V…／Ving…／　│
　　　│　Ved…など　　　　│
　　　└──────────┘
　　　　　　　　C

　　　　　⇩

○Oの後ろが 形容詞 など変なカタチをしていたら

☞ 「SVOCで訳せ」というサインだ！

　　　　　⇩

「SはVする／OがCだ(O＝C)という 状況を 」
　　　　　　　　　　　　　（Cが形容詞の場合）

┌──────〈SVOC（Cが形容詞パターン）〉──────┐
│ ・make O C　　　　OをCにする   │
│ 　　　　　　　　　（O＝Cという状況を作る）   │
│ ・think O C　　　　OがCだと思う   │
│ ・believe O C　　　OがCだと信じる   │
│ ・keep/leave O C　 O＝Cのままにしておく   │
│ ・find O C　　　　 OがCだとわかる   │
└────────────────────────────┘

★形容詞は「無冠詞」（素っ裸）なので誰でもわかる！

7. 文型の識別問題

君のモヤモヤ ⑦ 実際の文型の識別問題になるとできない… 文型の識別ができるとどんなメリットが？

　ではお待たせしました。簡単な文型の識別問題などをやってみましょう。これ自体が文法問題として出題されることはあまりないのですが，**文法問題は文型がわかってないと絶対解けない**んだ。「SVCの文を作ろうとしてるな…」とか「この空欄にはSVOCのCが入るな…」などという前提知識がないと答えを見ても納得できないはず。逆に言えば**文型がわかっているとどんどん問題が解ける**ようになります。なぜなら文型は全ての文法問題にからむからですね。

　(1)　This book seems very interesting.

　まずはこの文からです。文型はVから分かれていくのでVに注意しますが，seemsは「be動詞の仲間」でしたね。つまりSVCで使う動詞です
⇨ **正解**　SVC（第2文型）

　　　This book　seems　very interesting.
　　　　　S　　　 V　　　　　C
　　　「この本はとても面白そうに見える」

　(2)　Will you bring me some water?

　疑問文になっていますが，考え方は同じです。一般動詞bringの後ろに名詞が2つ続いているので「SVOO$_2$で訳せ」ということですね。
⇨ **正解**　SVOO$_2$（第4文型）

　(2)　Will　you　bring　me　some water?
　　　　　　S　　 V　　O　　 O$_2$
　　　「私に水を持ってきてくれますか？」

(3) We thought the rumor true.

　今度は一般動詞の後ろに目的語，さらにその後ろに素っ裸のtrue，つまり「形容詞」があるので「SVOCで訳せ」ということですね。
⇨ **正解** SVOC（第5文型）

<u>We</u> <u>thought</u> <u>the rumor</u> <u>true</u>.
　S　　V　　　O　　　C
「私たちは思った／その噂 **が** 本当だと」

(4) A lot of people come to Japan every year.

　これは意外と正解率が低いのですが大丈夫？一般動詞comeの後ろが「前置詞＋名詞」になっていますね。これは「Vの説明」，つまり修飾語のサインだから文型はSVだよね。
⇨ **正解** SV（第1文型）

<u>A lot of people</u> <u>come</u> 〈to Japan〉 〈every year〉.
　　S　　　　　V　　　←Vの説明
「多くの人が来る（←日本に）（←毎年）」

(5) Do you have anything in your hand?

　これも正解率が低いのですがわかりますか？一般動詞の後ろにanything，つまり名詞が付いてますから目的語，そしてその後ろは「前置詞＋名詞」と「VかOの説明」，つまり「修飾語」のサインになってますから，文型はSVOで訳せということですね。
⇨ **正解** SVO（第3文型）

Do <u>you</u> <u>have</u> <u>anything</u> 〈in your hand?〉
　　S　　V　　O　　　←Vの説明
「あなたは何か持っている？（←手の中に）」

では今度は次のような"文型問題"をやってみましょう。

(6) The man (　　) sad when he heard the news.
　　①saw　　②looked　　③found　　（適語を1つ）

これは何を聞いているかわかります？Vの後ろに注目してもらうと「形容詞」が付いていますね。**「Vの直後が形容詞」になるのは実はSVCだけ**なんだ。だから「SVC(第2文型)のとれる動詞はどれ？」という問題なのです。だから「be動詞の仲間＝looked」を選ぶわけ。このようにVの直後も文型によって特徴が出るので，その点が問われることもあるのです。

⇨ **正解** ②

$$\underset{S}{\text{The man}}\ \underset{V}{\text{looked}}\ \underset{C}{\text{sad}}\ \underbrace{\langle\text{when he heard the news}\rangle}_{\text{←文全体の説明}}.$$

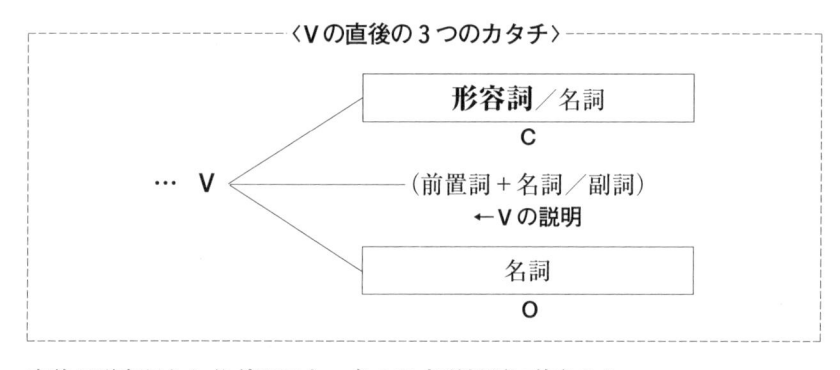

「ニュースを聞いたとき，男は悲しそうだった」

〈Vの直後の3つのカタチ〉

```
              ┌─ 形容詞／名詞
              │       C
  … V ────────── (前置詞＋名詞／副詞)
              │     ←Vの説明
              └─   名詞
                    O
```

直後が形容詞なら必ずSVCというのは文型判断に使えるね。

(1) She looked **young**.
(2) She looked **at the young man**.

　例えばこの(1)は形容詞(young)が付いてますからSVCで「SはCに見えた」。つまり「彼女は若く見えた」ですが，(2)は後ろが形容詞でなく「前置詞＋名詞」だから，一般動詞として使ったわけ。つまりSVの文型ですね。だから訳は「彼女は見た(←その若い男のほうを)」となります。

第1章　文型はみんなどうやってマスターしたのか

> **これですっきり！ ❾ SVC文の2つの見抜き方**
>
> ① 「be動詞」か「be動詞の仲間」か
> →わかりにくければその直後に注目
>
> ○S ⬚V⬚ …
>
> ② Vの直後が「形容詞」でも必ずSVC！
>
> ○S V ⬚形⬚
>
> ★形容詞は冠詞などが付いてなく"素っ裸"なので何となくわかるはず

　　　　　　　　　　＊

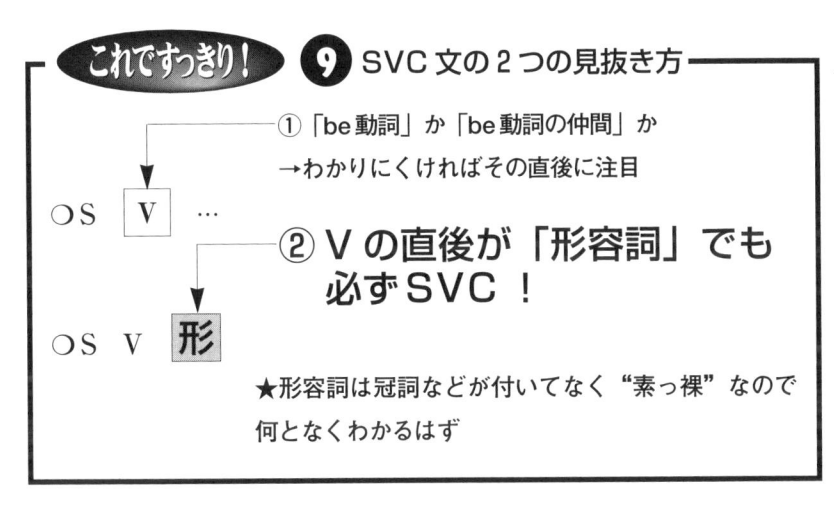

　以上，文法問題を解くときの土台となる「5文型の識別」をやってきましたが，**英語の文は大半が「SVCかSVO」で書きます**。5文型とも同じ割合で使うわけではない。このことをよく覚えておいてください。文法問題の英文も基本的にこの2つが圧倒的に多い。だからこれから話す不定詞や，分詞などの文法事項をマスターするコツは，常にこのSVC，SVOの"どこで使うのか"を考えることなんだ。

> **これですっきり！ ❿ SVC，SVOが大半**
>
> 5文型といっても
>
> **英語の文は大半が☞SVCかSVOの文だ！**（約5割）
>
> ★つまり大半は「SVCか，SVOの訳」をすればいいということ
>
> ⇩
>
> ○だから英語のできる人は**この2つを想定して違ったら修正する**という感じで文型を識別しているんだ。
> ○文法問題も「SVCやSVOの中で」分詞や関係詞をどう使うのか…という考え方が大切！
> ○そうすれば全ての文法事項が「つながって」見えてくるはず！

27

◆どんな問題が出るの？

> **問** 1．何文型で訳すか答えよ
> (1) I received your fax in my room.　　　　　(　　)
> (2) It is growing darker.　　　　　　　　　　(　　)
> (3) This medicine tastes bitter.　　　　　　　(　　)
> (4) You must keep the money in the safe.　　(　　)
> (5) The clock on the wall is very old.　　　　(　　)

▶アプローチ

(1) [I] [received] [your fax]（in my room）.
　　 S　　V　　　　O　　　←Vの説明
　　「私は受け取った／君のファックスを（←部屋で）」

　まずVが一般動詞なので，後ろの名詞はOだよね。その後ろに付いてるのは「前置詞＋名詞」になっているので修飾語（VかOの説明）だよね。

(2) [It] [is growing] [darker].
　　 S　　　V　　　　　C
　　「暗くなってきた」

　growはbe動詞があるので進行形，2語でVだよね。growは「be動詞の代わりに使える動詞」だったよね。後ろがdarkという形容詞（裸の単語）なのでSVCしかありえない。grow Cで「Cになる」という意味。

(3) [This medicine] [tastes] [bitter].
　　　　S　　　　　　 V　　　 C
　　「この薬は苦い（味がする）」

　このtasteも「be動詞の仲間」だったよね。ほとんどSVCでしか使わない。

(4) [You] [must keep] [the money]（in the safe）.
　　 S　　　V　　　　　 O　　　　←Vの説明
　　「君はお金を金庫に保管すべきだよ」

助動詞付きですが一般動詞の後ろなのでmoneyは目的語，その後ろは「前置詞＋名詞」だから修飾語，この場合は「Vの説明」だ。

(5) |The clock| (on the wall) |is| |very old|.
　　　　S　　　←Sの説明　　　V　　　　C
　　「壁の時計は，とても古い」

Sの後ろに「前置詞＋名詞」があるのでこれは「Sの説明」で訳せということですね。Vはbe動詞なのでもちろん後ろはC。

問2．何文型で訳すか答えよ
(1) Bob painted his bicycle blue.　　　　　　（　　）
(2) These gloves will keep your hands warm.　（　　）

▶アプローチ

(1) |Bob| |painted| |his bicycle| |blue|.
　　　S　　　V　　　　O　　　　　C
　　「ボブは自転車を青に塗った」

目的語の後ろにblueが付いている。これは「裸」(冠詞無し)なので形容詞でしょう。つまりCだよね。「自転車＝青」という状態に塗ったということでしょう。

(2) |These gloves| |will keep| |your hands| |warm|.
　　　　S　　　　　　V　　　　　　O　　　　　C
　　「この手袋は保つだろう／君の手＝暖かいという状態を」

これも目的語の後ろに何か付いてる。無冠詞なので形容詞だろう→ならばCしかありえない→「手袋は保つ／君の手＝暖かいという状態を」。

8. これからお話すること（予告編）

君のモヤモヤ ⑧ 不定詞とか分詞とか…ルールが多すぎて混乱する英語をマスターする「4つのポイント」って何？

　これから動詞，不定詞，動名詞などと，各文法テーマ毎に話していきますが，そのために知っておいてほしいことを今までのまとめも含めて話しておきましょう。英語をマスターするための4つのポイントです。

ポイント1：日本語には"てにをは"があるが，英語にはない！

　文型とか設計図などの話をしてきましたが，単語の並べ方がなぜそれほど重要なのか日本人には理解しづらいよね。

　要は，日本語には **"てにをは"** という超便利なものがあるからなんです。例えば「AをVする」と言っただけで，を が付いているからAが目的語だとわかるね。だからほとんど主語を省略して言えるのですが，英語の世界はそうはいかない。"てにをは"がないからです。**全て"場所"が支配する世界**なんです。

　　　　　| 名詞 |　　V　　| 名詞 |

　例えばこうなっていたら「左にある名詞が→Vの行為者，右にある名詞が→Vの対象物」ということなのです。

　　　　　| 名詞 |　　V　　| 名詞 |
　　　　　　行為者　←　　→　対象物

　皆さんも"てにをは"のない世界を想像してみてください。

　　　　　| 犬 |　| 噛みついた |　| 弟 |

　こう書くしかないよね。ならば左のものをVの行為者S，右にあるものを対象物Oと考えるでしょ。**これが「英語の世界」**なんだ。

　「Vの左が行為者，右が対象物」この原則さえ決めておけば，"てにをは"が

なくても何とかなるわけですね。

そう言えば外国人（特に英米人）のカタコトの日本語は「あなた，払う，お金」など"てにをは"抜きで「並べ方」だけで役割を表わすことが多いですが，それは理にかなっているわけです。

"てにをは"という発想がないからなんだ。

「"てにをは"がない」「場所が全て」「左か右かが大問題」…，これがまさに英語の世界なのです。

もうひとつ並べ方の基本スタイルがありますね。

　　　名詞　　be動詞　　名詞（または形容詞）

そう，「be動詞」を使うパターンです。この時は「名詞＝名詞（形容詞）」という関係を表わすことにしたわけです。いわゆるイコール関係です。

① 　名詞　　　V　　　名詞
　　　行為者　←　　→　対象物
② 　名詞　　be動詞　　名詞（または形容詞）
　　　　　（イコール）

英語はこの2つが単語の「並べ方」の基本スタイルなのです。この基本スタイルだけで，大半の表現ができるようにしたわけです。もうお気づきでしょうが，SVOとSVCですね。

今の英語の教え方の最大の問題がこの"てにをは"について言わないことなのです。「"てにをは"のある日本語と同じ感覚で→英語を教えてしまう」ということ。だからいまいち文型の話などわからないのです。だから，「並べ方なんてどうでもいいじゃん」と思ってしまうんだ。

「英語には"てにをは"がない→だから単語の"並べ方"で役割を表わす」そのことを常に意識してください。だから英語には「並び替え」という問題があるのですね。

ポイント2：「並べ方」には法則がある！

"てにをは"で自由に役割を表わせる日本語と違って，英語は並べ方が重要になってきますね。つまり何番目に置いた単語なのか，それによって役割

(目的語など)が決まるからです。

その並べ方にも法則があります。

> **並べ方の第1法則**
> 文の最初に置いた単語(のカタマリ)は ⇨ 「イントロ」か「S」

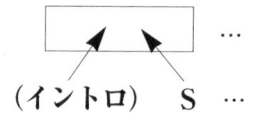

```
        ┌──────────┐  …
        ↑     ↑
     (イントロ)    S   …
```

まず，文の最初に置いた単語または単語のカタマリ(句や節)は，「S」か「イントロ」にしないといけないんだ。

イントロというのは僕の造語ですが，要は時や場所の説明ですね。「今日午後，アメリカにおいて…」だいたいこんな感じで文は始まるよね。この部分は主語？そうではないね。文全体のちょっとした補足説明ですね。Sは絶対必要ですが，文頭にはイントロも付けられることを知っておいてください。約5割ぐらいの文には付いています。

そしてイントロかSかはわかりやすい目印でわかるようになっています。**実は「不定詞の副詞用法」とか「分詞構文」などというのはこのイントロの話**なのです。

> **並べ方の第2法則**
> Sの後ろにあるものは ⇨ 必ず「Sの説明」か「V」

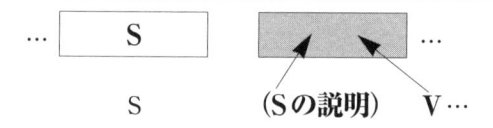

```
   …  ┌──────┐          ┌──────┐  …
       │  S   │          │      │
       └──────┘           ↑    ↑
          S          (Sの説明)  V …
```

英語は全てSとVが基準となるのですが「**Sの直後**」に置いたものは「**Sの説明」か「V」にしないといけない**んだ。「Sの説明」というのは初めて聞く言葉かもしれませんが，英語は「説明を後ろに付ける」のです。だからSの長い説明が後ろに付いているのが英語の基本スタイルなんだ。半分以上のSには付いています。だから「Sの後ろは必ずV」と思っていると読めないのです。実はこれが**英文法の最大のテーマで，関係詞とか分詞というのはまさにこの話**ですね。

第1章 文型はみんなどうやってマスターしたのか

> **並べ方の第3法則**
>
> Vは必ず「be動詞(系)」か「一般動詞」(または受け身)
> ⇨「be動詞」の後ろにあるものは「C」で,「一般動詞」の
> 後ろにあるものは「O」または「Vの説明」じゃないといけない。

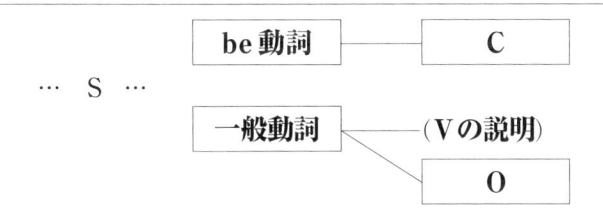

```
              be動詞 ─── C
   … S …
              一般動詞 ─── (Vの説明)
                    └── O
```

これはもう説明しなくてもいいでしょう。文型でさんざんやってきた奴ですね。

つまり「設計図」というのはこの並び方のルールを表わしたものなんだ。英語は「どこにあるか」が大事なのです。例えば同じ「前置詞＋名詞」でも，Sの前なら「イントロ」だし，後ろなら「Sの説明」です。場所によって役割が違うわけです。役が違えばもちろん訳も違うわけ。だからSやVは省略できないんだ。役割を決める基準になっているからです。

ポイント3：単語を並べるのではなく,「単語のカタマリ」を並べる

英語には「てにをは」がないので，単語を並べて，その並べ方で主語などの役割を表わす，と言いましたが，正確には**「単語のカタマリ」**を並べるんだ。初心者のうちはこのカタマリという感覚をつかめないのです。

　　　　The girl who is standing over there is　…

例えば，こんな文なら，極端に言うと，"The, girl, who, is, standing …" このように単語だけ取り出して1語1語訳を付けていってしまうのです。しかしそうでなく，この文ならこう見えないとダメ…

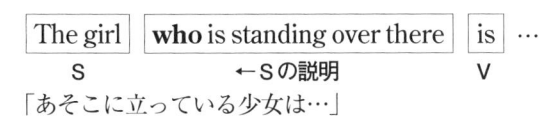

　　　|The girl| |who is standing over there| |is| …
　　　　　S　　　　　←Sの説明　　　　　　　V
　　　「あそこに立っている少女は…」

この文なら「**who**」が「**カタマリを作るサイン(ブロック・サイン)**」なのです。いわゆる関係詞ですね。英語にはカタマリを作るものがいくつかあって，これが**英文法の主要テーマ**になっているんだ。カタマリで見えないと話にならないからです。
　そのカタマリ(ブロック)はだいたい次の**5種類**しかありません。

1. 不定詞など『準動詞の作るカタマリ』
2. who など『関係詞の作るカタマリ』
3. 『名詞節や副詞節のカタマリ』
4. Vのカタマリ(完了形や仮定法，受け身など)
5. 比較などの"囲み系"のカタマリ

　くわしくは本文中で述べますが，カタマリを作るものが5種類あって，今何の話なのかを常に意識して下さい。

ポイント4：英語は結局は「4品詞」の話しかない！

　さきほど「カタマリで仕事をする」と言いましたが，それぞれ**カタマリで名詞になったり，形容詞になったりする**のです。例えば先ほどの関係詞 who …のカタマリは前にある名詞の説明をしていますね。つまりカタマリで「形容詞」の働きをしてるわけ。また「動名詞」は，もちろん名詞として使えるという話ですね。
　つまり英語の話は，**(カタマリの)「名詞の話」「形容詞の話」「動詞の話」「副詞の話」しかない**のです。他に例外はありますが，大半はこの4品詞の話だと思ってください。
　そしてここからが大事ですが，設計図上で言えばどうなるか，を考えてください。

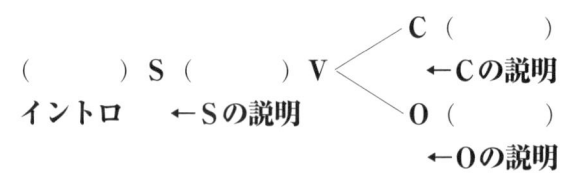

```
                              C (     )
  (     ) S (     ) V <       ←Cの説明
   イントロ   ←Sの説明          O (     )
                              ←Oの説明
```

　名詞の話とは「S, C, O」の話なんです。例えば動名詞は名詞ですからS，

34

C，Oに使えますね。形容詞とは「Sの説明，Oの説明，Cの説明」の話なのです。英語は名詞の説明を「後ろに」付けます。そして名詞は文中ではS，C，Oなのでその後ろに説明が付けられます。例えば，関係詞は名詞の説明の話（形容詞）なので要は「Sの説明，Oの説明，Cの説明」の話なんです。

そして，動詞の話はもちろん完了形とか仮定法のことですね。文中では「V」を書くときの話です。

そして副詞とは「イントロ」のことなんだ。文の前に文全体の補足説明をするものを置けるのですが，品詞で言うと副詞なのです。例えば分詞構文とか，不定詞の副詞用法というのはイントロの話なんです。

1. 名詞＝S，C，Oの話
2. 形容詞＝「Sの説明」「Oの説明」「Cの説明」の話
3. 動詞＝Vの話
4. 副詞＝イントロの話

英文法の一見複雑なルールも**実は大部分この「4つ」に集約される**んだ。何度も言うように「文が正しく書けるかどうか」が英文法の試験では問われるわけです。そして文は基本的にSVC，SVOで書いていくわけですから，**どんなルールも全て「SVC，SVOのどこの話か」，つまり上の4つに集約してしまうと大変わかりやすい**のです。具体的にはこれから話しますが，そのことを常に意識してください。

合格塾①

「参考書を何冊も買い込んだけど読んでない…」
⇩
受験とは「解答用紙の8割を正解で埋める」という純粋な"ビジネス"なのです！

　「参考書はたくさん買ったけど，最後まで読んだことがない…」受験生から必ず聞く話ですね。僕も受からない頃は参考書を買い込んでひたすら勉強することが受験勉強だと思っていた。でも浪人中にあることに気づいたのです。それは「**受験は1枚の紙切れの8割を正解で埋めればいいだけなんだ**」ということ。頭が良いことを証明するためでも，たくさん勉強したことを証明するためのものでもないのです。「**試験場で配られる1枚の解答用紙を正解で埋める**」それだけならいくらでもやり方はあるのです。

　それに気づいてから，僕は「8割を正解で埋める」ために必要な事と，必要じゃない事を分けることにしたのです。「英文解釈問題ならどの参考書があればいいか，文法問題ならどの本が一番カバーしているか，単語帳ならこの一冊あればいい…」，実際に入試を受けた経験からこのようなことを割り出して試験前に必要な本を5冊ほどに絞ったのです。

　そして，その5冊を見ながら過去問を解くという作業をやってみたら，ほとんど8割は解けることがわかったのです。今考えるとその瞬間こそが合格を確信した瞬間だったと思います。つまり「**どうすれば受かるか」がわかった時点ですでに受かっている**のです！

　受からない人は「どうすれば受かるか」がわからないのです。だからひたすら辞書をAから順に暗記してみたり，出てきた長文をきれいにノートに清書してみたり，ピント外れの勉強をしてしまう。「勉強している自分に安心している」と言ってもいい。

　「8割を埋めるために」必要なことはする，不必要なことはしない，そう考えることが，合格への一番の近道になるのです。

第2章

動詞 問題を SVC，SVOだけで マスターする方法

先輩たちの秘伝公開！

1. 自動詞と他動詞

君のモヤモヤ ①
『自動詞と他動詞』の問題がよくわからない…
marry(結婚する)やdiscuss(討論する)が頻出？

◆SVC，SVOで説明しましょう！

　動詞問題はとても数が多くて，いわゆる暗記系の勉強も必要なのですが，**これから問題を解く上でどうしても知っておいてほしい動詞の性質**というものがあります。

　動詞の性質で最も重要なのがこの「**自動詞／他動詞**」の話ですね。難しい印象を持ってる人も多いのですが"設計図"を使って考えれば平気です。

　自動詞／他動詞というと今までは，「自動詞はそれ自体で完結し，他動詞は必ず対象物を必要とし…」といった説明を受けてきたはず。そして「run（走る）は完結してるから自動詞」などと言われるのですが，「でも"走らせる"なら対象物が必要だし…」などと思ってしまうよね。

　言葉の定義より「**文を書くとき**」何が問題なのかを考えないと意味がないのです。**一般動詞の後ろは「Oか，Vの説明か」**と言いましたよね。

　　　つまり…**自動詞**は ⇨ **後ろ**が「**Vの説明**」
　　　　　　　他動詞は ⇨ **後ろ**が「**O**」

というだけのこと。要は**設計図上の問題**です。

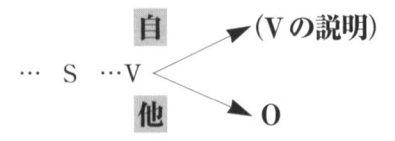

```
              自 ─→(Vの説明)
    … S …V ＜
              他 ─→ O
```

　動詞を辞書で引くと「自動詞」とか「他動詞」と書いてあるはず。それは文を書くとき，後ろの形がどうなるかを指示しているわけ。自動詞なら後ろはVの説明，つまり「前置詞＋名詞」などにしないといけないし，他動詞なら目的語とセットで使うわけ。

このことから多くの問題が作れるんだ。つまり，

『自動詞か他動詞かというルールについて→日本人は多くのミスをする』

ということです。

例えば「私は彼と結婚した」というのを英語で書いてみてください。多くの人がたぶんこう書くはず！

　　　　I married with him.（×）

でもこれは間違いで，前置詞のwithがいらないんだ。

　　　　I married ~~with~~ him.

「なぜ？withがあったほうが格好いいのに…」──そう思うかもしれないけど，

『withがあるかないかの問題ではなく，
　marryは後ろが⇨「O」か「Vの説明」かという問題』

なのです。marryは辞書を引くと「他動詞」⑩などと書いてあって，後ろは必ず「O」（つまり名詞）なのです。

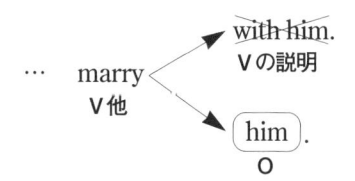

```
                 ┌─▶ with him.
                 │    Vの説明
  … marry ──────┤
     V他        │
                 └─▶ [him].
                       O
```

こう言うと決まって，

「じゃー，全ての動詞の自動詞／他動詞を暗記するの？」

という質問が来ますが，そんな人は誰もいない。

『日本人がつい間違ってしまうもの』

というのがあるんだ。それだけ準備しておけばOKです。次にその話をしましょう。

```
┌─ これですっきり！ ⓫ 自動詞，他動詞とは？ ──┐
│ ×自動詞はそれ自体で完結し，他動詞は対象物を必要とする(?)│
│                    ⇩                            │
│ ○自動詞は☞ 後ろが  Ｖの説明                      │
│ ○他動詞は☞ 後ろが必ず  Ｏ                        │
│ ただそれだけの話！すべて設計図上の問題！          │
│                   ┌─自─→ (Vの説明)              │
│    S … │ 一般動詞 │                              │
│                   └─他─→ Ｏ  …                  │
└──────────────────────────────────┘
```

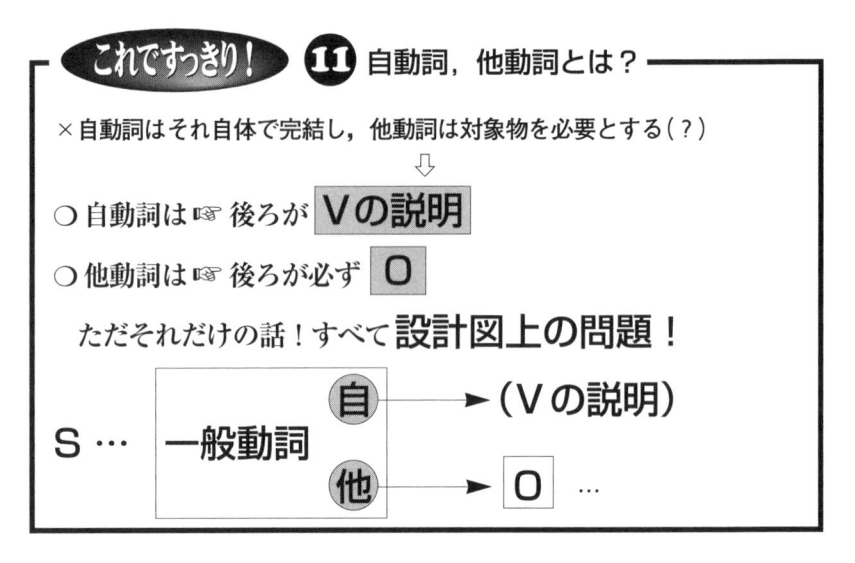

「Vの説明」というのは大半が「前置詞＋名詞」だし，「O」は必ず「名詞」ですから，このような自動詞／他動詞の問題は結局は，

「前置詞がいるか，いらないか」

という問題になるんだ。

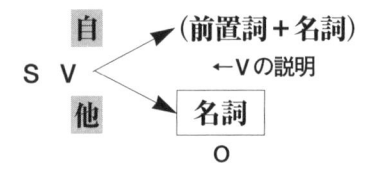

```
         自─→（前置詞＋名詞）
   S V  ╳      ←Vの説明
         他─→ 名詞
                 O
```

自動詞なら後ろは「前置詞＋名詞」，つまり「前置詞が必要」だし，他動詞ならば「前置詞は不要」なわけです。

自動詞なら☞ 前置詞「必要」！
他動詞なら☞ 前置詞「不要」！

では，具体的に問題を見ていきます。先ほどのmarry（結婚する）以外に「～について議論する」「～に到着する」「～に入る」などの表現が昔から狙われるんだ。

① 「～について議論する」パターンがモヤモヤしている人へ

まず「その問題について議論する」を英語で書くとき，日本人は必ず

　　　…discuss **about** the problem.（×）

と，当たり前のようにaboutを付けて書くよね。

「だって"～について"はaboutでしょ？」

そういう問題ではなくて，

『discussの後ろは ⇨ 「O」か「Vの説明」かという問題』

なのです。discussは辞書を引くと，⑩などと書いてあって，実は他動詞なのです。だから後ろは必ず「O」，つまり「名詞」（前置詞不要）なんだ。

　　　…discuss ~~**about**~~ the problem.

```
            ┌─→ about the problem.
…discuss ──┤      Vの説明
   V他      └─→  the problem  .
                     O
```

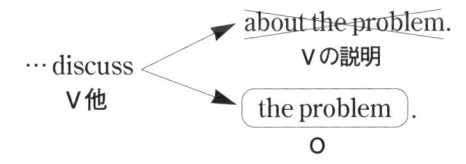

英語の文を書くとき，作者は何を考えながら書いているかわかりましたか？すべて**"設計図上"正しいかどうかの問題**なのです。だから設計図を知らないとわかるわけがないのです。

② 「～に到着する」や「～に入る」問題がモヤモヤしている人へ

参考書には同様の問題として「到着する」問題も必ず載っています。

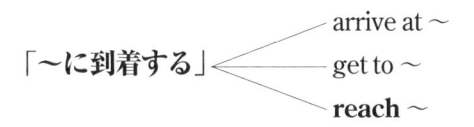

```
                    ┌─ arrive at ～
「～に到着する」────┼─ get to ～
                    └─ **reach** ～
```

大体このように書いてあるのですが，何のことかわかりますか？

まずarriveは自動詞で前置詞が必要だし，getも「到着する」という意味で

は前置詞toを伴って自動詞として使うのですが，reachだけは「他動詞」で後ろはO，つまり前置詞「不要」ということですね。

同様に「～に入る」というのも2つあるのです。

「～に入る」 ── go into ～
　　　　　　 ── enter ～

つまりenterは実は他動詞で「前置詞不要」なんだ。つい "…enter into the room." などと書いてしまいますが間違いです。

　　　　　…enter into the room.

参考書などには，この種の問題で狙われるものとして大体次のような表が載っているはずです。

〈自動詞と間違いやすい他動詞（前置詞不要）〉

●これが狙われる！（太字は特に頻出！）

① accompany　～に同行する　　⑧ leave　　～を出発する（start from）
② **answer**　～に答える　　　　⑨ **marry**　～と結婚する
③ **approach**　～に近づく　　　⑩ obey　　～に従う
④ attend　～に出席する　　　　⑪ oppose　～に反対する
⑤ **discuss**　～を議論する　　　⑫ **reach**　～に到着する
⑥ enter　～に入る　　　　　　　　　　　（get to, arrive at）
⑦ face　～に直面する　　　　　⑬ **resemble**　～に似ている

このように「～に」とか「～と」となっていると

『日本人はついつい前置詞を付けてしまう…』

ということですね。

第2章　動詞問題をSVC，SVOだけでマスターする方法

> **これですっきり！** **12** 自動詞／他動詞問題で狙われるもの
>
> ○ 日本語で ~に とか ~と となっていると
> 日本人はついつい前置詞を付けてしまうが…，本当にそう？
> ⇩
> ○ 勘違いしやすい動詞，つまり
> **自動詞のようで実は他動詞**というのが一番狙われる！
>
> | Aに到着する | Aについて議論する | Aに入る |
> |---|---|---|
> | (reach A) | (discuss A) | (enter A) |
>
> が御三家

◆ どんな問題が出るの？

> 問 1．He finally made up his mind (　　　) the girl he had met in Paris two years before.
> 　　① to be married　　② to get married
> 　　③ to marry　　　　④ to marry with　　　　　　（学習院大）

語句　make up one's mind to V … Vする決心をする

▶アプローチ　「その娘と結婚する」と言いたいわけ。④のように前置詞をつい付けてしまうけど，marryは他動詞だよね。

正解　③

　　　　　　　　　　　　　　　　　　　　　← O の説明
He finally made up his mind [**to marry** the girl (he had met in Paris two
S　　　　V←Vの説明　　O　　V'　　O'　　←O'の説明
years before)].
「彼はついに，2年前にパリで会った女性と結婚する決心をした」

▶ポイント　実はget married to A (Aと結婚する) もOKですので，②はtoがあれば正解。これは…

43

```
        A marry B （AはBと結婚する）
        ↙
        B is married (to A) 「BはAと結婚している＝状態」
          V（受身） ←Vの説明
```

という受け身文のbe動詞をgetに変えて，「状態」ではなく「動作」を表わしているんだ（＝結婚する）。これも**頻出**。

> 問 2．Mary （　） her mother in appearance but not in character.
>   ① resembles   ② resembles to
>   ③ is resembling ④ resembles with
>
>   （京都産業大）

語句 appearance 外見

▶アプローチ　resemble（〜に似ている）とくれば，「自動詞／他動詞」問題でしか問われない。これは他動詞で，じかに目的語をとるのです。②と④がダミー。

正解 ①

Mary **resembles** her mother （in appearance but not in character）.
　S　　　V　　　　O　　　　　←Vの説明

「メアリーは外見は母親と似ているが，性格は似ていない」

2. 動詞と名詞の意外な結びつき

英のモヤモヤ ②　「make progress」は「進歩を作る」？
これらはイディオムで，暗記するしかないの？

◆SVC，SVOで説明しましょう！

　参考書などには「make progress＝進歩する」,「catch the train＝列車に間に合う」などがイディオムとして紹介してあって，暗記するしかないと書いてあるのですが，もちろんこれらも設計図で，つまりSVC, SVOで考えてください。要は「動詞＝V」と「名詞＝O」のそういった（意外な）組み合わせがある」というだけの話ですね。

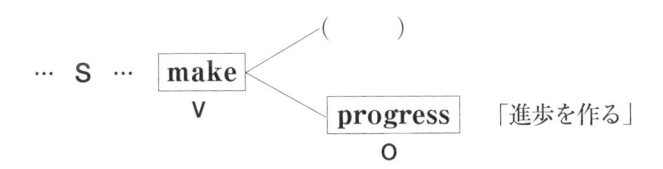

```
             (      )
… S … make
       V      progress     「進歩を作る」
              O
```

　最初に「文型が訳を決める」と言いましたが，**直訳すると意味不明**になることがあるのです。

　　　He has made great progress in speaking English.
　　　S　　V　　　　O

　この文なら,「彼は作ってきた／多大な進歩を（英語をしゃべる点で）」となって,「直訳すると意味不明」状態だよね。
　要は「進歩した」という意味なのですが，**全て5文型で書く，つまり「1つの設計図で全てを表わさないといけない」**英語には付き物の問題なのです。
　動詞と名詞の意外な結びつきは「動詞のニュアンス」をつかむいい機会だと思ってください。
　ほとんどの文をSVC, SVOで書くためにはVにさまざまな意味を込め

45

ないといけないわけ。

「makeの基本イメージは☞ ゼロからの積み重ね」

なのです。make progress（進歩する）やmake efforts（努力した）などは「**ゼロからこつこつ積み重ねて…**」というニュアンスを，makeで表わしているわけ。

make a mistake（間違う）も「ミスはゼロのはずが積み重ねて…」という感じ。

また，make以外のcatch the train（列車に間に合う）やmiss the train（列車に乗り損なう）も，

catchは☞「動いているものを捕まえる」
missは☞「得られるはずのものを取り逃がす」

というイメージなんだ。次ページに文法問題としてよく出題される初歩的なものをあげておきます。君が今まで疑問に思っていたものがないかチェックしてみてください。

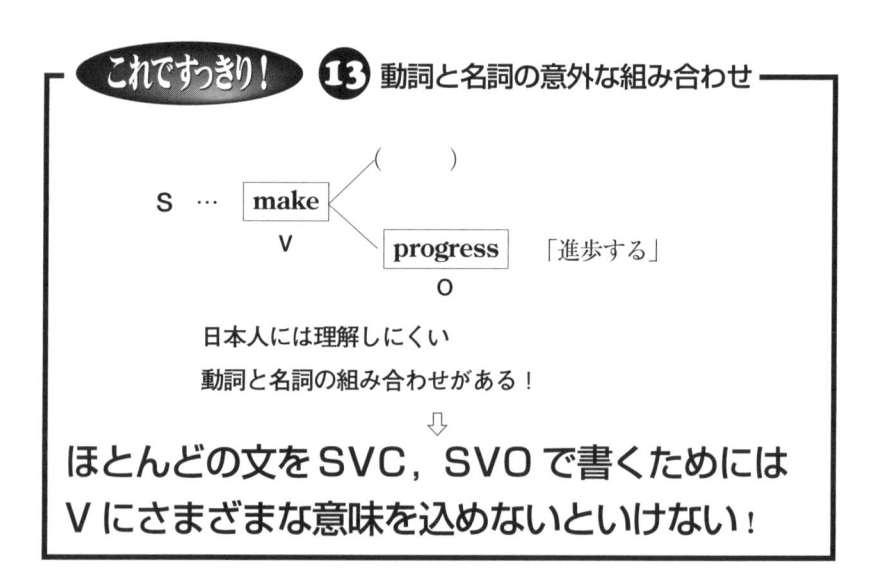

これですっきり！ ⓫ 動詞と名詞の意外な組み合わせ

```
              (      )
S  …  [make]
        V     [progress]   「進歩する」
                 O
```

日本人には理解しにくい
動詞と名詞の組み合わせがある！
⇩

**ほとんどの文をSVC，SVOで書くためには
Vにさまざまな意味を込めないといけない！**

第2章 動詞問題をSVC，SVOだけでマスターする方法

これですっきり！ ⑭ 動詞のニュアンス

動詞と名詞の意外な結びつき問題は，暗記するのではなく
☞「**動詞のニュアンスをつかむいい機会**」だと考える！

○これを英語で何と言う？

パーティを開く	**have a party** ★日本人はついつい×open a partyと言ってしまうよね。
試合に負ける	**lose the game** ★試合を「失う」または「落とす」という感じ。日本語でも言うよね。
列車に間に合う	**catch the train** ★catchは「動いているものを捕まえる」というニュアンス（飛び乗ったという感じ）。
列車に乗り遅れる	**miss the train** ★missは「得られるはずの物を取り逃がす」という感じ。
約束を守る	**keep the promise** ★keepはまさに「長期間維持する」という感じ。
約束を破る	**break the promise** ★breakは「（ちゃんとしていたものが）破ける，ひびが入る」という感じ。まさにkeepと正反対。
多いに努力する 大きく進歩する 間違う	**make great efforts** **make great progress** **make a mistake** ★makeの基本イメージは「ゼロからの積み重ね」なんだ。努力も進歩も「ゼロからよくここまで…」というニュアンスなのです。「間違う」の方は「間違いはゼロのはずがこんなにミスを重ねて…」という感じ。

◆どんな問題が出るの？

> 問1　空所に与えられた文字で始めて適語を入れよ。
> (1)　They (h　　) a party yesterday.
> 　　　彼らは昨日パーティーを開いた。
> (2)　She (t　　) a lie to me.
> 　　　彼女は私に嘘をついた。
> (3)　He (p　　) an important role in the project.
> 　　　彼はそのプロジェクトで重要な役割を果たした。

▶アプローチ　(1)「開く」という日本語に引きずられてopenしか思いつかないですが，openは「窓などを具体的に開ける」ことですね。パーティーを具体的に(物理的に)開けることはできない。

(2)「うそをつく」は"tell a lie"と言います。

(3)「役割を果たす」は"play a role"。「演じる」という感じ。

正解　(1)　They (**had**) a party yesterday.
　　　　(2)　She (**told**) a lie to me.
　　　　(3)　He (**played**) an important role in the project.

　この種の問題で一番有名なのが，**「借りる」問題，「教える」問題**です。僕ら日本人は「借りる」と言えば必ずborrowを使ってしまうのですが，そうとも限らない。本を借りるなどはborrowですが，「電話を借りる」とか「トイレを借りる」というのは実はborrowでなく，普通useを使うのです。なぜだかわかりますか？borrowの'借りる'は**「家に持って帰る(移動させる)」**というニュアンスを含むのです。だから電話を借りるは電話を家に持って帰るのではなく，その場で使うだけだから「使う＝use」でいいわけです。

　　　Can I borrow your telephone.
　　　　　⇩
　　　　　　use
　　　(電話を借りることができますか？→借りてもいいですか？)

同様に「教える」というと必ずteachを使ってしまいますが,「〜までの道を教えて」という時にはteachは使えない, tellを使うんだ。つまりteachは**「学科(教科)を教える」**という感じにしか使えないのです。

Please ~~teach~~ me the way to the station.
　　　⇩
　　　tell
(駅までの道を教えて)

これですっきり！ ⓯ 「借りる」「教える」問題

① 借りる は一律borrowでいいの？
○「電話を借りる／トイレを借りる」は☞ use だ！
　　use your telephone　use your bathroom
borrowの'借りる'は☞ 家に持って帰る(移動させる) こと！

② 教える は一律teachでいいの？
○「道を教えて」は☞ tell だ！
　　tell me the way
teachの'教える'は☞ 学科を教える こと！

問 2. If you stay at a big hotel, you can (　　) their swimming pool.
　①bathe　②borrow　③play　④use　(センター試験)

▶**アプローチ** 出題者は「プールを"借りる"なのでborrow…」と選ばせたいわけですね。プールは移動させることができないので「使用する=use」でいいわけ。

正解 ④

If you stay at a big hotel, you can **use** their swimming pool.
「大きなホテルに泊まると，水泳用プールを借りられます」

▶ポイント　①のbathe（水につかる）は後ろにinがあれば正解。

問 3. Does Kenji still have that book he (　　) from the library?
　　①asked　　②borrowed　　③lent　　④rented

(センター試験)

▶アプローチ　「図書館から借りたあの本」と言いたいわけですね。これは同じ「借りる」でもrentとborrowの違いがわかっているかを聞く問題。「レンタカー」でおなじみのrentは「**お金を出して**(有料で)借りる」こと。borrowは「**無料で**借りる」ことなのです。

正解　②

Does Kenji still have that book he **borrowed** from the library?
「ケンジは図書館から借りたあの本をまだ持っているの？」

▶ポイント　ちなみに③のlent（原形はlend）は「貸す」，つまりborrowの反意語です。これも**頻出**。

3.「群動詞」問題

君のモヤモヤ ③ "put up with ～" は「我慢する」
こういう群動詞も暗記？SVC, SVOとは関係ないの？

◆SVC, SVOで説明しましょう！

「2, 3語のカタマリ」を動詞として使うことを「群動詞」あるいは「句動詞」と言うことがあります。典型は「put up with ～ = ～を我慢する」などです。

「英文法＝イディオムの暗記」というイメージがついてしまったのは，この群動詞問題あたりが原因かもしれません。

take care of ～は「～の世話をする」，put off ～は「延期する」などと機械的に暗記させられると，

「なんだ，**やっぱり英語は暗記**じゃないか。全て設計図を使って書くというのはウソなの？」

そう思うかもしれない。でも現実はむしろ逆で，

『SVC, SVOという形式を守るために☞群動詞を作った』

のです。

　　　　He can't put up with the noise.
　　　　（彼はその音に我慢できない）

例えば，この文はイディオムを使った構文と思うかもしれませんが，**普通のSVOの文**ですね。

　　　He | can't put up with | the noise | .
　　　S　　　　V　　　　　　　O

Vに群動詞を使っただけで，別にSVC, SVOの枠組みは変わってないのです。

51

つまり…

『SVC, SVOという制約の中で全ての文を書くために、Vを「動詞＋副詞」にして工夫している』

のです！

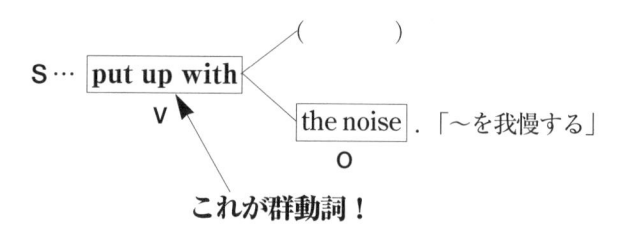

```
            (         )
S … put up with
         V      the noise . 「～を我慢する」
                   O
      これが群動詞！
```

常にSVC, SVOという基本軸で考えるのがコツです。
そして、このような

『群動詞問題は☞outなどの「副詞」のイメージを学ぶチャンス！』

だと思ってください。一見暗記するしかないと思いがちですが、

『動詞と一緒に使う「副詞」には、やはりそれなりの意味がある』

んだ。よく出てくるout, off, upを例に話をしましょう。

1. **make out～** ＝ ～を理解する（understand）

　有名なこの群動詞も「なぜoutを使うのか」、outのイメージをつかむチャンスです。
　outは下のような『ビンの中から中身（液）が出る』絵を思い浮かべるのが基本なんだ。

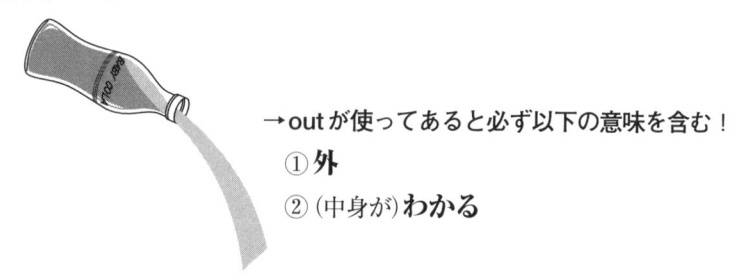

→outが使ってあると必ず以下の意味を含む！
① **外**
②（中身が）**わかる**

中身が外に出るので「①外」という意味が出るし，**外に出ることで中身がわかるので「②わかる」**というニュアンスも出る。

だからoutを使った熟語などに「わかる」という意味を表すものが多いのもそのためなんだ。

turn out (to be) C（(S は)C とわかる）はその典型

つまりoutを使ったものは必ずこの基本イメージを含んでいるのです。

2.　**put off 〜**　=　〜を延期する（postpone）
　　call off 〜　=　〜を中止する

またこの2つも似ているので間違いやすいんだけど，理解すれば大丈夫です。まずput off（延期する）の方は，**予定日をいったん「はずして」(off)，再び別の日に「置く」(put)** わけですね。

　　①いったん　　　②別の日に再び　　③だから
　"はずして"(off)　　"置く"(put)　　「延期する」

call off（中止する）の方は「**オフを宣言する**」という感じですね。
つまり，

『**offは☞「onとの対比」で考えるのが基本**』

なのです。

onはいろんな意味で「(線の上に)乗ってる」，offは「はずれている」という感じでしょうか。「今日はオフ」というと仕事が休みということだし，"on air"というと「放送中」ということですね。

3.　**S　turn up**　　=　Sが現れる（appear）
　　bring up 〜　=　〜を育てる（raise）

ついでにupを使ったこの2つも見てみましょう。upはもちろん「上」ですね。正確に言うと，

『下から上への動き↑』

という感じ。

　turn up（現れる）は，「**垣根などから人が顔をひょっこり出す**」感じだし，bring up（育てる）は，「**小さいときから大きくなるまで**」育てる感じ（↑）をupで表わしているわけ。bringは大きくなるまで「**持っていく**」という感じ。

これですっきり！　**⓰** 群動詞もやはりSVC, SVOで考える！

put up with 〜＝「我慢する」…

群動詞は暗記？

⇩

いいえ！やはりSVC, SVOは変わってない！

⇩

SVC, SVOという制約の中で全ての文を書くために

Vを「動詞＋副詞」にして工夫している だけ！

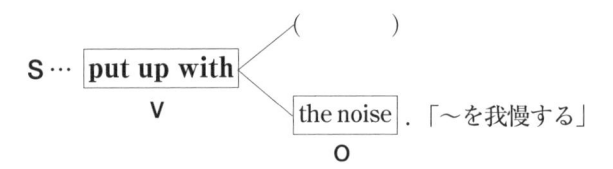

S … put up with （　　　）
　　　　V　　　　the noise .「〜を我慢する」
　　　　　　　　　O

★群動詞はあくまで少数の例外！

第2章 動詞問題をSVC，SVOだけでマスターする方法

これですっきり！ ⓱ 群動詞をうまく活用しよう！

●群動詞は☞動詞と一緒に使う 副詞のイメージ をつかむチャンス

put up with ～ ～を我慢する （通常，否定文で使う）	**up**を使って「物をずっと持ち上げて我慢している」感じ。**重量挙げのイメージ**。 = stand, endure
come across ～ ～と偶然出会う	それが目の前を**横切った**(クロスした)という感じなので**across**を使っているんだ。
look after ～ ～の世話をする	「後ろから見守っている」わけだから「世話をする」。日本語の「後見人」(法的な親代わり)はこれを訳したものでしょう。 = take care of
make out ～ ～を理解する	**out**は「外に出る→中身がわかる」で，「わかる」という意味でよく使われる。 = understand
put off ～ ～を延期する call off ～ ～を中止する	いったん「はずして」再び別の日に「置く」わけだから「延期する」。 「オフを宣言する」なので「中止する」。
S turn up 現れる bring up ～ ～を育てる	両方共「**up＝下から上への動き**」というニュアンスがよく出ている(↑)。turn upは「ひょっこり顔を出す」感じで，bring up ～は「子供から大人になるまで」という感じを表わしている。

◆どんな問題が出るの？

それでは例題をやってみてください。

> 問1．空所に適語を入れよ。
> (1) He was (　　) up in Tokyo.
>   彼は東京で育てられた。
> (2) The rumor turned (　　) to be false.
>   その噂は間違いとわかった。
> (3) The girl takes (　　) her mother.
>   その女の子は母親に似ている。

▶アプローチ　(1)「育てられた」なので，bring up ～の受け身です。
(2)「わかった」のoutですね。
(3) **take after ～**で「～に似ている」という意味。「～の**"後を"受け継いでいる**」という感じなのでafterを使うんだ。

正解 1. He was (**brought**) up in Tokyo.
2. The rumor turned (**out**) to be false.
3. The girl takes (**after**) her mother.

> 問2 "Can you (　　) what that sign says?" "Yes. From where I'm standing it's quite clear. It says 'No Smoking'."
> ① look out　　② look up
> ③ make out　　④ make up
>
> （センター試験）

▶アプローチ　「あのサイン（掲示）が何と言っているかわかるか」と言いたいみたいなので，「わかる，理解する」の…

正解 ③

"Can you **make out** what that sign says?" "Yes. From where I'm standing it's quite clear. It says 'No Smoking'."
　　　　S　　V　　　　O

「あの掲示に何と書いてあるかわかりますか？」「はい，私が立っているところからでも，とてもはっきり見えます。'禁煙' と書いてあります」

▶**ポイント**　outは「中身が外に出る」から「わかる」というニュアンスでしたね。ちなみに①のlook outは「外を見る」から「気をつける，警戒する」という意味でも使えます。

問 3． Where did you (　　　) across the rare book?
　　　① come　② go　③ reach　④ find

（聖心女子大）

▶**アプローチ**　acrossと言えば「come across＝出くわす」だよね。

正解　①

Where did you **come** across the rare book?
　　　　　　　　　V　　　　　O

「その貴重な本とどこで出会ったの？＝どこで見つけたの？」

▶**ポイント**　「目の前を横切る」から「偶然出会う，見つける」という感じ。

> 合格塾②

「学歴社会なんておかしい…」
⇩
企業は受験を通して「頭の良さ」ではなく，君の「目標達成能力」を見ているのです！

　「受験なんてくだらない」と思ったことはありませんか？「大学名だけで一流企業に入れるなんておかしい。もっと中身を見るべきだ」僕もそう思っていたのですが，**なぜ一流企業が「受験の結果」を決め手にするのかわかりますか？それは「受験とビジネスがよく似ているから」**なのです。

　どちらも「結果が全て」の世界だよね。ビジネスは期日までに一定の利益を挙げないと倒産してしまう。どんなに努力しようが結果が全てなのです。つまり受験もビジネスも「期限までに」「結果を出す」という意味では同じなんだ。3分間の面接でその人が仕事が出来るかどうかなんてわからないのです。いくらでもゴマかせるからです。でも受験という世界で結果を出した事は仕事が出来ることの証（あかし）になるんだ。つまり企業は受験を通じて「頭の良さ」ではなく，**「目標を設定し，必要なものを冷静に準備し，決められた日にベストの状態に持っていく」という君の「目標達成能力」**を見ているんだ。

　これはスポーツも同じだよね。だから企業は「受験で結果を出した人」と「スポーツで結果を出した人」を欲しがるのです。仕事が出来ることの証になるからです。だいたい「頭のいい人」なんていないのです。脳はみな平等です。もし違う脳を持った人間を発見したらノーベル賞ものです。**特別な才能ではなく「目標達成能力」を見られていることに気づいて，はじめて「受かる人」になれる**んだ。

第3章

不定詞を SVC, SVOだけでマスターする方法

先輩たちの秘伝公開！

1. 不定詞の教え方

① 『不定詞』がよくわからない… 何のために動詞にtoを付ける？

　英語にはさまざまなブロック（カタマリ）があるのですが，代表的なのは「準動詞の作るカタマリ」です。その1番目は不定詞です。

◆従来の教え方

　従来は「不定詞を名詞で使うと名詞用法，形容詞で使うと形容詞用法，副詞で使うと副詞用法，これが不定詞の3用法で…」などと説明されるのですが，やっぱりこれも「**おかしな説明**」なんだ。

　「to V…」という形は同じなのに，なぜ名詞で訳したり，形容詞で訳したりするのか，**その基準が曖昧**だよね。「形容詞のように訳せるから形容詞用法」と言われても，「形容詞のように訳せる」というのはなぜわかるの？と思いますよね。これらはすべて**"結果論"**なのです。

　何度も言うように，「**文を書く上で何が問題なのか**」を**考えないと意味がない**のです。同じ「to V…」という形で名詞用法と形容詞用法をどう区別して書くわけ？横に「これは形容詞として訳せ！」などの注を付けておくのでしょうか？あるいは，名詞として訳そうが形容詞として訳そうが読者の勝手なのでしょうか？

? 従来の教え方 ?

「こんな時は名詞用法，こんな時は形容詞用法…」と習うが…

☞ その「**こんな時…**」がよくわからない…

⇩

文を書く上で 何が問題なのかを考えないと意味がない！

★どう書けば読み手は形容詞用法とわかるの？

第3章　不定詞をSVC，SVOだけでマスターする方法

　これらは本当は全て**"設計図上の問題"**なんだ。設計図で説明すれば簡単なのです。

◆SVC，SVOで説明しましょう！

　不定詞はもちろん「to V…」のカタマリのことですね。動詞の頭にto…を付けるわけですが，なぜ付けるかわかりますか？**それは「文中でV役をしていない動詞だよというサイン(目印)」**なのです。

　何度も言うように，英語には"てにをは"がないので，役割を示す目印が必要です。**動詞は普通はVの役目をするのですが，to…を付けると「設計図上で他の役(例えばSなど)をしているぞ」**というサインになるわけ。そして設計図上の場所によって訳が変わるのです。

　くわしくは後で述べますが，toは「文中でV役をしていない動詞だということを読者に伝えるためのサイン(目印)」だということ，そして「V以外のほとんどの役割ができること」をここでは理解してください。

　つまりto…は役割を示すサイン＝いわば英語の"てにをは"なのです。このように**動詞の形を変えたものを**「**準動詞**」と言いますが，これは「**動詞の仕事をしない動詞**」という意味なのです。

これですっきり！　⑱ 不定詞の本当の意味

to V …　☞　なぜ動詞の頭に to を付けるか？

文中で V役をやっていない動詞だよ という目印のため！

★「V以外の役割をしていますよ」というサインだ！

```
                              ╱ C …
 (    )  □  (    )  ⊠
  イントロ   S   Sの説明   V  ╲ O …
```

61

2. 不定詞の名詞用法

君のモヤモヤ ②
『不定詞の名詞用法』がよくわからない…
そもそも「用法」って何だ？

では，不定詞3用法のモヤモヤを晴らしてもらいましょう。
まずは名詞用法です。

◆従来の教え方

不定詞の名詞用法はわかりやすいので問題はないでしょう。「名詞」というのは日本語と同じなのでわかりやすいんだ。問題は後でやる形容詞用法や副詞用法なのです。

◆SVC，SVOで説明しましょう！

「to V…」は完全な1個の名詞として使えて「Vすること」と訳せるよね。**このように「to V…」を名詞で使うことを「不定詞の名詞用法」**と言っているんですが，これは簡単ですね。

「用法」とは文中のどこで使うか，つまり「どの品詞で使うか」ということだと今は思っておいてください。

では具体的にSVC，SVOの文の中でどう使うかわかりますか？

「名詞で使える」ということは文中では「S」や「O」や「C」などに使えるということですね。

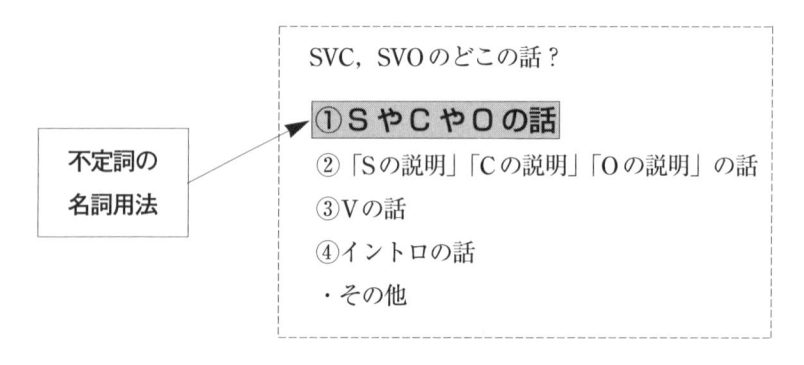

```
                    SVC, SVOのどこの話？
  不定詞の       ┌→ ①SやCやOの話
  名詞用法          ②「Sの説明」「Cの説明」「Oの説明」の話
                    ③Vの話
                    ④イントロの話
                    ・その他
```

第3章　不定詞をSVC，SVOだけでマスターする方法

My dream is **to become a scientist**.

例えばこの文はどういうカタマリ（ブロック）かわかりますね。このようにbe動詞の後ろにあれば「Cのカタマリ」で訳せと言うことですから，名詞で訳します。

| My dream | is | to become a scientist |.
| S | V | C |

「私の夢は，**科学者になること**です」

そのカタマリに，主語なら は を付けるし，目的語なら を を付けて訳すわけ。いつも「**SVC，SVOの文の中でどう使うか**」を考えてください。僕らは「英文が正しく書けるか」だけが問われているのです。

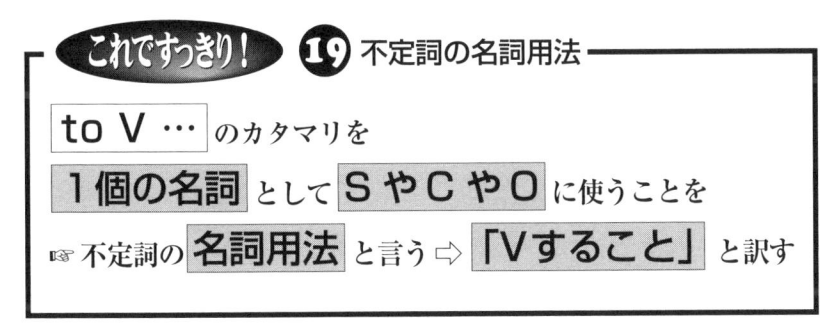

これですっきり！　⑲　不定詞の名詞用法

to V … のカタマリを

1個の名詞 として **SやCやO** に使うことを

☞ 不定詞の **名詞用法** と言う ⇨ 「**Vすること**」 と訳す

不定詞はもちろんこのように「1個の名詞」として使うのが基本ですね。

◆どんな問題が出るの？

名詞用法は簡単なのであまり問題としては出ませんが，和訳問題や，単純に不定詞を使って文が書けるかなどが問われます。

> 問 1．和訳
> To sit up late at night is bad for your health.
> 問 2．並べ換え
> 私のただひとつの望みは，彼と結婚することです。
> My only ［him, is, marry, hope, to］．

語句 sit up late ＝夜更かしする

▶アプローチ　1．どちらも簡単ですね。まずは和訳の方から。

「**和訳せよ**」というのは「**SVC，SVOがわかるか**」と聞いているんですよ。

　　　　| To sit up late at night | is | bad | (for your health).
　　　　　　　S　　　　　　　　V　　C　　←Cの説明

このようなブロックに見えないとダメですね。主語に不定詞を使って長くなっているだけで，普通のSVCの文だよね。

正解　「夜更かしすること**は** 悪い(←君の健康に)」

2．「並べ換え」問題ももちろんSVC，SVOで考えるのです。

be動詞があるので「SVCで書けそう」と思うよね。そして「Cを不定詞で書こうか」と考えるわけ。

正解　| My only hope | is | to marry him | ．
　　　　　　S　　　　　V　　　C

不定詞ブロックの使い方がわかってきましたか？

　　　　　　　　　　　　※

もう気づいているかもしれませんが、**不定詞のカタマリの中も「5文型」で書いている**ことがわかりますか？

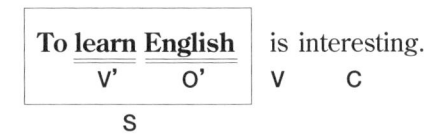

```
┌─────────────────┐
│ To learn English │ is interesting.
│  V'      O'     │  V      C
└─────────────────┘
        S
```

「英語を学ぶことは面白い」

主語の中身も「一般動詞＋名詞」のコンビですから、もちろん「V＋O」の関係になっているわけ。だから「英語**を**学ぶことは」と**を**を付けて訳しているのです。

つまり「to…」は「be動詞か一般動詞」にしか付かなくて、be動詞に付ければ後ろは必ずCだし、一般動詞に付ければ後ろは「O」か「Vの説明」しかないのです。

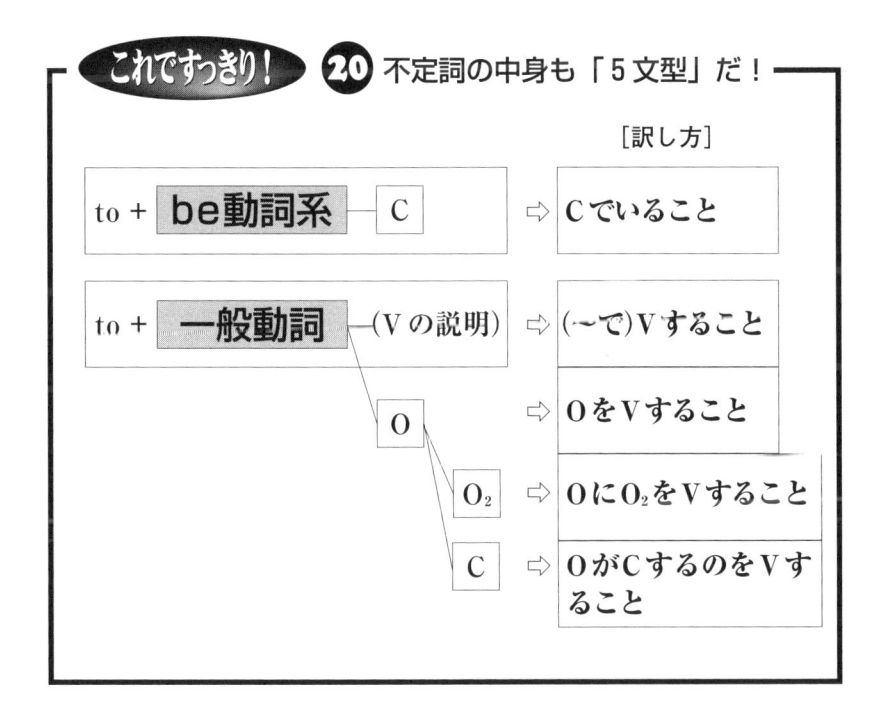

これですっきり！ ❷⓪ 不定詞の中身も「5文型」だ！

［訳し方］

to ＋ be動詞系 ― C	⇨	Cでいること
to ＋ 一般動詞 ―（Vの説明）	⇨	（〜で）Vすること
＼ O	⇨	OをVすること
＼ O₂	⇨	OにO₂をVすること
＼ C	⇨	OがCするのをVすること

3. 不定詞の「意味上の主語」

君のモヤモヤ ③ 不定詞の「意味上の主語」がよくわからない… どこで使うの？

　形容詞用法の話をする前に「意味上の主語」について話しておきます。不定詞は(名詞用法で言えば)「Vすること」ですが**"誰が"Vすること**」なのかを言わないといけないときがあるんだ。

　そんなときは「to V…」の前に「for + 名詞」を付けることになっているんです。例えば「**彼が**Vすることは…」と言いたければ

　　　　　for him to V…

と書くんです(前置詞の後ろなので目的格にします)。

　　　・私の夢は，ピアニストになることです。
　　　・私の夢は，**彼が**ピアニストになることです。

例えばこの2つの文なら，それぞれこうなりますね。

　　　・My dream is to become a pianist.
　　　　　　　　　　　　C
　　　・My dream is **for him** to become a pianist.
　　　　　　　　　　　　　　　　C

◆**従来の教え方**

　皆さんはこの意味上の主語を「**～にとって**」と習ってしまうんだ。例えば「**for him** to V…」なら「**彼にとって**Vすることは…」と習うのですが，これは全くピント外れの間違った説明なのです。

　　　　　My dream is **for him** to become a pianist.

第3章　不定詞をSVC，SVOだけでマスターする方法

これですっきり！ 21 不定詞の意味上の主語

不定詞＝「Vすること」

○『 誰が Vすること』なのかを表わしたいときは

不定詞の前に for〜 を付ける（約3割の不定詞には付いてる）

⇨ for A　to V… ＝「AがVすること」

この「for A 」のことを 意味上の主語 と呼んでいるんだ

例えば先ほどの例文なら「私の夢は，**彼にとって**ピアニストになることです」(?)という意味不明の訳になってしまうね。

英語は単純に事実関係を伝えているだけです。この文なら"for him…"は
⇨「**become という動詞の主語は必ずhim**」であることを伝えているだけです。決して訳の指示をしているわけではない。

だから初めのうちは「彼**が**Vすること…」と**が**を付けて訳す癖をつけるといいと思います。

？従来の教え方？

「**for A to V…**」

意味上の主語は「 〜にとって Vすること」と訳せと習うが…

⇨ これは 絶対にやってはいけない訳 ！

意味上の主語は単純に 「toV…」の主語を指示しているだけ

（文全体の主語とは違うことを表わしている）

⇨ 初めのうちは「A**が**Vすること…」と**が**を付けて訳す癖をつける

◆どんな問題が出るの？

問題に行く前に"It…"の話をしておくと，不定詞は「**It…から始まる文**」でよく使うのですが，**意味上の主語は主にその時セットでよく使われる**んだ。

It is impossible to master English.
「**それは**不可能だ／(それとは？) 英語をマスターすることは
＝英語をマスターすることは不可能だ」

「It…から始まる文」については，いつもの設計図，つまり5文型と離れて考えてほしいのですが，要は「それ…」と初めに言っておいて，後から「それ」の内容を不定詞で言うわけ。いわゆる「**仮主語―真主語**」というパターンです。

It is impossible ／ to master English.
仮S　V　C　　　　　▲　真S
＝ To master English is impossible.

ではこの文で「**君が**マスターすることは不可能だ」と言いたければどうすればいい？そう不定詞の前に意味上の主語を付ければいいね。

It is impossible ／ **for you** to master English.
「それは不可能だ／**君が**英語をマスターするのは」

もちろん意味上の主語が使われるのはこのパターンだけではないのですが，このように「It…から始まる文」でよく使われることを覚えていてください。なぜならその種の問題が多いからです。

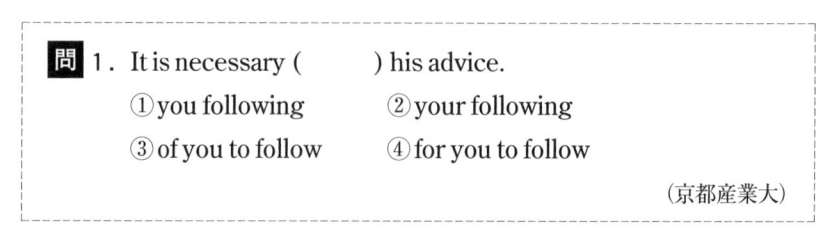

問 1. It is necessary (　　　) his advice.
①you following　　②your following
③of you to follow　④for you to follow

(京都産業大)

第3章　不定詞をSVC，SVOだけでマスターする方法

▶アプローチ　「それが必要」と言っておいて「それ」の内容を後ろで不定詞で述べる「仮主語―真主語」タイプ。その不定詞の前に意味上の主語を付けるわけです。

正解　④

　It　is necessary／**for you**　to follow his advice.
　仮S　V　　C　　　　　　　　真S

「それが必要（それとは）**君が**彼のアドバイスに従うことが」
＝「君は彼のアドバイスに従う必要がある」

意味上の主語は "for" で表わすと言いましたが，**ごく特殊なケースで "of" を使うケース**があります。これが**文法問題の頻出テーマ**になっているのです。

問 2． It was careless (　　　) you to forget your homework.
　①for　　　　　　②of
　③with　　　　　④to
　　　　　　　　　　　　　　　　　（慶応大）

▶アプローチ　これは結論から言えば①のforではなく②のofが正解なのです。なぜだかわかりますか？

正解　②

It was careless **of** you／to forget your homework.
「君は不注意だ／宿題を忘れるとは」

まずこの文は**「仮主語―真主語」パターンではない**ことがわかりますか？先ほどの問題とは**スラッシュの位置が違う**ね。「不注意」(careless)に対する主語はyouですね。つまり元の文はこうだったのです。

　　　You were careless　（to forget your homework）．
　　　　S　　V　　　C　　　　←文全体の説明

この文のto以下は「君は不注意」と判断した根拠を述べているわけ。後で

やる不定詞の「副詞用法」というやつなのです。

この主語youを，(1)of youというカタチで後ろに移動させて，(2)空いたところに "It …" を代わりに入れたのが問題の文なのです。

<u>You</u> were careless (to forget your homework).

It was careless <u>of you</u> (to forget your homework).

carelessは「**人**」**を主語にするタイプの形容詞**ですが，necessaryは人を主語にはできない，**必ず「モノ」(物事)を主語にするタイプの形容詞**です。形容詞はどちらのタイプかみんな決まっているんだ。

1．It is necessary (　　　) you to follow his advice.
2．It was careless (　　　) you to forget your homework.

例えばこの2問なら

『youと形容詞がイコールになるかどうか』

を考えるわけですね。1は「君が必要だ」と言ってるわけではない(もともとnecessaryは人を主語にできない形容詞)。イコールにはならないから普通の意味上の主語(つまり仮主語―真主語)。2はイコールになるのでofを使うという感じ。

ただしこの "of" は，このケースのみで使う極めて特殊なものです。どこでも使える，本当の意味での意味上の主語は "for" しかない。だからイメージとしては

『forが99％，ofは1％もない！』

そのようなイメージを持ってください。まさに文法問題のためだけにあるようなofなのです。

第3章　不定詞をSVC，SVOだけでマスターする方法

これですっきり！ 22 forとof

「意味上の主語」と言えば **forとofの違い** が頻出だが…

この2つが問題になるのは **「It…から始まる文」のときだけ** ！

⇩

It was careless (　　) you to forget your homework.
① It…から始まる文で，「仮主語―真主語」が成り立たないとき
② 「名詞（例文では you）と形容詞」がイコールじゃないかと考えてみる
　You are careless… →イコールのときのみ of を使う

⇩

つまり **「It…が指すもの」** が違うわけ！

○ It is necessary / **for you to follow his advice** .　←普通

○ It was careless of you / to forget your homework.　←超例外

⇩

ただし…
どこでも使える **本当の意味での意味上の主語** は **forの方**
→ **forが99％，ofが1％** ぐらいのイメージ

4. 不定詞の形容詞用法

君のモヤモヤ ④　『不定詞の形容詞用法』がよくわからない…
SVC，SVO で説明して！

　不定詞の名詞用法に比べると「形容詞用法」は苦手にしている人が多いよね。それは，日本語の発想にないからなんだ。

◆従来の教え方

　この形容詞用法はやはり教え方に「**問題あり**」ですね。

something <u>to drink</u>　=　飲み物（飲むための何か）

　大体このようなパターンを例として「この to drink は前の名詞 something にかかっている，つまり修飾しているね。これが不定詞の形容詞用法」といったように説明を受けたと思います。

　何度も言うように，このように例文を使って「**こんな時は形容詞用法**」**という説明は限界がある**んだ。その時は何となくわかったつもりでも，自分で形容詞用法を使って文を書くことができないのです。「文を書く上で何が問題なのか，どうすれば相手に形容詞用法と伝わるのか」，つまり「**SVC，SVO の中でどう使うのか**」それを教わるべきですね。

─── ? 従来の教え方 ? ───

… something <u>to eat</u> ＝何か食べ物
↑
「これが不定詞の形容詞用法で，形容詞として訳す…」

読んでる人は　なぜ「形容詞用法」とわかるのか

SVC，SVO の中でどう使うか　を習ってないので

自力で　形容詞用法を使って　文を書く　ことができない…

第3章　不定詞をSVC，SVOだけでマスターする方法

◆SVC，SVOで説明しましょう！

ではどうすればいいのか，もちろん「**不定詞の形容詞用法はSVC，SVOの中でどう使うのか**」それを教わればおしまいですね。

不定詞の形容詞用法とは，**不定詞を「Sの説明，Cの説明，Oの説明」などに使うこと**なのです。

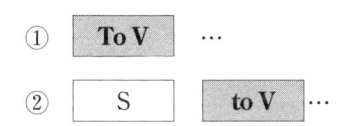

① 　To V　…

② 　S　　to V　…

英語は「**並び順」に意味がある**わけですが，この①は文の1番目に不定詞を持ってきているので「並べ方の第1法則」から，主語かイントロで訳します。つまり名詞用法か副詞用法なんだ（くわしくは後述）。

でも②はどうですか？Sの後は「V」か「Sの説明が付く」かでしたね。そしてわざわざto …を付けてるわけですから「**Vじゃなく，Sの説明で訳せ**」と言うことですね。前にある名詞の説明をしているので，不定詞の形容詞用法と呼ばれているのです。

つまり「**名詞＋to V…**」で名詞の説明ができるのですが，名詞とは文中では主にS，C，Oに使うわけですから，その後ろにくっつけて，その名詞の説明として使うわけです。

　　　A plan **to visit Japan next year** is very good for you.　　…(1)

例えばこの文ならSの後ろに不定詞が付いているよね。これはVになれないわけだから「Sの説明」として訳せという作者の指示ですね。

　　　A plan　（ to visit Japan next year ）　is　very good　(for you).
　　　　S　　　　←Sの説明　　　　　　　　V　　C　　　←Cの説明

「その計画（←来年日本を訪れるという〜）は，君にとってとても良い」
　＝「来年日本を訪れるという計画は，君にとってとても良い」

He was the first man **to arrive here**. ...(2)

今度はSVCのCの後ろに不定詞が付いているね。**Cの後ろは基本的に「Cの説明」しか付けられないので**、「Cの説明」として訳せという作者の指示です。

$$\underset{S}{\text{He}}\ \underset{V}{\text{was}}\ \underset{C}{\text{the first man}}\ (\ \underset{\leftarrow Cの説明}{\text{to arrive here}}\ ).$$

「彼は最初の男（←ここを訪れた〜）」
=「彼は，**ここを訪れた 最初の男** です」

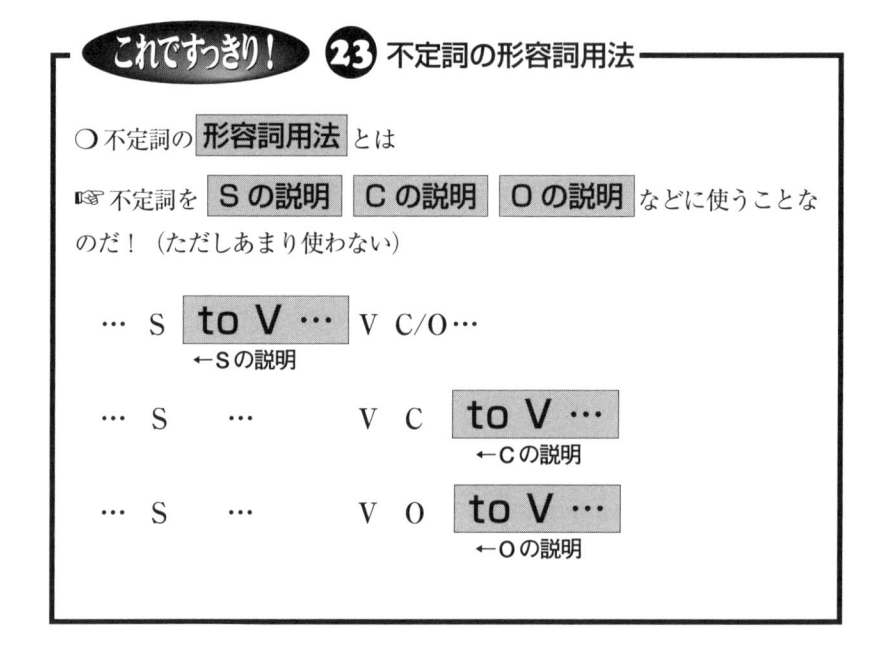

これですっきり！ 23 不定詞の形容詞用法

○ 不定詞の 形容詞用法 とは

☞ 不定詞を S の説明　C の説明　O の説明 などに使うことなのだ！（ただしあまり使わない）

　… S **to V** … V C/O …
　　　　↑
　　　← S の説明

　… S … V C **to V** …
　　　　　　　↑
　　　　　← C の説明

　… S … V O **to V** …
　　　　　　　↑
　　　　　← O の説明

形容詞用法は，名詞用法に比べると圧倒的に少ないです。滅多に使わない特殊な使い方だと思ってください。

◆どんな問題が出るの？

具体的な作り方，使い方などは問題をやりながら説明しましょう。

第3章　不定詞をSVC，SVOだけでマスターする方法

問 1．日本語に合うように（　）内を並べ替えよ。
　　　私は，いざというとき助けてくれる人がいます。
　　　I (help, someone, have, to, me) in time of need.

▶アプローチ　「…いざというとき助けてくれる 人 」このように日本語は「前に」長い説明が付きますが，英語は後ろに説明が付くわけ。

正解　人（←助けてくれる）
　　　I have someone （ **to help me in time of need** ）．
　　　S　V　　O　　　　　　　←Oの説明

少し具体的な作り方を説明しておきます。
[ケース1]　次の2文はどちらが正しいかわかりますか？

　(1)　He has no house **to live**.
　(2)　He has no house **to live in**.
　　　「彼には住む家がない」

正解は(1)は×，(2)が○，なのです。なぜだかわかる？
「名詞」と「後ろの不定詞」は，いいかげんに付けているわけではなく，**ある一定のルール**があるんだ。

　　　house　　[to live **in** ●]
　　　　　　　　　　　　　　不定詞の「後ろ」につながる

簡単に言うと，原則として "house" が**後ろの不定詞の「前か」「後か」に直接つながっていかないといけない**んだ。このケースでは "× live a house" とは言えなくて→ "○ live in a house" が正しいよね。liveは自動詞だからね。

[ケース2]　そして練習問題 問1のケースでは "someone" と "help" は「**SとVの関係**」にあるよね。つまり名詞someoneは不定詞の「前に」付けられるんだ。

　　　　someone ［● to help me in time of need］
　　　　　　　┗━━━━━┛↑　　不定詞の「前に」つながる＝ＳとＶの関係

　　　…　someone ［**to help** ］
　　　…　someone ［**to help** me ］

　例えばこの２つは**全然意味が違う**のがわかりますか？上はsomeoneが不定詞の「**後ろ**」(helpの目的語)に入るので☞「**助けるべき誰か**」ぐらいの意味になりますが，下はすでにmeという目的語があるので不定詞の「前に」付きます(主語)。つまり「**ＳとＶの関係**」ですから☞「**私を助けてくれる誰か**」という意味になるんだ。

　　　…　someone ［to help ● ］
　　　…　someone ［● to help me ］

　[ケース3]　これ以外では「**同格**」というパターンがあります。

　　　A plan **to visit Japan next year** is very good for you.
　　　「来年日本を訪れるという 計画 は，君にとってとても良い」

　この文の"A plan"と"to visit…"との関係はわかりますか？visitに対して「前にも後にも」付かない，つまり主語にも目的語にもならないね。これはいわゆる「同格」というやつで「**〜という**計画」と訳せるタイプなんだ。だいたいこの３パターンだけ知っておけばいいでしょう。

第3章 不定詞をSVC，SVOだけでマスターする方法

これですっきり！ 24 「名詞」と「後ろの不定詞」との関係
（形容詞用法）

名詞 [●　to V …　●]
　　　①　　　　　　②

○ 名詞が→不定詞の① 前に つながるか（SVの関係）
　　　　　　　　② 後ろに つながるか（VOの関係など）
　　　または③ 同格 か（～という名詞）

★形容詞用法を使って文を書くときはこの3パターンに注意して書こう！

ではまた問題に戻りましょう。

問 2． We have a lot of problems (　　　)．
　① to deal　　　② for dealing
　③ to deal with　④ to be dealt

（南山大）

問 3． I don't have the courage (　　　) my boss to lend me his car.
　① asking　　　② for asking
　③ to ask　　　④ which I ask

（センター試験）

語句 deal with ～　～を処理する　　ask A to V …　AにVするよう頼む

▶アプローチ　1．SVOの後ろに不定詞を付けろと言っているわけだから「Oの説明」を付けるみたい…

正解 ③

We have a lot of problems　(**to deal with**).
　S　　V　　　O　　　　　　　←Oの説明

「私たちは，処理すべき たくさんの問題 を持っている」

▶ポイント　なぜ①のto dealじゃダメなのかわかりますね。dealは自動詞だからproblemsが直接dealの「後ろ」につながることはないよね。前置詞が必要です。

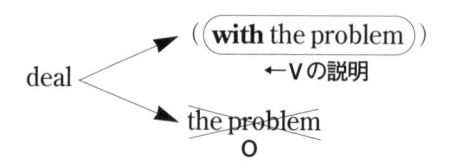

```
            ▶ ((with the problem))
deal <          ←Vの説明
            ▶ the problem
                  O
```

　問題としてはこの**「前置詞が残る」パターンがよく出題されます**。何となく不自然で，ありえないと思ってしまうからです。また訳としては「処理すべき」と「…すべき～」というニュアンスを含むと考えるとわかりやすいでしょう。

▶アプローチ　2．問題を解くときは必ずSVC，SVOの「どの部分」を作ろうとしているかを考えてください。これもSVOの後ろに何かを付けるみたい。「VかOの説明」ですが，この場合「～という勇気がない」と言いたそう…。

正解　③

I don't have the courage (**to ask** my boss to lend me his car).
S　　V　　　O　　　　　　　　　←Oの説明

「私には，上司に車を貸してくれるよう頼む 勇気 がない」

▶ポイント　「～という勇気」ですからいわゆる「同格」のタイプですね。

5. 不定詞の副詞用法

君のモヤモヤ ⑤ 「不定詞の副詞用法」がよくわからない… SVC, SVOで説明して！

◆従来の教え方

3用法の最後は副詞用法です。これも「こんなときは副詞で訳せるので副詞用法」と説明してしまうのですね。

To get the high score, he studied hard.

例えばこういう文を例文にして，この不定詞は「高得点を取るために，…」と，目的で訳せるから副詞用法，と説明されることが多いのですが，これも本当はおかしな説明なんだ。**「目的で訳せる」って誰が決めたの？**という感じですね。

◆SVC, SVOで説明しましょう！

不定詞の副詞用法とは『**不定詞をイントロなどに使うこと**』なのです。イントロというのは僕の造語ですが，要は文全体の説明をする部分。品詞で言えば副詞なので，副詞用法と呼んでいるのです。

つまり不定詞は，文の前半で言えば「Sに使うと→名詞用法で訳す」「Sの説明に使うと→形容詞用法として訳す」「イントロに使うと→副詞用法として訳す」と言うことですね。

要は**設計図中の"場所"と"訳し方"**の話なんだ。「場所によって役が決まる（主語など）→用法が決まる→訳し方が決まる」という手順です。正確に言うと「文の前後に付けて，文全体の説明（修飾）をしている」のが副詞用法なのですが，**訳し方が4パターン**ほどあります。

最も多いのは①「目的」(Vするために)で，約7割が目的で訳せばOKなのですが，他のパターンも知らないと絶対訳せないので重要です。

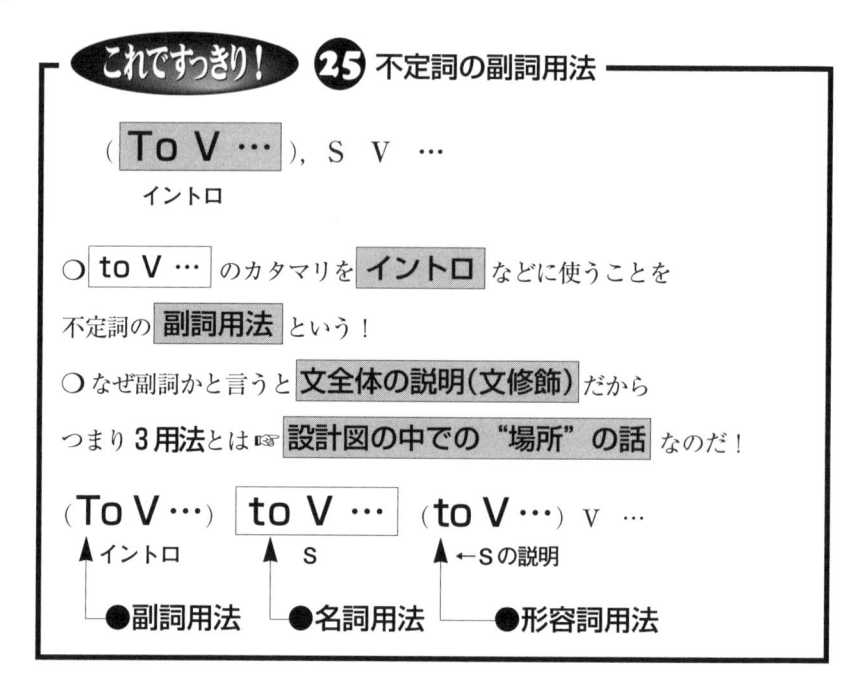

これですっきり！ 25 不定詞の副詞用法

(To V …), S V …
　イントロ

○ to V … のカタマリを イントロ などに使うことを不定詞の 副詞用法 という！

○ なぜ副詞かと言うと 文全体の説明(文修飾) だから つまり3用法とは☞ 設計図の中での"場所"の話 なのだ！

(To V …)　to V …　(to V …) V …
▲イントロ　▲S　▲←Sの説明
●副詞用法　●名詞用法　●形容詞用法

① <u>To mail a letter</u>, he went out. →目的

例えばこのように，普通にイントロ，つまり文の前に付けると「目的」として訳す場合が一番多い→「<u>手紙を出すために</u>，彼は出かけた」。

② The boy grew up <u>to be a great golfer</u>. →結果

2番目に重要なのはこの「**結果**」**で訳すタイプ**です。目的で訳すと(×)「偉大なゴルファーになるために成長した」となって何かおかしいね。これは，(○)「その少年は成長して(結果的に)偉大なゴルファーになった」と訳すのが正解。これを「**結果で訳す**」と言うんだ。

でも，どう見分ければいい？

ポイントは「動詞(V)」です。(1) grow up とか (2) wake (up) = awake (目覚めるとVした) (3) live (〜歳まで生きた)が御三家で，これらの「無意志動詞」(自動詞)と一緒に不定詞が使われていたら，「結果」で訳してみてほしいということ。慣れてくれば簡単。とにかく「結果」で訳す場合があることを知っておいてください。

③ She was surprised **to hear the news**.　　→感情の原因
④ you are careless **to leave your bag on the train**.
　　　　　　　　　　　　　　　　　　　　→判断の根拠

　最後は「感情の原因」で訳すタイプと,「判断の根拠」で訳すタイプです。③は「驚いた…」と言っておいて,驚いた原因を不定詞で表わしているわけ(「そのニュースを聞いて…」)。

　④は「君は不注意だ…」と断定してなぜそう判断したのか,その理由を不定詞で言っているわけ(「電車にバッグを置き忘れたから」)。これが訳し方の4大パターンです。

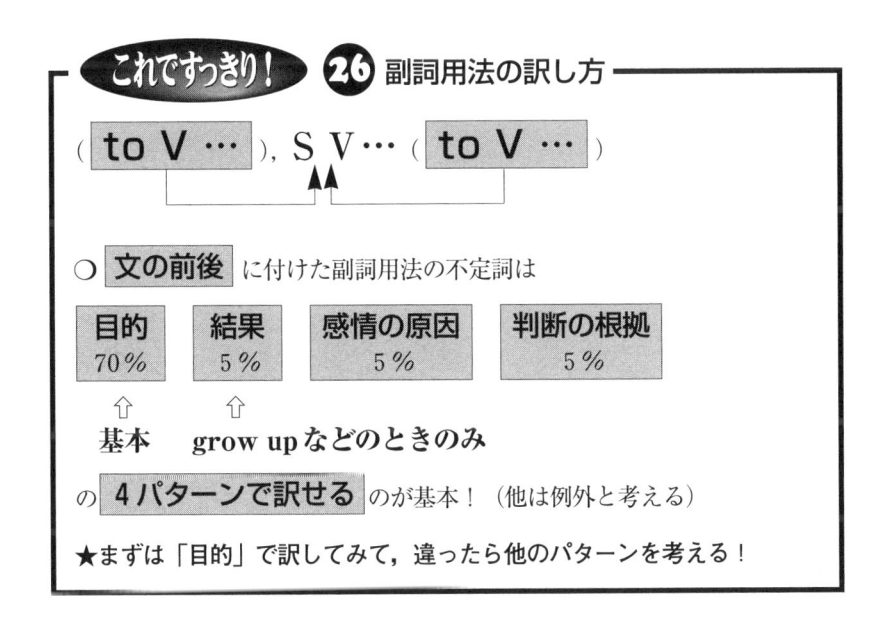

これですっきり！　㉖ 副詞用法の訳し方

(to V …), S V … (to V …)

○ 文の前後 に付けた副詞用法の不定詞は

目的	結果	感情の原因	判断の根拠
70%	5%	5%	5%

　⇧　　　⇧
　基本　grow up などのときのみ

の 4パターンで訳せる のが基本!（他は例外と考える）

★まずは「目的」で訳してみて,違ったら他のパターンを考える!

◆どんな問題が出るの？

> 問　The next morning I woke (　　) the fruit trees in bloom underneath my window.
> 　　① and see　　　　② to see
> 　　③ seeing　　　　④ with seeing
>
> 　　　　　　　　　　　　　　　　　　（東京薬科大）

▶アプローチ　まずwokeに注目！この動詞が使ってあったら「結果の不定詞」を使わせたいのかな，と考える。その線で考えるとうまく行きそう…訳せる？

正解　②

　　(The next morning) I woke (**to see** the fruit trees in bloom
　　　　イントロ　　　　　S　V　　←Vの説明

underneath my window).
「翌朝，目覚めると，窓の下に果実の木の花が咲いているのを目にした」

▶ポイント　「結果」で訳すパターンは基本的には「V and V …」なのです。つまり「**I woke and saw …＝起きてそして見た**」なのです。わからなくなったらandを使って考えてみてください。だから①はseeが過去形なら正解。

6. 不定詞を使った"構文"

君のモヤモヤ ⑥
『不定詞を使った"構文"』がよくわからない…
「enough to 構文」などは暗記するしかない？

◆従来の教え方

お待たせしました。皆さんの大好きな「構文」の話をしましょう。今の教え方はこの「構文暗記」というのが基本的なスタイルなのですが，やはり**「大いに問題あり」**という感じですね。

不定詞を使った構文も多くて，有名な「too～to…構文」や「enough to…構文」などがありますね。これらは機械的に，too～to…＝「～すぎて…できない」，～enough to…＝「…するのに十分な～」などと暗記させられるので，穴埋め問題はできるのです。でも並べ替え問題などになると全くおかしな並べ方をしてしまうんだ。つまり**「SVC，SVOの中でどう使うか」をやっぱり習っていない**んだ。

こう言うと決まって，

「構文やイディオムは，文型と関係ないでしょ？」

という質問が返ってくるのですが，そんなことはないのです。実は構文として暗記させられるものも**ほとんど全て普通のSVCやSVOの文なんだ**。それがわからないと使えないのです。

？従来の教え方？

「enough to 構文」は「…するのに十分な～」で
「too～to…構文」は「～すぎて…できない」で…，**全部暗記！**

⇩

教えるほうは楽だけど，結局は**特定の穴埋め問題**しかできない

☞ 文の中で どう使うかがわからない（**文が書けないと意味がない**）

SVC，SVOの中でどう使うか を習うべきなのだ！

◆SVC，SVOで説明しましょう！

不定詞を使った構文としてここでは3つの構文を取り上げます。

「too ～ to … 構文」「enough to … 構文」「so ～ as to …」の3つです。これらはバラバラに覚えさせられますが，実は同じ発想なんだ。これらは全て「**文中の形容詞や副詞の説明として使う**」のです。

具体的にそれぞれ説明していきましょう。

① 「too ～ to … 構文」がモヤモヤしている人へ

初期に習うこの構文も意外と使える人が少ない。

穴埋め問題はできても，整序英作などになると変な文を書いてしまう。常にSVC／SVOの中でどう使うかを考えてないとそうなるんだ。

これは『**文中の形容詞や副詞を"囲んで"使う**』のです。

そしてその形容詞／副詞とはだいたい「**Vの直後**」，つまり「**C**」（形容詞）や，「**Vの説明**」（副詞）を"囲んで"使うのが大半なんだ。もちろんOの中の形容詞を囲むこともできます。

要は囲った形容詞や副詞の「**程度**」を表わすわけ。つまり「Vするには形／副すぎる＝形／副すぎてVできない」。例えば「買うには高すぎる」など。あくまで形容詞／副詞の程度表現で，**全体はSVCやSVOなど5文型で訳すことには変わりない**んだ。

例えば，

He was **too** young **to** travel alone.
⇨ He was　too　young　to travel alone　.
　　S　V　　　　C
「彼は，一人で旅するには若すぎる」

などと使うのです。この文ではSVCのCを"囲んで"いるのです。あくまでSVCなど5文型が成り立ってないとダメです。

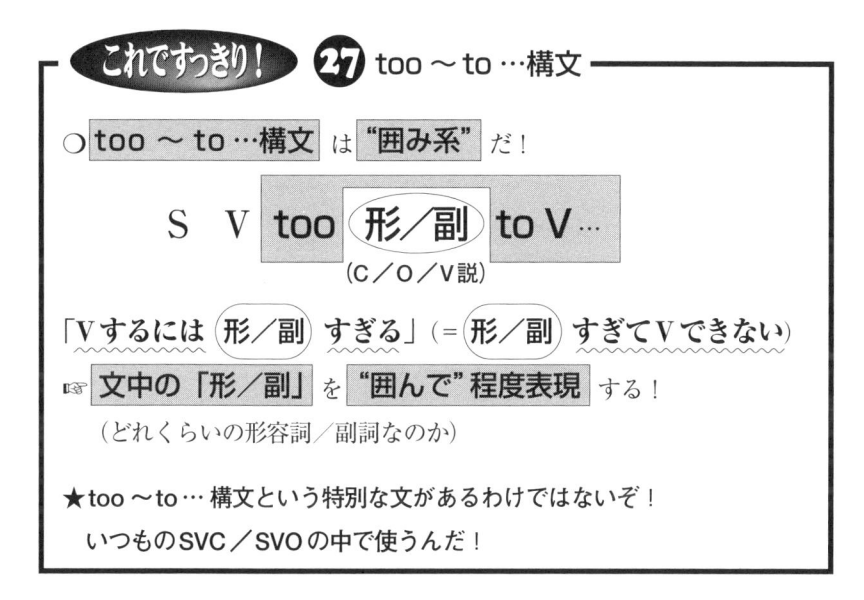

第3章　不定詞をSVC，SVOだけでマスターする方法

> **これですっきり！ 27** too ～ to … 構文
>
> ○ too ～ to … 構文 は "囲み系" だ！
>
> S　V　too 形/副 to V …
> 　　　　　　（C／O／V説）
>
> 「Vするには 形/副 すぎる」（= 形/副 すぎてVできない）
>
> ☞ 文中の「形/副」を "囲んで" 程度表現 する！
> 　（どれくらいの形容詞／副詞なのか）
>
> ★too ～ to … 構文という特別な文があるわけではないぞ！
> 　いつものSVC／SVOの中で使うんだ！

◆どんな問題が出るの？

> 問 1. この帽子は小さすぎて私の頭には入らない
> 　　　This cap (me, small, wear, for, to, too, is).
>
> 問 2. The professor spoke (　　) fast for anyone to understand.
> 　　　①little　　②so　　③too　　④very
> 　　　　　　　　　　　　　　　　　　　　（京都産業大）

▶アプローチ　1．まずは並べ替えですが，be動詞があるのでSVCの文が作れそう。そのCを "too ～ to …" で囲もう…，と考えるのです。

正解

This cap is **too** small for me **to wear** .
　S　V　　　　　　C

▶ポイント　「too ～ to V」のto V …も不定詞ですから，**直前に意味上の主語を置けます**。あくまでsmallの説明，つまり「どれほど小さいか」を表わしているだけで，普通のSVCの文ですね。**too ～ to 構文が使ってあるか**

85

ら正しい文ではなく，SVCが成り立っているから正しい文なのです。

2．fastという副詞を「Vの説明」として，それを"too～to"セットで囲めばよさそう→「Vできないほどの速さで～」。そして「意味上の主語」を思いつくかがポイント。

正解 ③

The professor spoke (too fast (for anyone) to understand).
　　S　　　　V　　　←Vの説明

「教授は，誰もが理解できない速さで話した」

▶ポイント 「too～to V…」セットを取ると「SV(←Vの説明)」という第1文型が成立してないといけないわけ。

② 「enough to～構文」がモヤモヤしている人へ

"囲み系"のtoo～to…構文に対して，enough to～構文は"後ろにくっつき系"なのです。多くは囲み系なのでこれは珍しいパターン。

文中の形容詞や副詞の後ろにくっつけて「Vするのに十分な形容詞／副詞」という意味になるわけ。しかも，その形容詞／副詞もVの直後，つまりCやVの説明，Oにくっつけて使うのが大半なんだ。

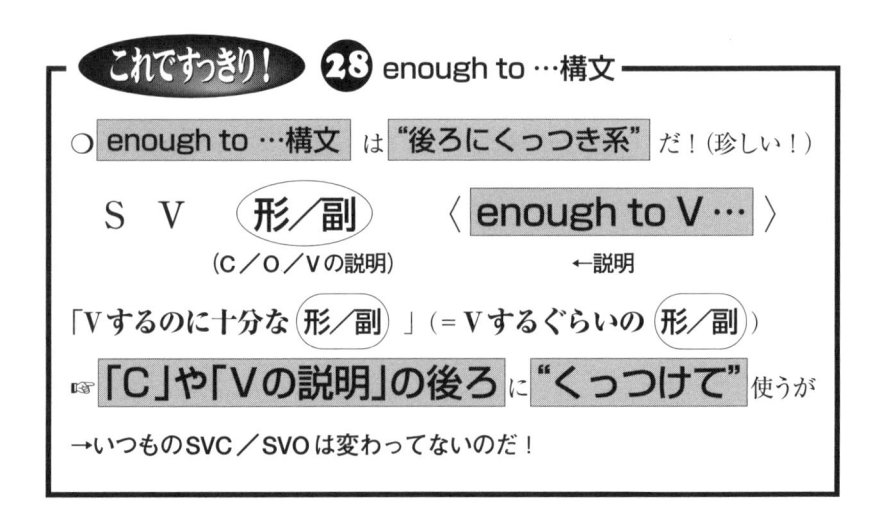

```
┌─ これですっきり！　㉘ enough to …構文 ─────────┐
│                                                      │
│ ○ enough to …構文 は "後ろにくっつき系" だ！（珍しい！）│
│                                                      │
│   S　V　　形／副　　　　〈 enough to V … 〉          │
│       　(C／O／Vの説明)　　　　　　←説明              │
│                                                      │
│ 「Vするのに十分な 形／副 」（＝Vするぐらいの 形／副 ）  │
│                                                      │
│ ☞ 「C」や「Vの説明」の後ろ に "くっつけて" 使うが     │
│ →いつものSVC／SVOは変わってないのだ！                 │
│                                                      │
└──────────────────────────────────┘
```

第3章　不定詞をSVC，SVOだけでマスターする方法

例えば，こんな感じで使います。

He is tall enough to touch the ceiling.
　　　　　↓
He is tall 〈 **enough to touch the ceiling** 〉．
　S　V　C　　←Cの説明

「彼は，天井に手が届くほど背が高い」

ただし，このenough to…は名詞の修飾（程度表現）もできて，**名詞の修飾をするときは"囲み系"** になるんだ。

He has **enough** money **to buy a house**．
　S　V　　　　　O

（彼は，家を買うのに十分なお金を持っている）

問 3．The wall wasn't (　　) dogs out.
　① high enough to keep　② so high as keep
　③ higher than to keep　④ so high that can keep

（関西外語大）

語句　keep A out　Aを遠ざける

▶アプローチ　まずbe動詞を使っているので「SVC」を考えると，Cに使えるのは形容詞の"high"ぐらいか。それの後ろに"enough to…"を付けて，程度表現をするのか，と考えていく。

正解　①

The wall wasn't high 〈 **enough to keep dogs out** 〉．
　S　　　V　　C　　←Cの説明

「その壁は，犬を遠ざけるほど高いわけではなかった」

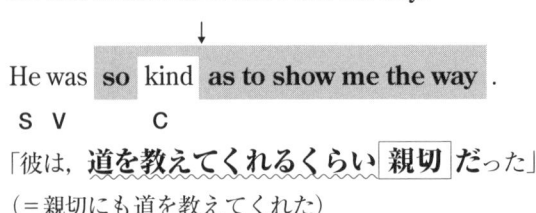

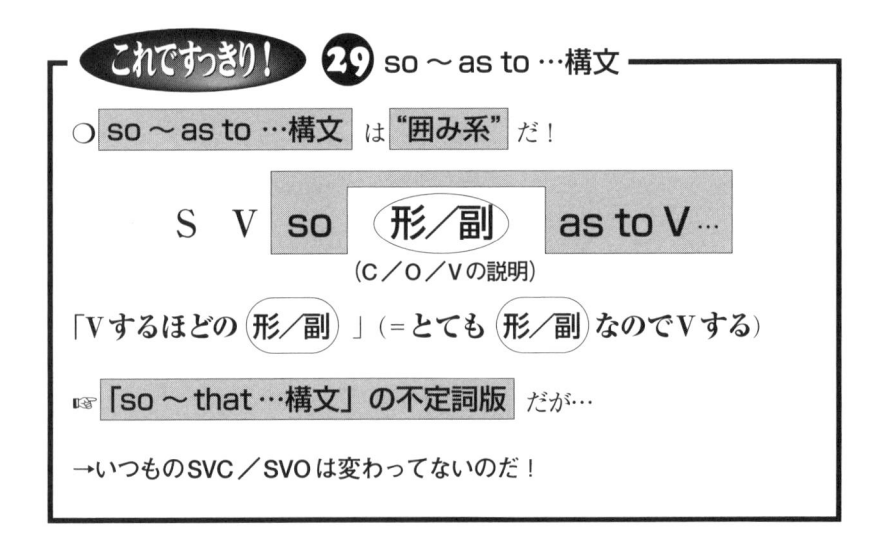

③「so～as to … 構文」がモヤモヤしている人へ

　もうひとつ「so～as to…」構文というのもあります。これは有名な「so～that…構文」の"不定詞版"なのです。つまり，

　　『that以降がas to V…という不定詞に変わっただけ』

ですね。そしてこれも"囲み系"で，文中の形容詞や副詞を囲んでその程度表現をするわけ。そして「とても 形／副 なのでVする」とか，「Vするほどの 形／副 」という意味になるわけ。さらにこれもVの直後，つまりCや，Vの説明，Oを囲んで使うのが大半なのです。
　例えば，

　　　　He was so kind as to show me the way.
　　　　　　　　　　↓
　　　　He was so kind as to show me the way .
　　　　 S V   C
　　　「彼は，道を教えてくれるくらい 親切 だった」
　　　（＝親切にも道を教えてくれた）

┌─ これですっきり！ 29 so～as to … 構文 ─┐
│ ○ so～as to … 構文 は "囲み系" だ！　　　　　│
│   │
│   S　V　 so 　形／副 　 as to V…　　　　│
│   （C／O／Vの説明）　　　　　　　│
│   │
│ 「Vするほどの 形／副 」（＝とても 形／副 なのでVする）│
│   │
│ ☞ 「so～that … 構文」の不定詞版 だが…　　│
│   │
│ →いつものSVC／SVOは変わってないのだ！　│
└────────────────────────┘

第3章　不定詞をSVC，SVOだけでマスターする方法

◆どんな問題が出るの？

問 4. The wind was not (　　　) to prevent us from sky-diving.
　① as strong　　　　② as strong as
　③ so strong　　　　④ so strong as

（センター試験）

語句　prevent A from Ving（名）　(Sは)AがVすることを妨げる

▶アプローチ　「何構文を使う？」などと考える前にSVCかSVOかを考える。これもbe動詞を使っているのでSVCでしょう。Cにはstrongが使えそうなので「風はそれほど強くなかった…」という骨格を考える。そしてその形容詞を"so～as to…"で囲めばよさそう。

正解　④

The wind was not **so** strong **as to prevent us from sky-diving**.
　　S　　　V　　　　　　C

「風は，**我々のスカイダイビングを妨げるほど強い**わけではなかった」

これですっきり！　㉚　不定詞の3大構文

○ too～to…構文 も enough to…構文 も so～as to…構文 も
☞ 全て 文中の形容詞や副詞の『程度表現』をしている だけ！

★「C」や「V説」を囲んで説明してるだけでいつものSVC，SVOは変わってないぞ！

7. 原形不定詞（to なし不定詞）

君のモヤモヤ ⑦ 『原形不定詞』がよくわからない… なぜto をとるわけ？

◆従来の教え方

　不定詞は「to V…」なのですが，なぜかそのto をとって原形動詞のままで使わないといけないときがあるのです。

　そのような"to なし不定詞"のことを「**原形不定詞**」と呼んでいて，知覚動詞や使役動詞と共に使うわけですね。文法問題の頻出テーマの一つです。

　ここまでは問題ないのですが，「**なぜto をとるのか**」そこがわからないと本当の意味で説明したことにならないんだ。

―――? 従来の教え方 ?―――
「to V…のto をとったものが原形不定詞で…」
⇩
"なぜto をとるのか" 本当はそこが大事なところ！

◆SVC, SVOで説明しましょう！

　この原形不定詞というのは，設計図のどこで使うのでしょうか？これはほとんど『**SVOCのC専用の不定詞**』だと思ってください。というより「なぜ不定詞のto をとるのか」といえば，それは「**SVOCのCだぞという目印のため**」なのです。

① We heard a girl **cry**.
② They made me **work**.

　例えば，①はSVOCの文で「SはVした／OがCするところを」と訳しますから→「私たちは聞いた／少女が泣くのを」とするのが正解。

第3章　不定詞をSVC, SVOだけでマスターする方法

　　　We heard a girl ｜cry｜.
　　　　S　　V　　O　　C

　また②も結論から言えばSVOCの文で、「Sは作った／OがCする状況を」と訳すので→「彼らは作った／私が働く状況を→彼らは私を働かせた」という意味になります。

　　②　They made me ｜work｜.
　　　　　S　　V　　O　　C

　つまりhearなどの「知覚動詞」やmakeなどの「使役動詞」を使ってSVOCの文を書くときは、必ずCを**「原形不定詞」(toなし不定詞)にしないといけない**んだ。

　逆にそれ以外の動詞（例えばgetやwant）ならば、SVOCのCでも、普通の「to V…」でOKなのです。原形不定詞は使えません。

　　　She wants you ｜to go there｜.
　　　　S　　V　　O　　　C
　「彼女は望んでいる／君がそこに行くことを」

　ではなぜ「知覚動詞」「使役動詞」のときだけ、原形不定詞にしないといけないのか、**なぜtoを付けちゃいけないのでしょう？**
　これは**「設計図」で考えれば簡単**ですね。

　　(1)　We made a robot **to do the job**.
　　(2)　We made a robot **do the job**.

　この2つの文の違いがわかりますか？ただtoがあるかないかですが、作者はそれによって何かを訴えているんですよ。
　結論から言えば、(2)は原形不定詞を使っているので**「SVOCのCだぞ」**と言っているわけ。だからSVOCで訳すのです→「我々はロボットに仕事をやらせた」。それに対し(1)はto V…となっているので「Cではない」つまり**「Vの説明(副詞用法)で訳せ」**と作者は言っているわけ。だから「我々はロボットを作った／**その仕事をするために**」などと、SVOに「Vの説明」

91

が付いた文として訳すわけ。

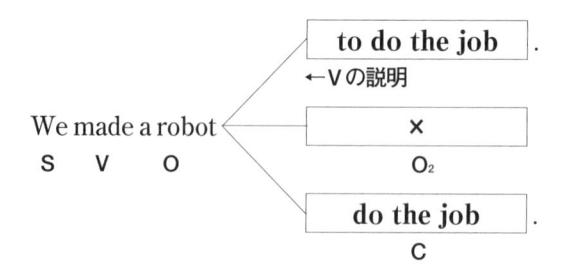

```
                    ┌─→  to do the job  .
                    │    ←Ｖの説明
We made a robot ────┼─→  ×
  S   V    O        │                  O₂
                    └─→  do the job    .
                                C
```

「Ｃ」か「Ｖの説明」か，この２つを見分けないと訳ができないので，簡単に見分けられる方法が必要だったわけです。

だから，**「原形不定詞ならＣ」**と決めておけば悩まなくてすむというわけです。なかなかうまく考えたものですね。

知覚動詞（seeなど）や使役動詞（make, have, let）はよく使う動詞なので，その動詞のときだけは原形不定詞を使ってわかりやすくしたわけです。

まあ，「直接見たり，させたりする」ためにto…という間接物をとった，と言ってもいいでしょう。

これですっきり！ ③① 原形不定詞

原形不定詞とは☞ **ＳＶＯＣのＣ専用** 不定詞だ！

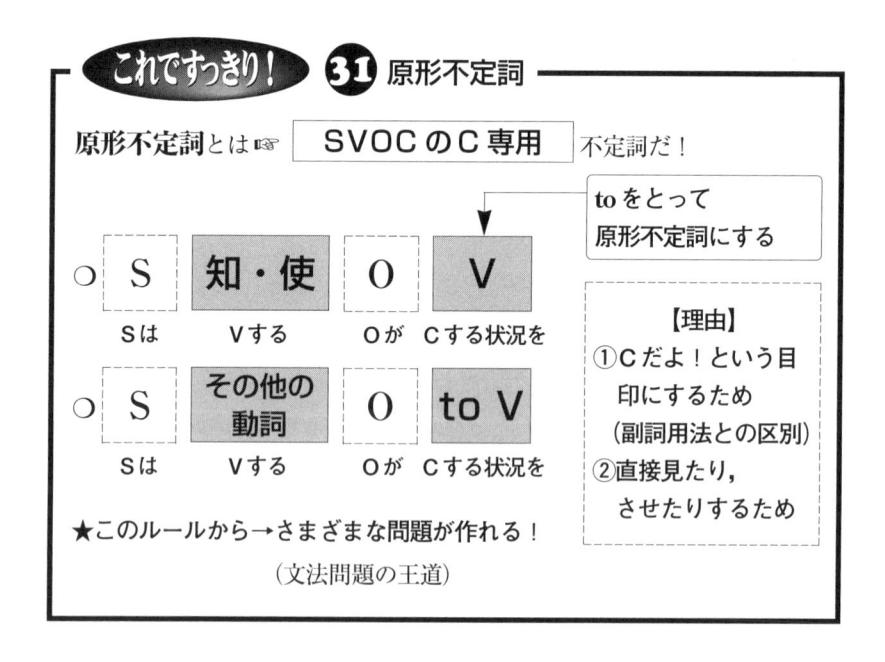

S	知・使	O	V
Sは	Vする	Oが	Cする状況を

S	その他の動詞	O	to V
Sは	Vする	Oが	Cする状況を

→ toをとって原形不定詞にする

【理由】
① Ｃだよ！という目印にするため（副詞用法との区別）
② 直接見たり，させたりするため

★このルールから→さまざまな問題が作れる！
（文法問題の王道）

第3章　不定詞をSVC，SVOだけでマスターする方法

◆どんな問題が出るの？

Vに使う動詞によって，Cが原形不定詞になったり，ならなかったり，というルールは，出題者からすると，とても問題にしやすいよね。というわけでさまざまな出題があります。少し確認しておくと…

　　知覚動詞というのは ⇨ **see, hear, feel** などが代表的
　　使役動詞は ⇨ **make, have, let** の3語，です！

問 1．I saw a stranger (　　　) that house.
　　① be entering　　② enter　　③ entered　　④ to enter
　　　　　　　　　　　　　　　　　　　　　　　（神奈川大）

▶**アプローチ**　Vがsawなので原形動詞問題か？つまりSVOCにするのではないかと考える。seeが聞かれるのはそれぐらいしかない。

正解　②

I saw a stranger　enter that house．
S　V　　O　　　　　　C

「私は見た／見知らぬ人がその家に入るのを」

問題としては「makeとenable問題」「haveとget問題」「letとallow問題」などが有名なんです。知ってますか？

①makeとenable問題

makeはSVOCのとき原形不定詞をとるけど，同じような意味で「to V…」をとる動詞があって，よくその違いが問われるのです。典型は"enable…"です。

enable O to V…で「Sは／OがCするのを可能にした」→「SがOをCさせた」という意味になります。

これですっきり！ 32 make と enable

make と enable ☞ 同じような意味で使い方が違うから頻出！

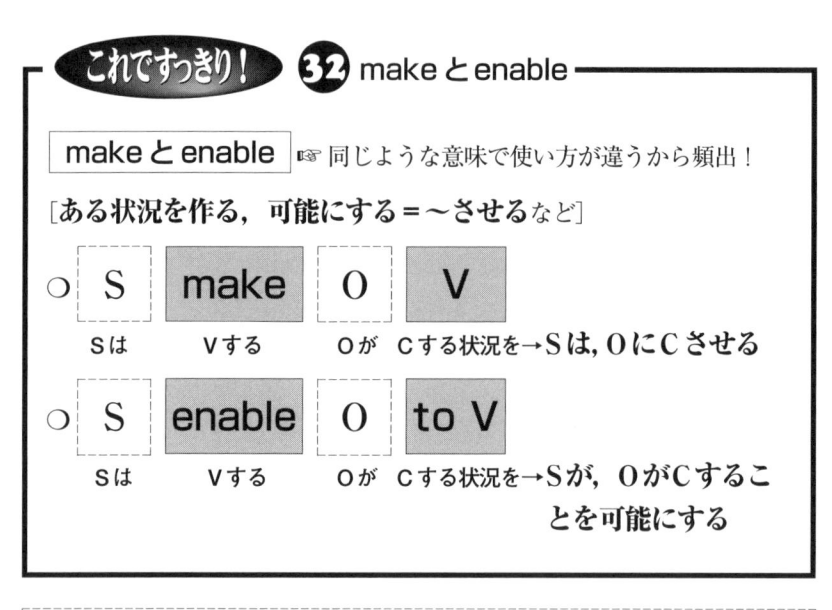

[ある状況を作る，可能にする＝～させるなど]

○ S **make** O V
　Sは　Vする　Oが　Cする状況を→Sは，OにCさせる

○ S **enable** O to V
　Sは　Vする　Oが　Cする状況を→Sが，OがCすることを可能にする

問 2．A college education will (　　) you to get a broader view of the world.
　①enable　②let　③make　④take

（センター試験）

▶アプローチ　典型的な問題ですね。後ろの形が「to V…」となっていることに注目すれば，「makeかenableか」が問題だとわかるはず。

正解 ①

A college education will **enable** you to get a …．
　S　　　　　　　　　　　V　　O　　C

「大学教育は，君がより広い世界観を得ることを可能にするだろう」

▶ポイント　選択肢の中でSVOCのCに「to V…」をとるのはenableのみ。

②have と get 問題

　haveを使ったSVOCの文では「Cに原形不定詞」をとりますね。そして"have O C"で「Sは持つ／OがCする状況を」という意味になります。そこか

ら「～させる」「～してもらう」などと訳せるわけ。

これと同じような意味で使うのがgetなのですが，これは原形不定詞はとれない。"get O to V…"で「OがVする状況を手に入れた（ゲットした）」から，やはり「～させる」「～してもらう」などという意味になります。この**両者の違いが頻出**なのです。

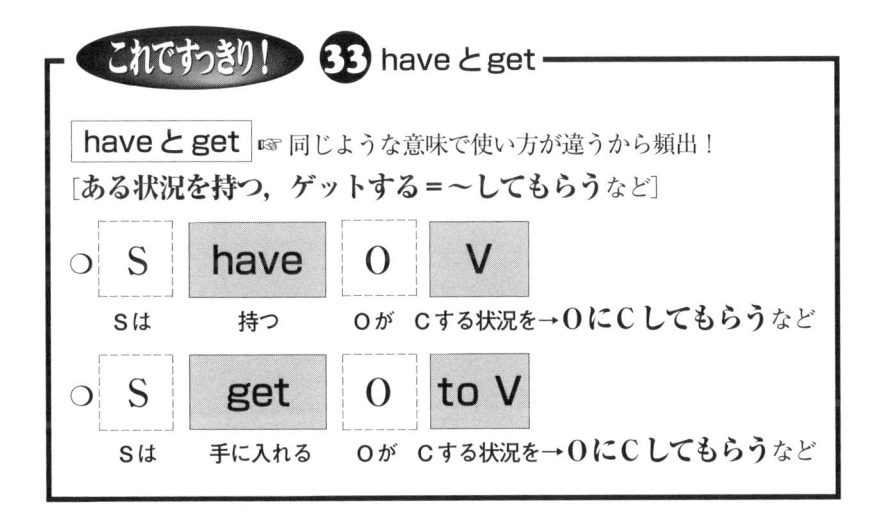

これですっきり！ 33 have と get

| have と get | ☞ 同じような意味で使い方が違うから頻出！ |

［ある状況を持つ，ゲットする＝～してもらうなど］

○ S have O V
　Sは　　持つ　　Oが　Cする状況を→OにCしてもらうなど

○ S get O to V
　Sは　手に入れる　Oが　Cする状況を→OにCしてもらうなど

問3．適語記入

a. He (　　) his sister help him paint his room.
b. He (　　) his sister to help him paint his room.
「彼は，妹に部屋のペンキ塗りを手伝ってもらった」

(玉川大・改)

▶**アプローチ** 訳を見ると「～してもらった」となっているのでSVOCの文を使うみたい。そしてCのカタチが違う「haveとget」を知っているかを聞いているんだ。

正解

a. He (**had**) his sister **help** him paint his room.
b. He (**got**) his sister **to help** him paint his room.

▶ポイント　ちなみに **help** も SVOC で原形不定詞をとるのです。

　　　　　help him paint … ＝彼がペンキを塗るのを手伝う

③ let と allow 問題

　最後にもう一つ，よく出題される「許す」パターンもやってみましょう。let は SVOC でしか使わない動詞で，C の形は必ず原形不定詞です。let O C で「(S は)O が C することを許す」という意味。

　これに対し，やはり似た意味で使い方の違う allow があります。

　allow O to V …でやはり「(S は)O が V することを許す」という意味。そこから「O に C させる(抵抗しない)」という意味に。つまり原形動詞は使えなくて「to V …」になるのです。

　この両者の違いが頻出なのです。

これですっきり！　㉞ let と allow

| let と allow | ☞ 同じような意味で使い方が違うから頻出！

[O が C することを許す]

○　S　let　O　V
　　S は　　許す　／ O が C する状況を → O に C させる
　　　　　　　　　　　　　　　　　　　　　　（なすがまま）

○　S　allow　O　to V
　　S は　　許す　／ O が C する状況を → O に C させる
　　　　　　　　　　　　　　　　　　　　　　（なすがまま）

問 4． My parents never allowed me (　　　) alone in the sea.
　　① swim　② swimming　③ to swim　④ to swimming

（センター試験）

▶**アプローチ**　allowがあるから「許す」問題ですね。ほとんどSVOCでしか使わない動詞。そしてCは必ず「to V…」でしたね。

正解　③

My parents never **allowed** me to swim alone in the sea .
　S　　　　　　　　V　　 O　　C

「両親は，私が一人で海に入るのを決して許さなかった」

合格塾③

「毎日勉強してるのに受からない…」
⇩
"こぼれ率"をゼロにすることが最高の「受験戦略」なのです！

　僕は今までの経験から「合格するコツ」がわかってきました。それは**「勉強すること」より「勉強したことを試験場で発揮すること」の方が実は大切だ**，ということです。受からない人は100勉強しても本番では5つぐらいしか使えない。95ぐらいは忘れてしまっているのです。僕はこれを「**こぼれ率**」と呼んでいます。

　実は受かる人も受からない人も勉強の時間や量は変わらない。**差がつくのはこの「こぼれ率」**なのです。受かる人は「こぼれ率」が0に近いだけなんだ。難関大学の合格者がよく「別に特別な勉強はしてないのですが…」と言いますがこれは本音でしょう。彼らは勉強したことを100％本番で発揮しているだけ。何も特別に頭がいいわけではない。

　「こぼれ率」を0にするにはどうすればいいか？簡単に言うと**「勉強したこと」を「試験前に見直せる形」で「残しておく」**ということですね。具体的には**「試験前の1時間で見直せる資料作り」**に専念する。たくさん勉強しても1時間で見直せる分量じゃないと結局頭に入らない。僕の場合はまず過去問や模試(予想問題)を試験前1時間で見直せる形に整理します。そして過去問に近い内容の参考書を1冊か2冊に絞るのです。そして**過去問帳，予想問題帳，絞った参考書に載っているものが出たら100％解けるようにしておく**。この中に載ってないものが出たら万歳して帰るのみ。そこまで腹をくくるんだ。

　この段階ではまだ暗記はしません。暗記は直前でいい。まずは**「何を暗記するかを決める」**のです。この作業で勝敗は決まってしまう。**「暗記するものを決める→直前に全部頭に入れる」**そうすれば**"こぼれ率"はゼロになる**。この方法で100％受かります！

第4章

動名詞 を SVC，SVOだけで マスターする方法

先輩たちの秘伝公開！

1. 動名詞の教え方

君のモヤモヤ ①
『動名詞』がよくわからない…
Ving…って色々なところで出てくるから混乱する…

　準動詞の作るカタマリ（ブロック）のうち，まずは「不定詞ブロック」の話をしました。今度は動名詞のカタマリです。

　動名詞は比較的簡単ですよね。「**Ving…を名詞で使う**」，つまり「**Vすること**」と訳せると言うことですね。

◆SVC，SVOで説明しましょう！

　もちろん文中ではSやOやCに使うわけですね。

　　　　Playing tennis everyday is good for the health.
　　　　　　　　S
　　　「毎日テニスすることは，健康に良い」

　不定詞の項でも述べましたが，これも**準動詞**というやつで，動詞のお尻にingを付けて「**文中でVの仕事をしていない動詞ですよ**」と読者にサインを送っているわけです。be動詞と一緒ならばVになれますが（be + Ving = 進行形），**単独では絶対Vになれません**。

　そして不定詞と同じく，動名詞のカタマリの中もちゃんと**5文型**で書いているのです。

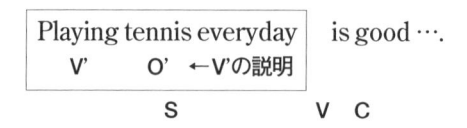

　　　┌─────────────────────┐
　　　│ Playing tennis everyday │　is good ….
　　　│　　V'　　　O'　←V'の説明 │
　　　└─────────────────────┘
　　　　　　　S　　　　　　　　　V　C

　つまり，be動詞か一般動詞に"～ing…"を付けるのですが，例えばbe動詞に付ければ，後ろはC→「Being + C…＝Cでいること」というカタマリを作ります。

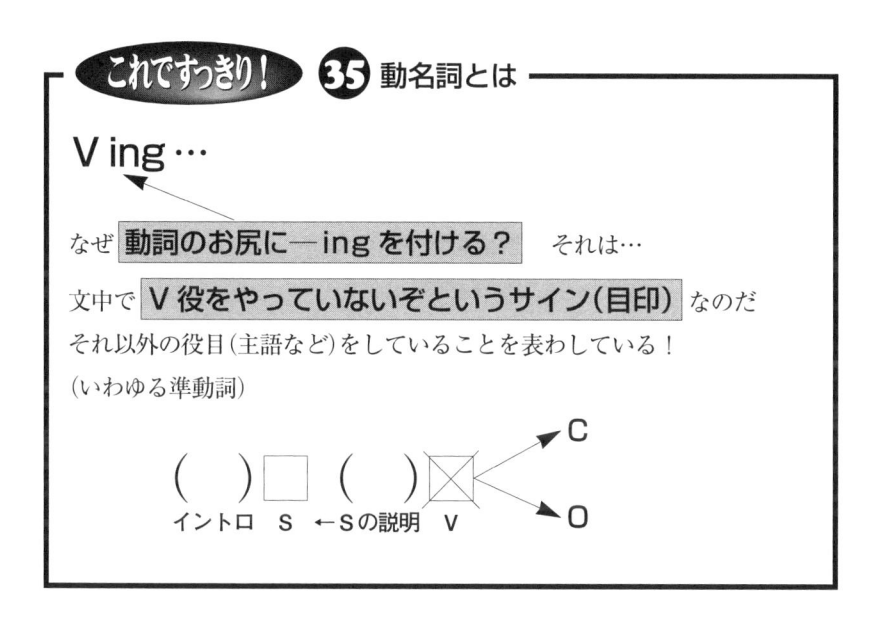

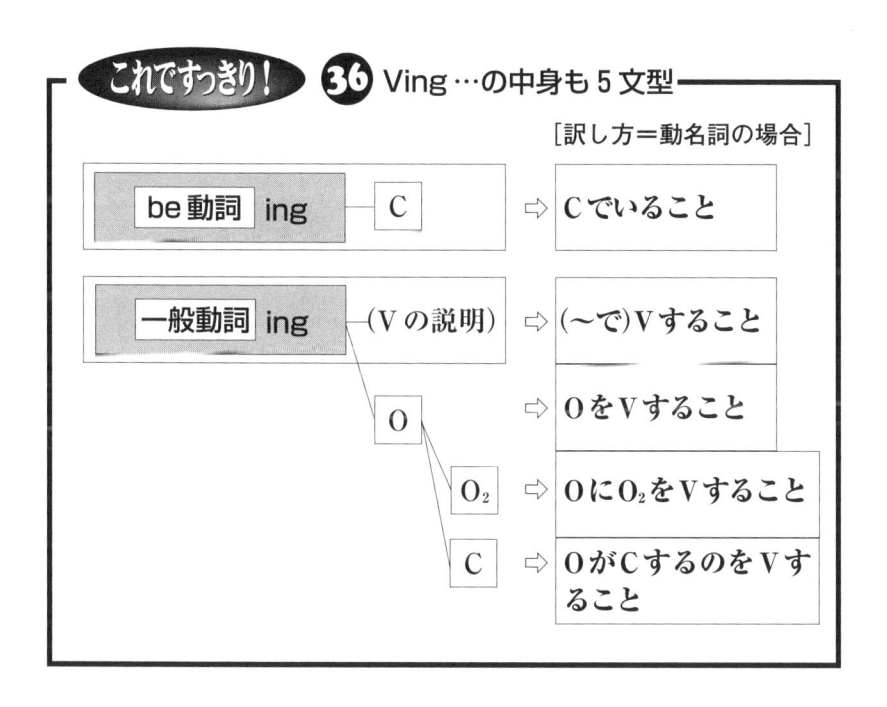

第4章 動名詞をSVC, SVOだけでマスターする方法

これですっきり！ ㉟ 動名詞とは

V ing …

なぜ 動詞のお尻に―ing を付ける？　それは…

文中で V 役をやっていないぞというサイン（目印） なのだ
それ以外の役目（主語など）をしていることを表わしている！
（いわゆる準動詞）

```
(　)　□　(　)　☒ → C
 イントロ  S  ←Sの説明 V → O
```

これですっきり！ ㊱ Ving…の中身も5文型

[訳し方＝動名詞の場合]

| be動詞 ing — C | ⇒ | Cでいること |

一般動詞 ing （Vの説明）	⇒	(〜で)Vすること
O	⇒	OをVすること
O O₂	⇒	OにO₂をVすること
C	⇒	OがCするのをVすること

◆従来の教え方

「動名詞はVing…」と言うのはわかりやすいのですが，**分詞もVing…だし，分詞構文もVing…**ですね。この辺になるとだんだん混乱していくのです。やっぱり教え方に「問題あり」ということ。

このように「日本語の文法用語」で説明するからわからなくなるんだ。Ving…という形に注目すべきですね。

不定詞には名詞用法，形容詞用法，副詞用法と3用法がありましたね。要は「**Vingにも3用法がある**」ということなんだ。

つまり「**Ving…の名詞用法**」が動名詞，「**Ving…の形容詞用法**」が分詞，「**Ving…の副詞用法**」が分詞構文なんだ。

本来，不定詞と同じように「Ving…の3用法」と説明すればいいのに，なぜかVing…には**3つの別の名前が付いている**というわけです。

くわしくは後で分詞や分詞構文のところで述べますが，大まかにそのようなイメージを持っていてください。

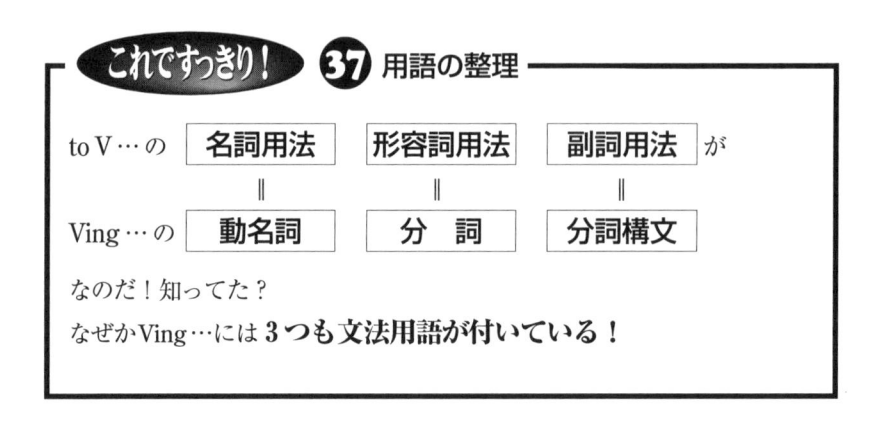

これですっきり！ 37 用語の整理

to V…の [名詞用法] [形容詞用法] [副詞用法] が
　　　　　　‖　　　　　‖　　　　　‖
Ving…の [動名詞] 　[分　詞] 　[分詞構文]

なのだ！知ってた？
なぜかVing…には**3つも文法用語が付いている**！

第4章　動名詞をSVC, SVOだけでマスターする方法

合格塾④

「受験がなければ楽しいのに…」
⇩
人生で初めて味わう「うれしい瞬間」がもうすぐやってくるのです！

　「受験がなければ人生楽しいのに…」そう思うのも無理ないけど，見方を変えて「合格した瞬間」を考えてみてほしい。その瞬間，特上の「喜び」を体験できるはず。**それはまさに「快感」というか，一種の「幸福感」**で，人生で初めて味わった感覚でした。

　「うれしい事」と「楽しい事」は違うのです。カラオケやゲームをするのは「楽しい事」だけど，「うれしい瞬間」はもっと大きな快感だったのです。君にとって「うれしい瞬間」を考えてみてほしい。それは「彼女ができた瞬間」かもしれない。ならばそれを「未来の日記」に書いておくんだ。合格発表の日の手帳に「○○大学の合格発表を見に行く。名前があった！うれしい！」と書いておくのです。できるだけ具体的に書くことと，すでに決まったことのように書くのがコツです。「合格したい」ではダメ。「うれしい瞬間」を達成できたら**ご褒美として「楽しい事」を用意して**おきます。僕の場合は「旅行をする」というのが多い。「合格したらフランス旅行をしよう」そう思うだけで楽しくなるよね。

　僕はこの方法をある人に教わってから，未来の「うれしい瞬間」を書いておくことにしたのですが，不思議と実現します。目標が明確になるからでしょう。「瞬間」というのもポイント。実は幸福感とは"痛い""熱い"などと同じ「一瞬の感覚」。大会で優勝した瞬間などを思い浮かべればわかるよね。**人は皆この「うれしい瞬間」を体験したいがために生きている**のです。"自分にとって"というのもポイント。**他人の価値観なんて関係ない**。自分が本当にうれしいと思える瞬間じゃないとダメ。「**未来日記に書いた自分にとってのうれしい瞬間を味わうために今日がある**」そう思うことが人生を楽しくするコツなのです！

2. 動名詞と不定詞の使い分け

食のモヤモヤ ②　動名詞と不定詞の使い分けがよくわからない…なぜ2つ作った？

　動名詞で1番大事なのは何と言っても「**to不定詞との使い分け**」ですね。これだけは絶対マスターすることが，この章の目標です。

　動名詞も不定詞(の名詞用法)もどちらも「Vすること」と訳せるよね。**どうして2つのタイプを作った**のでしょうか？それには，それなりの理由があるのです。

◆SVC，SVOで説明しましょう！

　SやCに使うときは，どちらを使っても構わないのですが，**目的語(O)に使う時**だけto不定詞と動名詞を「**使い分ける**」場合が多いことになっているんだ。要は「Vに使った動詞」によって，Oに「不定詞」をとるか「動名詞」をとるかが決まっているのです。

　例えば，enjoy(〜を楽しむ)は目的語に動名詞(Ving…)しかとれない。to不定詞で書くと×なのです。

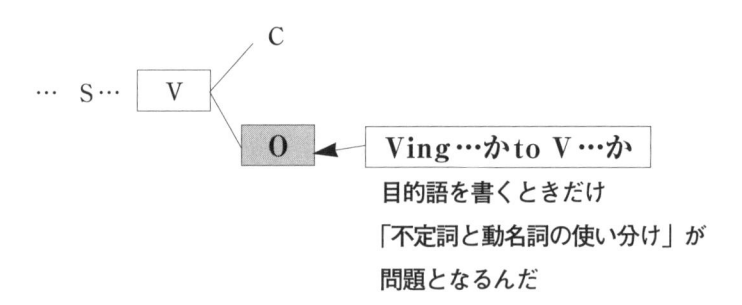

```
              C
 … S …  ┌─V─┐
         └─O─┘ ← Ving…か to V…か
                  目的語を書くときだけ
                  「不定詞と動名詞の使い分け」が
                  問題となるんだ
```

　文法の参考書には，必ず次のような表が載っているはずです。

■動名詞を目的語にとるもの		□to不定詞を目的語にとるもの	
avoid	「避ける」	decide	「決める」
enjoy	「楽しむ」	determine	「決める」
finish	「終える」	expect	「期待する」
mind	「嫌がる」	fail	「失敗する」
practice	「練習する」	hesitate	「ためらう」
give up	「あきらめる」	hope	「望む」
put off	「延期する」	plan	「計画する」
stop	「やめる」	wish	「望む」
deny	「否定する」	would like	「～したい」

　この表は何を意味しているかわかりますか？「動名詞を目的語にとるもの」とは，この動詞を使ったときは後ろは動名詞しかとれない，つまりto不定詞はダメ，ということですね。例えば「avoid＋動名詞」のコンビはあっても，「avoid＋to不定詞」の組み合わせはダメだということです。

　従来の教え方だと「この表を暗記するように」で終わってしまうのですが，大切なのは「なぜそうなるか」ですね。

　結論から言えば，別に暗記しなくても，**不定詞と動名詞の性質の違いがわかれば，当たり前の話**なんだ。

　どうして動名詞をとるものと，不定詞をとるものがあるのか☞ それはrememberやforgetを考えればわかってくるのです。

　　(1)　remember ＋ Ving　…過去にVしたことを覚えている
　　(2)　remember ＋ to V　…これからVすることを覚えている

　rememberは動名詞もto不定詞も両方とれて意味が異なるんだ。これを見てわかるように「**Vingは過去，to Vは未来**」を表わしているのです。

　過去と未来，その違いを表わすために動名詞とto不定詞2つが必要だったわけです。to V…のtoは「**現在からの距離**」を表わしているわけ。

```
┌─ これですっきり！ ──❸❽ 動名詞と不定詞の違い ─┐
│                                                  │
│ Ving…も to V…も「Vすること」と訳せるが          │
│ ☞ 同じ「Vすること」でもちょっと違う…            │
│                                                  │
│  ○ |動名詞| は |過去| を表わし（**過去に**Vしたこと）│
│  ○ |to 不定詞| は |未来| を表わす（**これから**Vすること）│
│                                                  │
│ これを原則として知っておくと表の丸暗記から開放される │
└──────────────────────────────────────────────────┘
```

それを踏まえて先ほどの表を見ると，いくつかの「発見」がある。

① to 不定詞をとるタイプ（未来の世界／まだやっていないこと）

不定詞をとるタイプは hope や wish など「望む系」が多い。「Vすることを望む」ということは「まだVしてない，これからVする」わけですね。整理すると次のようになります。暗記ではなく納得してください。キーワードは「**未来＝まだやってないこと（未だやらず）**」です。

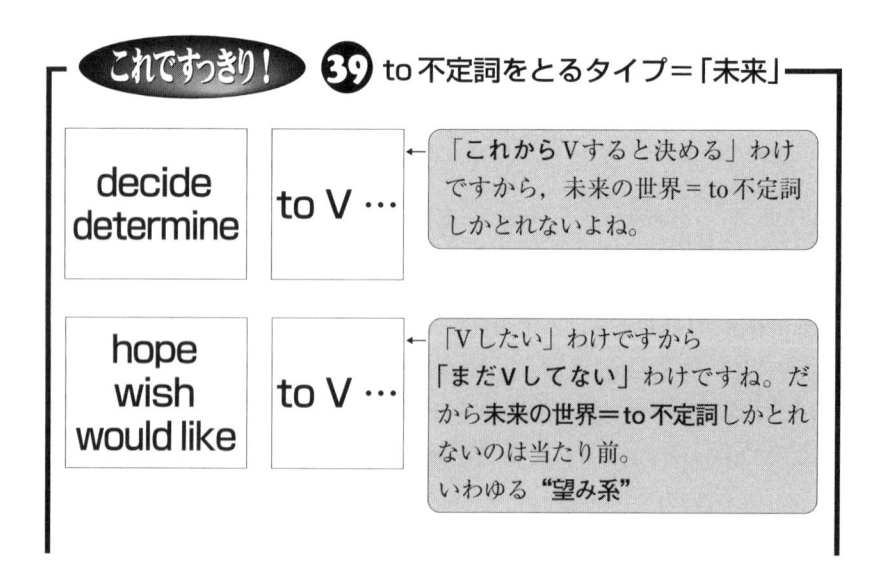

```
┌─ これですっきり！ ──❸❾ to 不定詞をとるタイプ＝「未来」─┐
│                                                            │
│  ┌─────────┐  ┌──────┐  ←「これからVすると決める」わけ │
│  │ decide  │  │      │    ですから，未来の世界＝to 不定詞│
│  │determine│  │ to V…│    しかとれないよね。             │
│  └─────────┘  └──────┘                                    │
│                                                            │
│  ┌─────────┐  ┌──────┐  ←「Vしたい」わけですから         │
│  │  hope   │  │      │   「まだVしてない」わけですね。だ  │
│  │  wish   │  │ to V…│    から未来の世界＝to 不定詞しかとれ│
│  │would like│ │      │    ないのは当たり前。             │
│  └─────────┘  └──────┘    いわゆる"望み系"                │
└────────────────────────────────────────────────────────────┘
```

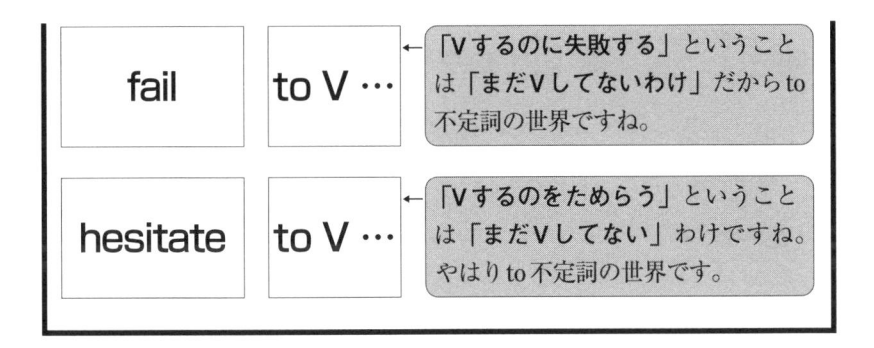

```
┌─────────┐  ┌──────────┐  ← 「Vするのに失敗する」ということ
│  fail   │  │ to V …   │    は「まだVしてないわけ」だから to
└─────────┘  └──────────┘    不定詞の世界ですね。

┌─────────┐  ┌──────────┐  ← 「Vするのをためらう」ということ
│ hesitate│  │ to V …   │    は「まだVしてない」わけですね。
└─────────┘  └──────────┘    やはり to 不定詞の世界です。
```

◆どんな問題が出るの？

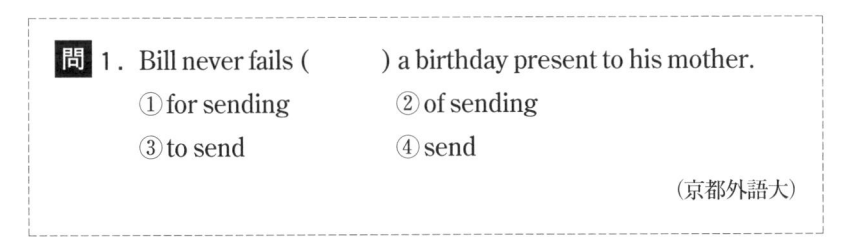

問 1. Bill never fails (　　　) a birthday present to his mother.
　① for sending　　② of sending
　③ to send　　　　④ send

（京都外語大）

▶**アプローチ**　fail「〜に失敗する，〜しない」は，結局やってないわけだから不定詞をとるんだよね。「プレゼントを贈らないことは決してない」だから→「必ず送る」。このように **never とセット**で使われることも多い。

正解 ③

Bill	never fails	to send a birthday present to his mother
S	V	O

「ビルは母親に誕生日プレゼントを贈るのを欠かしたことがない」

②動名詞をとるタイプ
（過去・現在の世界／すでにやっている＝経験済み）

　動名詞をとるタイプは「やめる」系が多い。つまり「今やっていることをやめる」，という感じで，キーワードは**「過去／現在＝すでにやっていること＝経験済み」**ということ。

　個別に整理してみましょう。

これですっきり！ ⑳ 動名詞をとるタイプ＝「過去／現在」

| finish
stop
give up | Ving… | ← | 「今やっていることを終える／やめる／断念する」わけだから「すでにやっていること」。だから過去／現在の世界＝動名詞の世界。いわゆる"やめる系" |

| avoid | Ving… | ← | これも頻出だが「Vすることを避ける」というのは「Vしないようにする」ということ。以前やって嫌だった、ということなのでやはり過去の世界＝動名詞。 |

I **avoid crossing** that street.
（あの道は通らないようにしてる）

| mind | Ving… | ← | **Do you mind Ving**…？「Vするのは嫌？＝していい？」というのも『以前経験して嫌でしたか？』というニュアンスなので動名詞。 |

Do you **mind** my **smoking**?
（私がタバコを吸うと嫌ですか？→タバコ吸っていいですか？）

| enjoy | Ving… | ← | 「Vして楽しむ」わけだから、「今やってる」わけ。だから動名詞。これは単純。 |

| deny | Ving… | ← | 「Vしたことを否定する」わけだから「過去にVしてない」と言ってるわけで過去の世界＝動名詞。 |

第4章 動名詞をSVC, SVOだけでマスターする方法

```
┌─────────────┐  ┌─────┐ ←
│  put off    │  │Ving…│
│  postpone   │  │     │
└─────────────┘  └─────┘
```

「Vを延期する」なら未来のことで不定詞のようだが，**put off to V…**とはできない(toが邪魔)ので動名詞になる。「群動詞の後ろは不定詞は使えない→必ず動名詞」と覚えておくと忘れないはず。延期した時点で過去の事になったという感じで，**延期系は動名詞**。

◆どんな問題が出るの？

> 問 2．I always enjoy (　　　) to classical music when I have some free time.
> 　　①listening　②to listen　③that I listen　④in listening
> 　　　　　　　　　　　　　　　　　　　　　　　　　（センター試験）

▶アプローチ　enjoyがあって，選択肢が動名詞と不定詞になっているので「to不定詞か動名詞か」という問題だとわかる。enjoyは「～して楽しむ」，つまり「実際にやっている」わけだから動名詞ですね。

正解　①

I	always enjoy	listening to classical music	(when I have …)
S	V	O	←Vの説明

「暇なときは，私はいつもクラシック音楽を聞いて楽しんでいる」

③ to不定詞・動名詞両方とって意味が異なるタイプ(過去と未来)

3つ目は，両方とれて意味が異なるタイプです。だいたい次の3つだけ押さえておけば大丈夫でしょう。

ポイントはもちろん「過去と未来」です。

これですっきり！ 41 両方とって意味が異なるもの（過去と未来）

remember
- to V … ← これからVすることを覚えている
- Ving … ← 過去にVしたことを覚えている

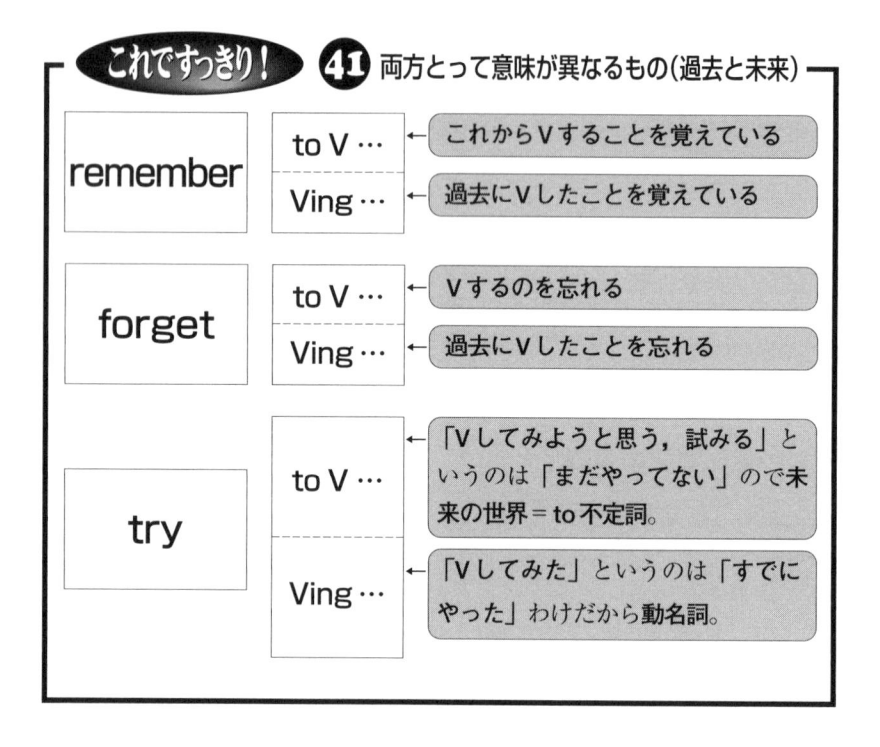

forget
- to V … ← Vするのを忘れる
- Ving … ← 過去にVしたことを忘れる

try
- to V … ←「Vしてみようと思う，試みる」というのは「まだやってない」ので未来の世界＝to不定詞。
- Ving … ←「Vしてみた」というのは「すでにやった」わけだから動名詞。

◆どんな問題が出るの？

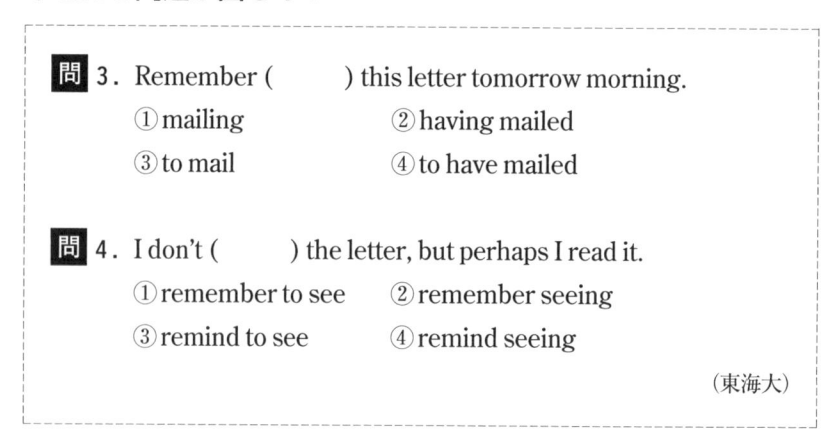

問3．Remember (　　) this letter tomorrow morning.
　① mailing　　　② having mailed
　③ to mail　　　④ to have mailed

問4．I don't (　　) the letter, but perhaps I read it.
　① remember to see　② remember seeing
　③ remind to see　　④ remind seeing

（東海大）

▶アプローチ　まず3.は「明日の朝…」があるので未来のこと，つまり「この手紙を出すのを覚えておいて…」だから？

第4章　動名詞をSVC，SVOだけでマスターする方法

4．は後半に「たぶん読んだけど…」があるので「見たことを覚えてない…」なので過去のことか。

正解

3．③　| Remember | **to mail** this letter tomorrow morning |．
　　　　　V　　　　　O

「明日の朝，この手紙を出すのを覚えていて」

4．②　| I | don't **remember** | **seeing** the letter |, …
　　　　S　　　V　　　　　　　　O

「その手紙を見たことを覚えてない，でもたぶん読んだ」

④不定詞・動名詞両方とって意味が異なるタイプB（能動と受動）

もう一つとても特殊なやつがあります。needとwantに関する特殊な用法です。結論から言えばこうなります。

　［普通］　　S　need　<u>to V…</u>　／SはVする必要がある
　［特殊］　　S　need　<u>Ving…</u>　／SはV**される**必要がある

普通は，needは上のような使い方，つまり不定詞を付けて使いますね。そして「君はVする必要がある→Vしなさい」という意味になりますが，実は目的語に動名詞(Ving…)を使うと「SはV**される**必要がある」と受け身の意味になるんだ。

例えば，「この機械は修理される必要がある＝修理しなくちゃ」などと使うのです。**主語が人ではなく「物」**だと，たいていこうなっているはず。

　　　This machine needs **repairing**.
　　　　　　（＝to be repaired）

つまり**不定詞と動名詞で「能動と受動」の違い**を表わすことができるのです。もちろんto be repairedでもいいのですが，おそらく長いのでVing…でもいいようにしたのでしょう。

wantにもこの用法があります。

［普通］	S want **to V**…	／SはVすることを望んでる
［特殊］	S want **Ving**…	／SはV**されること**を望んでる
		（＝SはVが必要）

```
┌─ これですっきり！  ㊷ 両方とれて意味が異なるもの（能動と受動）─┐
│                                                              │
│  S need to V …    ⇐  SはVする必要がある   →  能動            │
│                                                              │
│  S need Ving …    ⇐  SはVされる必要がある  →  受動            │
│                                                              │
│  ★needとwantの特殊用法だ！                                    │
└──────────────────────────────────────────────┘
```

◆どんな問題が出るの？

> 問 5. Something is wrong with the engine. I'm afraid it (　　　).
> 　① must repair　　　② needs to repair
> 　③ needs repairing　　④ is necessary to repair
>
> （同志社大）

▶アプローチ　it = engine と「物」が主語で，選択肢にneedがあるので「needの特殊用法を聞いてるのかな」と考える。

正解　③

… I'm afraid | it | **needs** | **repairing** .
　　　　　　　S'　　V'　　　　O'

「エンジンがおかしい。修理する必要があるようだ」

ついでにstopの話もしておきましょう。

stop smoking…は「タバコをやめる」，stop to smoke は「タバコを吸うために立ち止まる」。と，誰もが暗記させられたと思いますが「なぜそういう意味になるのか」誰も説明してくれないよね。

これは単純に"設計図上の問題"なんです。

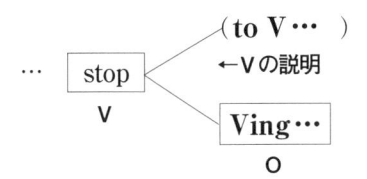

```
                  ( to V …   )
       ┌────┐   ↗  ←Vの説明
  …    │stop│
       └────┘   ↘ ┌──────┐
          V       │Ving…│
                  └──────┘
                     O
```

　stopは目的語なら「動名詞」と決まってますよね。ならば「to不定詞」を使えば「Vの説明」で訳せ！と作者は言っているわけです。
　だから後ろがto V…ならば文型が「SV(第1文型)」なので，

「Sは立ち止まった（←タバコを吸うために）」

と訳すし，後ろがVing…ならば「目的語だよ」と作者は言っているわけですから「SVO」で訳すわけです。

「Sはやめる／タバコを吸うことを」

　どうですか？
　ただ暗記していても意味がない。忘れてしまうからです。
　英語は実はとても筋道の通ったわかりやすい言語なのです。

3. to + Ving

君のモヤモヤ ③ 『to + Ving』がよくわからない… look forward to Ving(楽しみにしている)は熟語？

動名詞のテーマのひとつに「**to + Ving…**」というのがあるのです。

[正？誤？] I am looking forward to **see you**. (？)
　　　　　私は君に会うのを楽しみにしています。

例えば，この文は間違っているのですが，わかりますか？
正解はこうですね。

　　　　I am looking forward to **seeing you**. (○)

「be looking forward to Ving = Vするのを楽しみにしている」というのは参考書などには必ず書いてある頻出構文ですね。何がポイントかというと「toの後ろがVing…」になる点です。

僕らはtoとくれば「to V…」という不定詞を連想しますが，このように**「toの後ろなのにVing…」**というケースがいくつかあって，日本人は間違いやすいのでよく問われるのです。

なぜ「to + Ving…」になると思いますか？結論から言うと**このtoは「前置詞のto」**なのです。

前置詞は単独では使えない。**必ず後ろの名詞とセットで「前置詞＋名詞」という形**で使いますが，その名詞に動名詞も使えるというわけですね。つまり**「前置詞＋動名詞」**という組み合わせはよく使うのです。

そしてその前置詞がたまたまtoならば**「to＋動名詞」**，つまり「to + Ving」という形になるというわけです。

ちなみに前置詞の後ろの名詞には**不定詞は使えない**。
頭に付いてるtoが邪魔だからです。× to to V…
準動詞なら必ず動名詞にしないといけないんだ。

第4章 動名詞をSVC，SVOだけでマスターする方法

> **これですっきり！ ㊸ to の後ろなのに Ving**
>
> ○ to ＋ Ving は
> ☞ 「前置詞＋名詞」という普通の修飾語に過ぎない
> つまり 「前置詞の to ＋動名詞」 のコンビなのだ！
> ★文中では「Vの説明」などの役をしていて
> 特殊な熟語でも構文でもなく
> いつものSVCやSVOは変わっていない！

　この種のパターンで有名なのは "look forward to Ving …", "What do you say to Ving …", "object to Ving …", そして最も有名な "be used to Ving …" の4つですので，それぞれ個別に説明したいと思います。

① look forward to Ving … がモヤモヤしている人へ

　　I am looking forward to **seeing you**.

　冒頭のこの文は，作者は「SVにVの説明を付けた」ごく普通の文のつもりで書いているのです。
　look forward は2語でV（群動詞）と考えていいでしょう。

　　I am looking forward （ to　seeing you ）.
　　S　　　V　　　　←Vの説明（前置詞＋名詞）

　直訳すると「前を見ている」「君に会うという方向を見ている」という感じで，『Vするのを楽しみにしてる』という意味になるんだ。
　作者はSVという第1文型で書いているつもりなのです。
　そしてもちろん「to ＋ Ving …」のVing …の部分は**普通の名詞でもいい**のです。「前置詞＋名詞」が成立していればいいんだ。

これですっきり！ ㊹ look forward to Ving

○… <u>look forward</u> (to + Ving …) ☞ SV
　　　V　　　　　　←Vの説明　　　　（第1文型）
　　　　　　　　　前置詞＋名詞

look forward to Ving も→実は普通のSVの文（第1文型）
「その方向」を見ているという感じ
☞『Vするのを楽しみにしている』

◆どんな問題が出るの？

> 問 1. He was looking forward (　　) the weekend with her in the little cottage in Somerset.
> 　　① to spend　　　② at spending
> 　　③ in spending　　④ to spending
>
> （京都産業大）

▶アプローチ　何も考えてなければ①を選びそうだよね。①がダミーなのです。to の後ろなのに Ving になるとは思わないよね。

正解　④

He was looking forward (to | spending the weekend …).
　S　　　V　　　　←Vの説明（前置詞＋名詞）

「彼は，サマセットの小さなコテージで，週末に彼女と過ごすのを楽しみにしていた」

次に行く前に少し動名詞の基本的な使い方をクイズ形式で確認しておきます。これからどんどん出てくるからです。**不定詞と対比させながら考える**のがコツです。

第4章　動名詞をSVC，SVOだけでマスターする方法

Q1．　動名詞の「意味上の主語」はどう付ける？

A．　動名詞は「Vすること」ですが「 誰が Vするのか」を言いたいときには『直前に所有格などでくっつける』のが基本です。

　　I am sure of his winnng the race.
　　「私は， 彼が レースに勝つことを確信している」
　　☞ 意味上の主語を付けなければ「私が」勝つことになってしまう

　　He is proud of his son being a baseball player.
　　「彼は， 彼の息子が 野球選手であることを誇りに思っている」
　　☞ 代名詞じゃなく普通の名詞ならこのように名詞をただ付けるのもあり
　　（his son's としてもいい）

Q2．　動名詞の否定(Vしないこと)はどう書く？

A．　「Vしないこと」というためには『直前にnot』を付けます。これは不定詞と同じだね。

　　I am sorry for not being in time.
　　「時間に**間に合わなくて**すいません」　　　**be in time** ＝間に合う

②What do you say to Ving …？／object to Ving …
　　　　　　　　　　　　　　がモヤモヤしている人へ

ではまたto Ving…に戻りましょう。

　　What do you say to **play** tennis?　(×)
　　　　　　　　　　　↓
　　　　　　　　　　playing　(○)
　　「テニスをするのはどうですか？」

これも不定詞でつい書いてしまうのですが，正解は「前置詞のtoと動名詞」のコンビです。わかりにくければtoをabout(ついて)に置き換えてみればわかるはず→「テニスをすることに**ついて**何を言いますか？」が直訳。

117

またobject to Ving…(Vに反対する)もついつい不定詞で書いてしまうのです。

> He **objected to** his son **going** abroad alone.
> 「彼は，息子が一人で海外旅行することに反対した」

このto Ving…も「前置詞＋名詞」で「Vの説明」をしているのです。

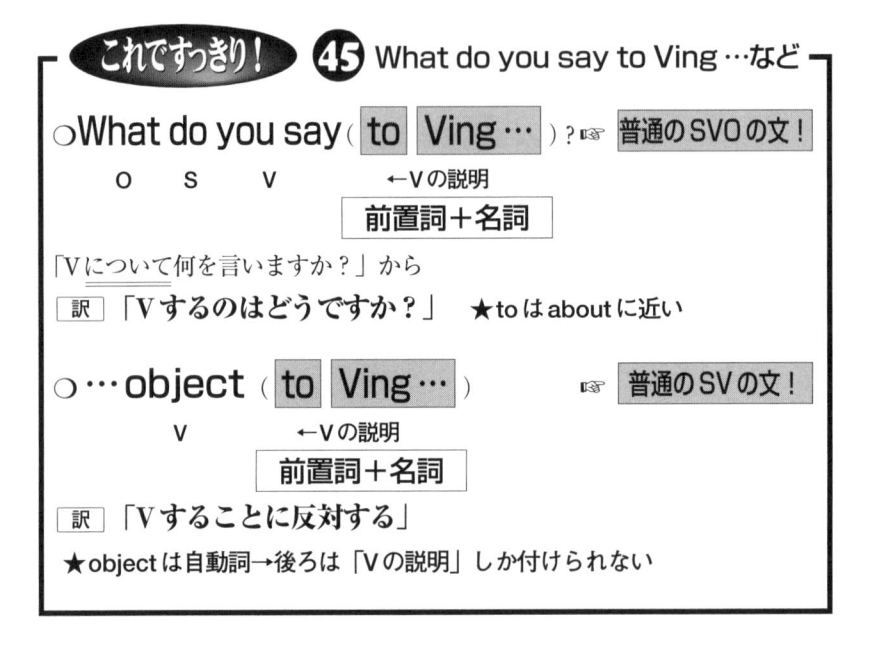

これですっきり！ ㊺ What do you say to Ving…など

○ What do you say (to Ving…)?　☞ 普通のSVOの文！
　　　　O　　S　　V　　　　←Vの説明
　　　　　　　　　　　　前置詞＋名詞

「Vについて何を言いますか？」から
訳 「Vするのはどうですか？」　★to は about に近い

○ …object (to Ving…)　　☞ 普通のSVの文！
　　　　V　　　←Vの説明
　　　　　　前置詞＋名詞

訳 「Vすることに反対する」
★objectは自動詞→後ろは「Vの説明」しか付けられない

---

③ be used to Ving…／used to V…がモヤモヤしている人へ

最後に真打ち登場！一番難しそうなやつです。

　　　be used to Ving…　⇨　「Vすることに慣れている」
　　　used to V…　　　　⇨　「かつてはVしたものだ」

この2つは何度習ってもよくわからないものですが，理解すれば大丈夫。実は「**be used to Ving…は普通のSVCの文**」なんだ。

She **is used to getting** up early.
「彼女は早起きに慣れている」

実は**used**は**「慣れている」という形容詞**なんだ。

ちゃんと辞書に載っています。**use（使う）とは全く関係ない**のです。たまたまカタチが似ているだけ。

つまりこの文はbe動詞を使った普通のSVCの文，そしてその後ろに「前置詞＋名詞」の「Cの説明」を付けた文なんだ。「何に」慣れているかを説明しているわけ。

<u>She</u> <u>is</u> <u>used</u> （ to ＋ getting up early ）.
　S　 V　 C　　　←Cの説明（前置詞＋名詞）

一方の"used to V…"の方は，**"used to"が助動詞**なんだ。

have toやought toなどと同じ仲間。意味的には過去の習慣を表すwouldと同じ。つまりこれもuse（使う）とは無関係。

つまり**useに似たややこしいカタチがたまたま3つあるだけ**なんだ。

She **used to study** English in this room.
（彼女はこの部屋でよく英語の勉強をしたものだ＝過去の習慣）

よって，この文は単純なSVOの文なのです。

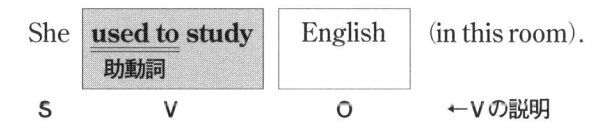

<u>She</u>　| used to study |　　English　（in this room）.
　　　　　　助動詞
　S　　　　　V　　　　　　　O　　　←Vの説明

助動詞の後ろなので原形動詞，つまり，たまたまto V…となっているだけです。

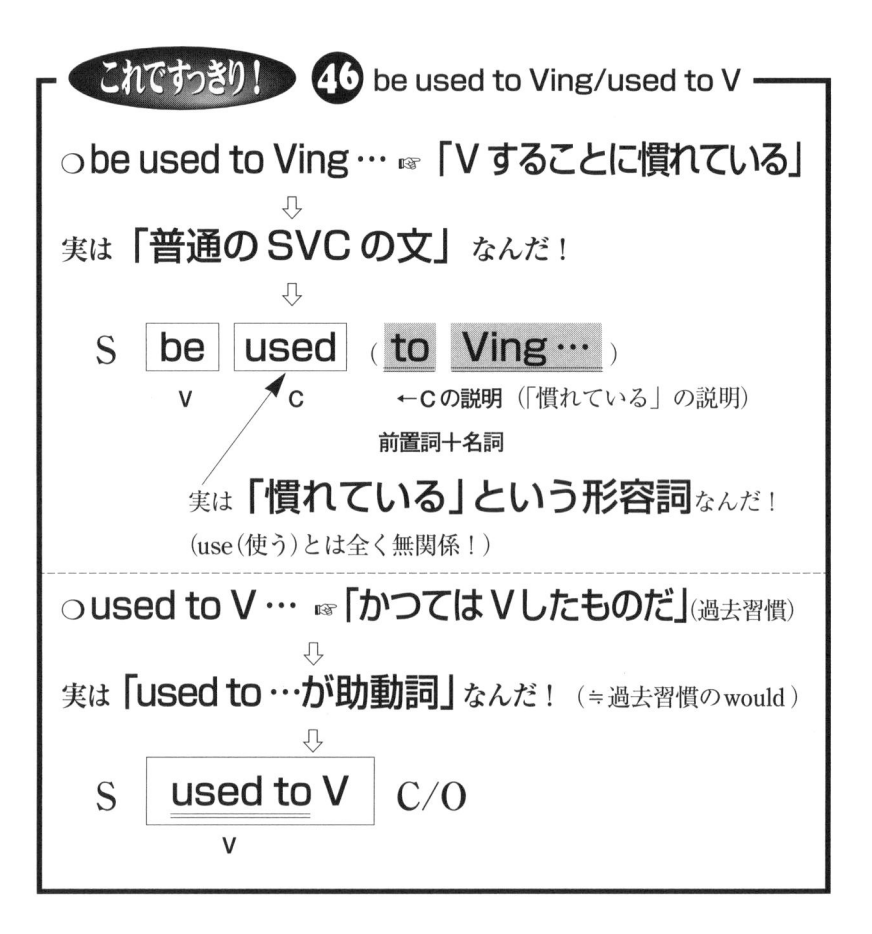

これですっきり！ ㊻ be used to Ving / used to V

○ be used to Ving … ☞「Vすることに慣れている」
⇩
実は「普通のSVCの文」なんだ！
⇩

S [be] [used] ([to] [Ving …])
　 v 　 c 　　←Cの説明（「慣れている」の説明）
　　　　　　　前置詞＋名詞

実は「慣れている」という形容詞なんだ！
（use（使う）とは全く無関係！）

○ used to V … ☞「かつてはVしたものだ」（過去習慣）
⇩
実は「used to …が助動詞」なんだ！（≒過去習慣のwould）
⇩

S [used to V] C/O
　　 v

◆どんな問題が出るの？

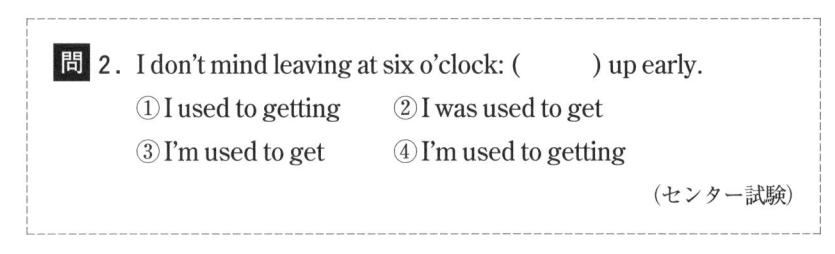

問2. I don't mind leaving at six o'clock: (　　) up early.
　① I used to getting　　② I was used to get
　③ I'm used to get　　④ I'm used to getting

(センター試験)

▶アプローチ　選択肢にはややこしいのが並んでいますが，大丈夫だよね。be動詞のない①は，助動詞のused to …なら後ろは原形動詞のはず。
　②はbe動詞とusedという形容詞のコンビまではいいけど，後ろが不定詞に

120

なってる。ここは「前置詞＋名詞」で「Ｃの説明」を作るはず。③も同じ。よって④が正しい「SVC(←Ｃの説明)」というカタチになってる。

正解 ④

… ： I'm used (**to** + **getting** up early).
　　　 Ｓ Ｖ 　Ｃ 　←Ｃの説明(前置詞＋名詞)

「６時に起きるのも気にならない：早起きには慣れているんだ」

4. 動名詞を使った"構文"

君のモヤモヤ ④
「動名詞を使った構文」がよくわからない…
cannot help Ving(V せざるをえない)は暗記?

◆ SVC, SVO で説明しましょう!

　最後は動名詞を使った慣用表現，いわゆる「構文」です。みなさんの大好きなやつですね。だいたい It is no use Ving…(Vするのはムダ)，cannot help Ving…(Vせざるをえない)，There is no Ving…(Vできない)，の3つが御三家でしょう。

　これらはどの参考書にも載ってますが，どうしてそういう意味になるかが納得できないと暗記もできないよね。

　実はこれらは構文でも公式でもなく，普通のSVOなどの文なんだ。それがわかることが今回の目標です。

　ではさっそく"御三家"の説明をします。

① cannot help Ving … (Vせざるをえない)がモヤモヤしている人へ

　動名詞というと，このパターンが必ず重要構文として書いてあるよね。

> **cannot help Ving…**
> **cannot but V…** 　　Vせざるをえない

　「Vせざるをえない」に対する英語表現はいくつかありますが，頻出なのはこの2つです。

　"cannot help Ving…"は一見暗記するしかない熟語表現のように思いますが，**実は「普通のSVOの文」**なんだ。知ってた?

> I **could not help laughing** at the sight.
> 「私は，その光景を見て笑わずにはいられなかった」

第4章　動名詞をSVC，SVOだけでマスターする方法

例えばこの文は，作者は普通のSVOの文として書いています。

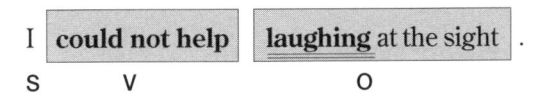

I　**could not help**　**laughing** at the sight．
S　　　V　　　　　　　　O

このhelpは「助ける」ではなく「**避ける**」という意味なんだ。そして「避ける」という意味のhelpは目的語に**必ず動名詞をとる**のです。だから後ろが"laughing…"とVing…形になっているんだ。

つまり，『**Vすることを避けることができない**』だから☞「Vせざるをえない」という意味になるのです。

これとセットでよく聞かれるのが"cannot but V"です。

butの後ろをVing…形などにして誘ってくると引っかかってしまう人が多いんだ。butの後ろは原形ですよ。

これも「Vせざるをえない」という意味なのですが，なぜかわかる？

これは実は「**3語でV**」なのです！

　　　I **could not but laugh** at the sight．

例えば，この文も先ほどの文と同じ意味ですが，普通のSVの文だとわかりますか？

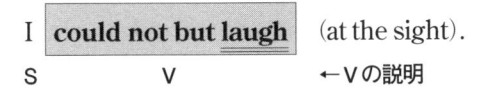

I　**could not but laugh**　（at the sight）．
S　　　　V　　　　　　　　←Vの説明

まず"could not…"という助動詞の後だから**laughが原形動詞**になるのは当たり前だよね。

そして，間に入っているbutは「**〜以外**」という意味なんだ。

butは普通の接続語として使えば「しかし…」だけど，このように間に入ると「〜以外」という意味になるんだ。

つまり『**Vする以外はできない**』だから☞「Vせざるをえない」という意味になるんだ。

これですっきり！ ㊼ cannot help Ving / cannot but V

○ 頻出構文 **cannot help Ving …** は

⇩

実は「**普通のSVOの文**」なんだ！

⇩

… S … | cannot help | Ving | …
　　　　　　V　　　　　O

① この help は「避ける」という意味

② "避ける"の help は後ろに動名詞をとるんだ（= avoid）

つまり『**Vするのを避けることができない**』だから

⇩

「**Vせざるをえない**」なのだ！

○ 同じ意味の **cannot but V …** は

⇩

実は「**3語でV**」なんだ

⇩

… S … | cannot but V | C/O
　　　　　　V

① この but は「～以外」という意味

② cannot という助動詞の後ろだから「原形動詞」になるのは当たり前！

つまり『**V以外はできない**』だから

⇩

「**Vせざるをえない**」なのだ！

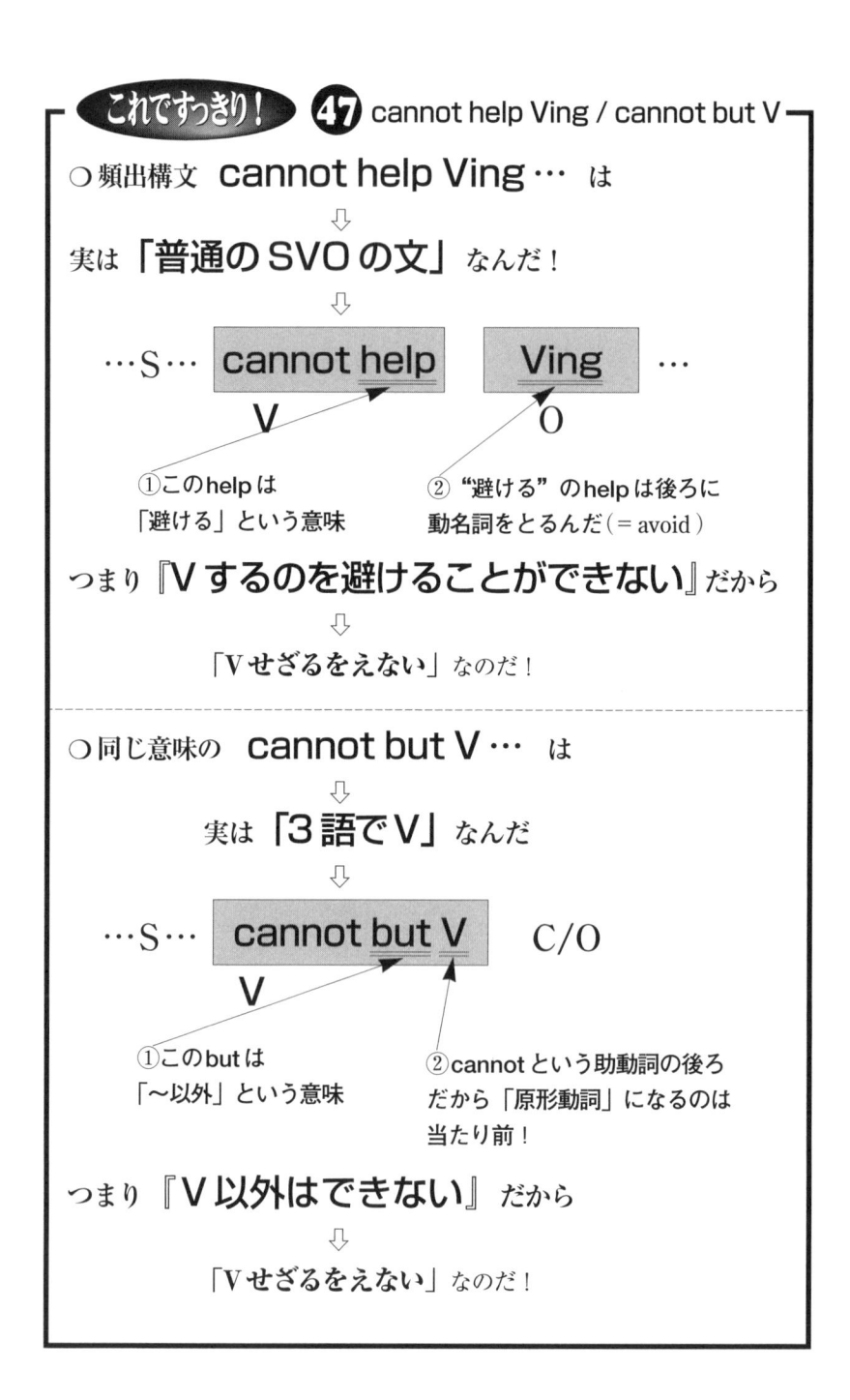

第4章　動名詞をSVC，SVOだけでマスターする方法

◆どんな問題が出るの？

> **問** 1. I know he has behaved badly, but I cannot help (　　) sorry for him.
> 　　①but　②feel　③feeling　④to feel　⑤with
> 　　　　　　　　　　　　　　　　　　　　　　　（武蔵大）

語句　feel sorry for〜　〜を気の毒に思う

▶アプローチ1．cannot helpまでがVで，"避ける"のhelpは目的語が「動名詞」になるんでしたね。つまり「正しい目的語はどれ？」という問題ですから，③のfeelingですね。①や②は「cannot but V」が"うろ覚え"の人を引っかけようとしているのです。

正解　③

　…, but I cannot help | **feeling** sorry for him |.
　　　　　　S　　　V　　　　　　O

「彼が悪い行動をしてきたことは知っている。しかし私は彼に同情せざるおえない」

② It is no use Ving … (Vしてもムダ)がモヤモヤしている人へ

今度はIt is no use Ving…のパターンです。

　　It is no use Ving…　Vしてもムダ

これも必ず文法書に載っている重要表現ですが，いまいち納得できない人も多いでしょう。

　　It is **no use waiting** for him any longer.
　　「これ以上彼を待ってもムダだ」

「It…から始まる文」と「There…から始まる文」は，いつものSVC／SVOの設計図の「**重要例外**」だと思って，切り離して考えてください。そのほうがわかりやすいはずです。

そしてこの文も「それはムダ…」と先に言っておいて,「それ」の内容を後から言うパターン, つまり「仮主語—真主語パターン」なのです。

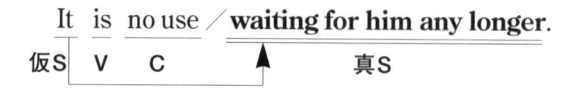

```
It is  no use / waiting for him any longer.
仮S  V   C        ↑   真S
```

つまり, no use は「**ムダ**」という意味で, 形容詞のuselessと同じような感じ, つまり前半は普通のSVCですね。

そして「それ」に対する真主語は, 普通は「不定詞かthat節」で書くことになっているのですが, **このno use …などを使ったときだけは真主語に動名詞を使っていいという特別ルール**があるんだ。

その特別ルールを知っているかどうかがよく問われる, というわけです。

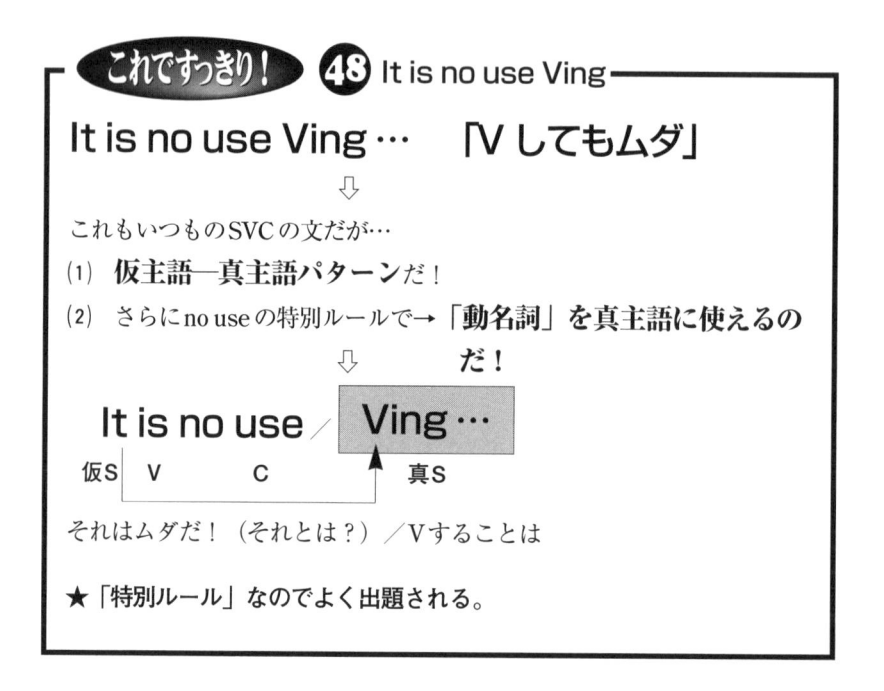

これですっきり！ ㊽ It is no use Ving

It is no use Ving…　　「Vしてもムダ」
　　　　　⇩
これもいつものSVCの文だが…
(1) **仮主語—真主語パターン**だ！
(2) さらにno useの特別ルールで→「**動名詞**」を真主語に使えるのだ！
　　　　　⇩

```
It is no use / Ving …
仮S   V    C    ↑  真S
```

それはムダだ！（それとは？）／Vすることは

★「特別ルール」なのでよく出題される。

第4章 動名詞をSVC，SVOだけでマスターする方法

> 問 2. It is no (　　) arguing about it, because he will never change his mind.
> 　①use　②help　③time　④while
>
> (センター試験)

▶アプローチ　It…で始まっているし，後ろがVing…になっているので「仮主語—真主語」パターンでno useを使うパターンを考える。前半でSVCの文を作るので，Cになれるのはno useしかない。

正解　①

　It　is　**no use**／**arguing** about it, …
　仮S V　　C　　　　　真S

「それについて議論してもムダ，なぜなら彼は決心を変えそうにないから」

▶ポイント　no use以外に**no good**なども真主語に動名詞を使えます。

＊

人によっては，

「結局はIt is no use Ving…と覚えることに変わりないじゃないか。いちいちSVC／SVOで考える必要はないよ…」

そう思うかもしれませんが，僕が言いたいのは，「何が」公式なのかをちゃんとわかってほしい，ということなんだ。
公式だけで暗記している人なら例えば

　　　　It **might** be no use …

こういう文に出会ったとき，**「新しい構文だ…」**などと思ってしまうのですが，この文はbe動詞にmightという助動詞を付けただけで「ムダかもしれない…」とちょっと断定を避けているだけですね。

　　　　It **has been** no use …

これでも，もうわからなくなる人が多いんだけど，これもbe動詞を「完了

127

形」にしただけ。「ずっと…」というニュアンスを付け足しているだけです。

つまり**最も重要なのは『SVC／SVOが成立しているか』**なのです。

この2つを中心とした"設計図"を正しく使っているかが全てなのです。それを踏まえた上で「公式」や「構文」とつき合った方が効率がいいんだ。ただ丸暗記しても結局は"遠回り"なのです。

「全てをSVC／SVOで考える」という僕らのやり方は，一見遠回りに見えても，**実は一番"近回り"**なのです。

③There is no Ving …(Vできない)がモヤモヤしている人へ

最後はThere is no Ving…のパターンです。

There is no Ving…　Vすることは不可能（Vできない）

先ほども言ったように「There…から始まる文」はいつもの設計図の重要例外と考えてください。つまり…

```
There | be動詞系 |        | (       )
         V          Sが      ←Sの説明など
```

これが「There…から始まる文」専用の設計図で，『Sがある／いる』と訳すのです。いわゆる「存在の文」です。

There is no knowing our future.
「未来を知ることはできない」

例えばこの文なら，作者はこういうつもりで書いているのです。

```
There is | no knowing our future | .
   V            Sが
```

通常「There…から始まる文」のSには動名詞や不定詞などの準動詞は使えないんだ。1語の名詞しか使えないはずなんだけど，「**no Ving…**」パターンのときだけは動名詞を使っていいという"**特別ルール**"があるのです。そして訳は『**Vすることは存在しない**』から「**Vすることはありえない→Vできない**」となるわけ。

第4章　動名詞をSVC，SVOだけでマスターする方法

```
┌─────────────────────────────────────────────┐
│ これですっきり！  ㊾ There is no Ving …        │
│                                              │
│        There is no Ving …                    │
│              ⇩                               │
│        There │ is │ no Ving …                │
│              V      Sが                      │
│                                              │
│    「…Sがある／いる＝存在の文」                │
│              ⇩                               │
│ (1) There…から始まる文は「There 専用設計図」を使う！│
│ (2) Sに「長いもの(動名詞など)」は使えないはずが…  │
│ →「no Ving…」のときだけSに使えるという特別ルールあり！│
│              ⇩                               │
│ 『Vすることは存在しない→Vはありえない→Vできない！』│
└─────────────────────────────────────────────┘
```

このような特別ルールは出題者としては出したくなるのですが，あくまで例外だということを理解してください。

問3．There (　) (　) (　) (　) (　) (　) in Tokyo.
　　①knowing　②will　③no　④is
　　⑤a severe earthquake　⑥happen　⑦when
　　「東京にいつ激しい地震があるか誰にもわからない」　　（法政大）

▶アプローチ　There…で始まっているのを見た時点で「There 専用設計図」を思い浮かべる。There…自体は訳さなくていい。設計図が違うことを表わしているのです。だからこの後「be動詞系 ▶S…」と作っていきなさい，という目印になるわけ。そしてno Ving…があるので「例のパターン」か，と気づくわけです。

正解　④③①⑦⑤②⑥

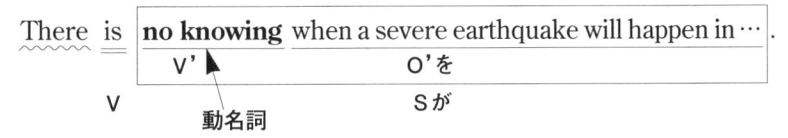

There is │ **no knowing** │ when a severe earthquake will happen in … │.
　V　　　　　V'　　　　　　　　　O'を
　　　　　　動名詞　　　　　　　Sが

合格塾⑤

「1枚の紙切れ(解答用紙)で人生が決まるのはおかしい…」
⇩
ならば「100枚の紙切れ」ならいいの？「1枚の紙切れ」の中に君がこれまでやってきたことの全てが集約されるのです！

「人生をたった1枚の解答用紙で決めるのはおかしい…」と誰もが思うよね。僕もそう思っていたのですが, 徐々に考え方が変わりました。

昔, 「3分間では自分を表現できない」と言って多くのミュージシャンがテレビ出演を拒否していました。3分間で表現できないなら何分あればいいのでしょう。60分？10時間？おそらく一生一緒にいてもその人の全てはわからないでしょう。そうではなく「**3分間の中にその人の全てが集約される**」のですね。その人の人生が3分間の歌の中に集約されるからこそ, 人は感動しファンになるのです。

これはスポーツも同じ。プロ野球の投手が投げる155キロの球に心を打たれるのは, **その1球にその人の人生が集約される**から。「今までの生き方」がその1球に如実に表れてしまう。

「1枚の紙切れ(解答用紙)」でダメなら何枚ならいい？100枚ならいいの？それとも100時間面接した方がいい？そうではなく「**1枚の紙切れ」の中に君がやってきた事の全てが集約される**のです。「**君がやってきたことを1枚の解答用紙で表現してみよ」というのが受験**なのです。「**1枚の紙切れ」はとても正直**。いい加減に過ごせばいい加減な結果しか出ないし, 頑張れば必ず結果に出ます。**いわば鏡のように君が過ごしてきたことを写し出してしまうんだ**。つまり1枚の紙切れで表現できないなら, 100枚の紙切れでもやはり結果は同じことなのです。

君がやってきたことを堂々と「1枚の紙切れ」に表現すればいいのです。ならば神様は必ず君に微笑んでくれるはずです！

第5章

分詞 を SVC, SVOだけでマスターする方法

先輩たちの秘伝公開！

1. 分詞の教え方

君のモヤモヤ ①
『分詞』がよくわからない…
Vingっていろんなところで出てくるから混乱する…

◆従来の教え方

準動詞の最後は「分詞」です。分詞も苦手にしている人が多いですね。

自分の反省も含めて，やはり従来の教え方に「**問題あり**」なんだ。

まず「現在分詞はVing…，過去分詞はVed…」と習いますが，「あれ？ Ving…は動名詞なのでは？」と思うよね。つまり「**分詞だけを切り離して**」「**教える側の都合のいいように**」説明してしまうのですね。だから「分詞の問題」と言われればできるのですが，アトランダムに問題の中に出てくるとわからなくなってしまうのです。

また，「分詞の限定用法とは…」「分詞の叙述用法とは…」「分詞構文とは…」とやはり文法用語の説明になってしまうんだ。つまり学者養成用知識ばかりを教えてしまうのです。

そうではなく「SVC，SVOの中で分詞をどう使うか」それを教わればおしまいですね。

?従来の教え方?

「Vingが現在分詞で…」「限定用法と叙述用法があり…」

⇩

「あれ？ Ving…は動名詞じゃなかったの？」

⇧

「教える側の都合で」「文法用語の説明」に終始してしまう…

◆SVC，SVOで説明しましょう！

分詞は，SVC，SVOの中の**"どこで"使う**かわかりますか？この一番肝心なことを教わっていない人が大半なんだ。

第5章 分詞をSVC, SVOだけでマスターする方法

「えーと，a dancing girl のdancingが分詞でしょ？」

もちろんこれも分詞ですが，このように単独で使うことはまずないのです。分詞は普通は「**カタマリで**」使うんだ。

「Ving…」のカタマリと「Ved…」のカタマリをどう使うか，というのが分詞の話なのです。

SVC, SVOの中で分詞のカタマリを使うのは次の3カ所だけです。

> ①「Sの説明」「Oの説明」「Cの説明」で使う
> ②SVOCのCで使う
> ③イントロで使う

何度も言うように，準動詞というのは動詞の形を変えて「文中でV役をやっていないぞ」ということを表わしているんでしたね。逆にV以外の役割はほとんどできるのです。名詞で使うパターンは動名詞でやったでしょ？分詞というのは早い話，それ以外の使い方の話なのです。

これですっきり！ ㊿ 分 詞

君の考えることはただ一つ…

Ving… , Ved… のカタマリは

SVC, SVOの中でどう使うのか

それがわかれば☞**分詞を使って自由に文が書けるようになる**のだ。
⇩
SVC, SVOの中の「**3カ所**」で使うことがわかればそれでよし！

また，「動名詞」などの用語が気になる人のために少し整理しておくと，「Ving…の名詞用法」が動名詞，「形容詞用法」が分詞，「副詞用法」が分詞構文なのです。

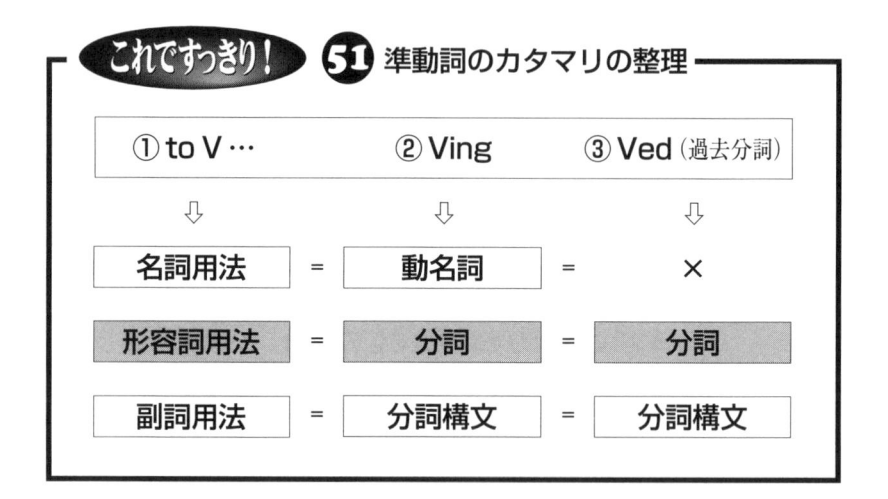

これですっきり！ 51 準動詞のカタマリの整理

① to V …	② Ving	③ Ved（過去分詞）
⇩	⇩	⇩
名詞用法 =	動名詞 =	×
形容詞用法 =	分詞 =	分詞
副詞用法 =	分詞構文 =	分詞構文

2. 分詞の「1つ目」の使い方(限定用法)

君のモヤモヤ ②
『分詞の限定用法』がよくわからない…
SVC，SVOで説明して！

◆SVC，SVOで説明しましょう！

分詞の1つ目の使い方は，分詞のカタマリを「Sの説明」「Oの説明」「Cの説明」に使うパターンです。

　　草の上で眠っている|少女|

例えばこれを英語で書けますか？「草の上に眠っている〜」の部分が少女の「説明」(修飾)をしているわけですが，このように「前に」説明を付けるのが日本語が英語と決定的に違うところなんだ。英語を含めヨーロッパの言語は「後ろに」説明を付けるのが普通なのです。

この日本語を英語にしてみてください，と言うとほとんどの人がこう書いてしまうんだ。

　　　(×)　**on the grass's sleeping's girl**

つまり，前から単純に付けていくのですが，こう書いても誰も理解できない。英語はまず「少女」と書いて，その名詞の説明を「後ろに」付けるというスタイルなのです。

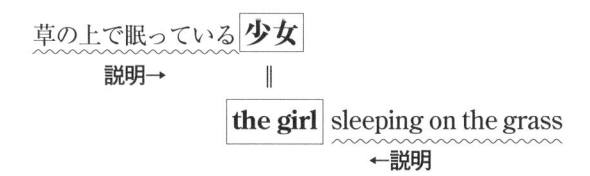

　　草の上で眠っている|少女|
　　　　　説明→　　　‖
　　　　　　　　　|the girl| sleeping on the grass
　　　　　　　　　　　　　　←説明

このように，**説明を「後ろに」付ける英語式で大活躍するのがこの分詞**なのです。次に話す関係詞とこの分詞があればほとんどOKでしょう。

「前に」付ける日本語と「後ろに」付ける英語，これが英語と日本語の最大

の違いなんだ。だから動名詞の話はみんなわかるのに，分詞とか関係詞が苦手なのは**「後ろに付ける」という発想が日本語にないから**です。僕の経験から言っても，この違いがわかるようになると，英語がわかったという実感がわくはずです。

「でも dancing girl …とも言うのでは？」

そう，例外的に**「1 語で」**説明するときのみ**「前から」**説明できるんです。「2 語以上で説明」するときは必ず「後ろ」なのです。

説明は大体 2 語以上なので，「後ろに付ける」ことが多くなるわけです。Ving…と Ved（過去分詞）…の違いはわかりますか？これは能動と受動の違いを表わしているわけですね。

$$名詞 + \textbf{Ving} \cdots = V する名詞$$
$$\qquad\qquad \leftarrow 説明$$
$$名詞 + \textbf{Ved by} \cdots = V された名詞$$
$$\qquad\qquad \leftarrow 説明$$

名詞は文の中では S，C，O に使うわけですから，Ving と Ved は文中では「S の説明」「O の説明」「C の説明」に使うのです。

The girl **sleeping on the grass** is my sister.

この文なら sleeping …は ing が付いているから絶対 V じゃないね。そして S の後ろにあるので「S の説明」で訳せと言うことですね。

The girl (**sleeping on the grass**) is my sister.
　S は　　　←S の説明　　　V　C
「草の上で眠っている 少女 は，私の妹です」

このように S の直後に「Ving…」，「Ved…」を置くと「V じゃないというサイン」ですから「S の説明」で訳せというサインになるし，C の後ろに置けば「C の説明」で訳せというサインになるし，O の後ろに置けば大体は「O の説明」で訳せというサインになるのです。

She is the girl **scolded by the teacher yesterday**.

　例えばこの文なら，SVCのCの後ろに**「過去分詞の作るカタマリ」**が付いているのがわかりますか？Cの後ろは基本的に「Cの説明」しか付けられないので，「Cの説明」として訳すわけです。

　　　She is the girl （ scolded by the teacher yesterday ）.
　　　 S V   C　　　　　　　　　←Cの説明
　　　「彼女が，昨日先生にしかられた少女です」

　どうでしょう？これならば君にも分詞を使って自由に文が書けると思いませんか？なんせ自分のよく知っているSVC，SVO文のSやCの後ろに**「現在分詞のカタマリ」**や**「過去分詞の作るカタマリ」を付けるだけ**で，その名詞の説明ができるわけですから。

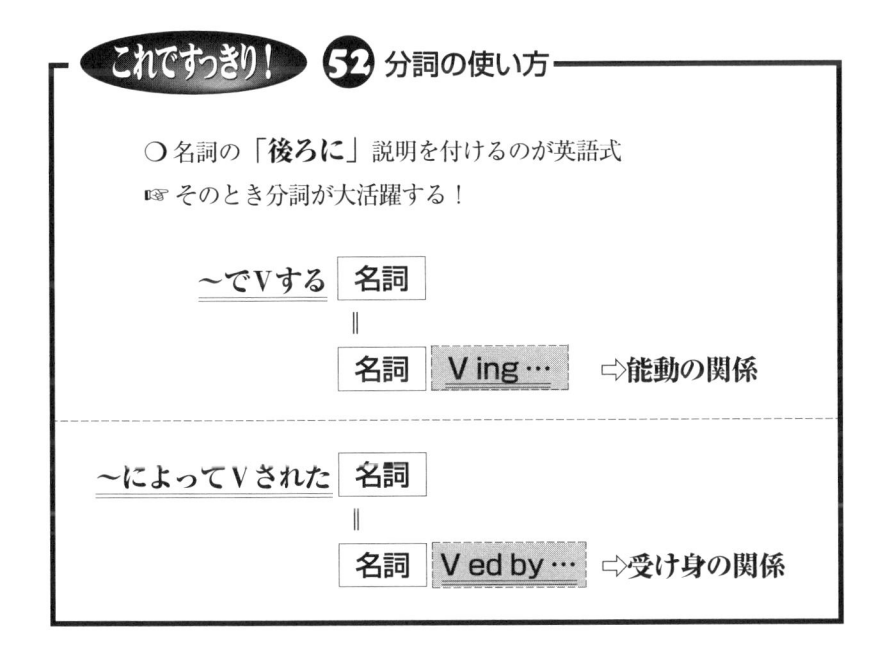

これですっきり！　52　分詞の使い方

○名詞の**「後ろに」**説明を付けるのが英語式
☞そのとき分詞が大活躍する！

　　～でVする　名詞
　　　　　　　　∥
　　　　　　　名詞　V ing …　⇨**能動の関係**

　　～によってVされた　名詞
　　　　　　　　　　　　∥
　　　　　　　　　　　名詞　V ed by …　⇨**受け身の関係**

137

これですっきり！ 53 分詞は「S説」「O説」「C説」で使う！

○ こうすれば「Sの説明」「Cの説明」「Oの説明」として
読者は読んでくれる！

① …S [Ving… / Ved…] V…

⇧

Sの直後に「Ving…」「Ved（過去分詞）…」のカタマリ
を置けば☞ 読み手は必ず「Sの説明」として読んでくれる

② SV C [Ving… / Ved…]

⇧

SVCのC（名詞）の直後に置けば
☞ 読み手は**必ず「Cの説明」として**読んでくれる。

③ SV O [Ving… / Ved…]

⇧

SVOのOの直後に置けば
☞ 読み手は「**Oの説明**」として読んでくれる（原則）

◆どんな問題が出るの？

では問題をやってみましょう。

問 1．それぞれの（　）内の動詞を適切な形に直せ。
(1) The language (**speak**) in Australia is English.
(2) My sister is that girl (**sit**) beside the teacher.

第5章 分詞をSVC, SVOだけでマスターする方法

▶アプローチ　こういう問題がよく問題集に載ってますね。

(1) Sの説明を付けるわけですが,「言語」と「話す」の関係は,「言語が話す」じゃおかしいので,受け身の関係,つまり「オーストラリアで話されている言語は,…」と言いたいわけですね。だから過去分詞です。

正解　The language ⟨**spoken** in Australia⟩ is English.
　　　　　　　Sは　　　　　←Sの説明　　　　　　V　C
　　「オーストラリアで話されている 言語 は, 英語です」

(2) 逆に2は,「少女(girl)」と「座る(sit)」の関係は能動の関係,つまりSV関係だよね。ならば現在分詞です。「Cの説明」を作るわけですね。

正解　My sister is that girl ⟨**sitting** beside the teacher⟩.
　　　　　　S　　V　　C　　　　←Cの説明
　　「私の妹は, 先生のそばに座っている あの少女 です」

問2. The man (　　　) in the accident was taken to the hospital.
　　① injure　　　② injured
　　③ injuring　　④ was injured
　　　　　　　　　　　　　　　　　　　　　　　　　　　（明海大）

問3. The (　　　) to the students were very difficult.
　　① given tests　　② giving tests
　　③ tests given　　④ tests giving
　　　　　　　　　　　　　　　　　　　　　　　　　　（センター試験）

▶アプローチ　2.「その男…」の説明,つまり「Sの説明」を付けなさい,という問題だよね。injureとの関係を考えますが, injureは「(人を)傷つける」なので,「傷つけられた人…」と受け身関係になるのです。

正解　②

　The man ⟨**injured** in the accident⟩ was taken …
　　Sは　　　←Sの説明　　　　　　　V (受身)
　　「その事故でケガした 男 は, 病院に運ばれた」

139

3．文の前半，つまり「S (←Sの説明) V…」が作れるかという問題。「生徒に与えられた テスト は，…」と言いたいわけですから…。

正解 ③

The tests ⟨**given** to the students⟩ were very difficult.
　Sは　　　　←Sの説明　　　　　V　　C

「生徒に与えられた テスト は，とても難しかった」

どうでしょうか？「後ろに説明を付ける」という感覚がとても大事なことがわかってもらえたでしょうか。文法問題の大頻出テーマです。

次は「並べ替え」ですよ。

問 4． ドアのそばに立っている人は，有名な歌手です。
(the door, by, standing, is, the man) a famous singer.
　　　　　　　　　　　　　　　　　　　　　　　　　（流通経済大）

問 5． 先日，父によって書かれた本を発見した
The other day, (by, I, written, father, discovered, book, my, a).
　　　　　　　　　　　　　　　　　　　　　　　　　（名城大）

▶**アプローチ　4．** 分詞はこのように整序英作文で聞かれることが多い。「後ろに説明」というのがわかっているかを聞きたいからです。

「ドアのそばに立っている 人 …」を「その人(←立っている…)」という関係にすればいい。できますね？

正解

The man ⟨**standing** by the door⟩ is a famous singer.
　S　　　←Sの説明　　　　　　V　　C

▶**アプローチ　5．**「父によって書かれた 本 を…」の部分が書けるかを聞いている問題。目的語に説明を付けるわけですね☞ O (←Oの説明)。

正解

(The other day), I discovered a book ⟨**written** by my father⟩.
　イントロ　　　　　S　V　　O　　←Oの説明

140

3. 分詞の「2つ目」の使い方(叙述用法)

君のモヤモヤ ③ 『分詞の叙述用法』がよくわからない… みんなどうやってマスターしたの？

◆SVC，SVOで説明しましょう！

SVC，SVOの中で「現在分詞のカタマリ」と「過去分詞のカタマリ」をどう使うかですが，1つ目は「S説，C説，O説」で使うパターンでしたね。名詞の限定(修飾)をしているので限定用法と呼ばれています。

そして2つ目の使い方は「**SVOCのCで使うパターン**」です。

皆さんはこんな文を習ったことはないですか？

　　　I couldn't make myself | understood in English | .
　　　私の英語は通じなかった

これも「モヤモヤ」している人が多いんじゃないでしょうか。僕も初めはさっぱりわからなかった。

そのようなモヤモヤを解決することが今回の目標です。

上の文で言えば，「understood…以下」が「Cに使った分詞(過去分詞)」ですね。

SVOCのパターンがとれる動詞の代表が，いわゆる知覚動詞と使役動詞なので，2つに分けて話します。

①知覚動詞編

先ほど，SVOの後ろに「分詞」を置くと，読み手は「Oの説明」として訳してくれるという話をしましたね。

　　　SVO | **Ving**…
　　　　　 | **Ved by**…

でも正確に言うと，「Oの説明」で訳すケースと，「C」で訳すケース

があるのです。

    I saw him **entering** the room.

 例えば，この文は一般動詞を使ったSVOの後ろに「現在分詞のカタマリ」を置いていますね。これは結論から言えば「SVOCのC」なのです。

    I saw him | entering the room |．
    S V O   C

 だから，「私は見た／彼 が その部屋に入っていくのを」とSVOCの訳をします。

「部屋に入る 彼 を見た」と「Oの説明」で訳してもいいのでは？

 そう思うかもしれませんが，絶対ダメです。
 まずhimのような代名詞は「前後に説明を付けることができない」 のです。これも覚えておいてください。必ず「裸」で使うんだ。
 また，sawという知覚動詞を使ってますね。これはSVOCの文型がとれる代表的な動詞ですから「SVOCの訳」が何よりも優先します。
 また，もちろん現在分詞だけでなく「過去分詞の作るカタマリ」も使えます。

    I saw her **scolded by the teacher**.

 この文ならSVOの直後に「過去分詞のカタマリ」が付いていますね。原則は「Oの説明」ですが，Oは「her」という代名詞だし，Vにはsawという知覚動詞を使っているのでこれは **間違いなく**「C」ですね。だから「SVOCの訳」をします☞「私は見た／彼女 が 先生に叱られているところを」
 「現在分詞と過去分詞」の使い分けはわかりますね。**OとCが能動の関係なら「現在分詞」，受け身の関係なら「過去分詞」**です。
 ちなみに能動パターンのときはCは「原形不定詞」でも「現在分詞」でもいいのです。2種類あるわけです。
 他の動詞も同じような感じで，「hear O Ved→OがC**される**音を聞いた」

「feel O Ved→OがC**される**感じがする」(足が**触られている**感じがする, etc.)というように使います。

これですっきり！ 54 知覚動詞の場合！

○…S… | see | O | V・Ving…
⇨Sは見た／OがCする状況を （能動）

○…S… | see | O | Ved(by…)
⇨Sは見た／OがCされている状況を （受身）

★OとCとの関係（**能動か受動か**）で☞Cのカタチが決まる！

◆どんな問題が出るの？

問1． He was almost asleep when he heard his name (　　　).
　　① called　　　② call
　　③ calling　　　④ to be called　　　　（センター試験）

問2． My mother was happy to see her guest (　　　) her cakes eagerly.
　　① eaten　　② eats　　③ to eat　　④ eating
　　　　　　　　　　　　　　　　　　　　（センター試験）

▶アプローチ　1．「名前」と「呼ぶ・呼ばれる」の関係を考えると「名前が呼ばれる」でしょうね。だから「過去分詞のカタチで」「Cに使う」わけですね。

正解 ①

　…when he head his name **called**.
　　　　　　　S'　 V'　　O'　　　C'

「自分の名前が呼ばれるのを聞いたとき，彼はほとんど眠りかけていた」

2．「お客」と「食べる」の関係，さらに後ろにケーキという目的語をとっていることから能動の関係みたい。だから「現在分詞のカタチで」「Cに使う」わけです。

正解 ④

　…see her guest **eating** her cakes eagerly.
　　　　V'　　O'　　　　C'

「お客が自分のケーキを夢中に食べているのを見て，母は幸せだった」

②使役動詞編

　今度は **have，make，get** の使い方を確認しておきましょう。英文法問題の花形だからですよ。

　考え方は同じなのですが，なかなか訳がしにくいのが特徴。

　have と make に分けて，それぞれの有名文を中心にお話します。

(1) **had my bag stolen**（バッグが盗まれた）がモヤモヤしてる人へ

　have で質問が多いのがこのパターンですね。これでどうしてそう訳すの？という感じ。

　まず確認しておくと，普通の場合は，have OC（原形不定詞）（OがCする状況を持つ→OにCしてもらう）となるんですよね。原形不定詞のところでやりましたね。

　そしてその受身パターンがあるわけです。そのとき「Cに過去分詞」を使うんだ。

　have O Ved（過去分詞）（OがCされる状況を持つ）ということなのですが，訳を見ただけでは理解できないよね。

　　　I had my bag **stolen** in the train.
　　　「列車の中で，バッグを盗まれた」

　この文はまさにSVOCのCに過去分詞を使った文だよね。

　　　I had | **my bag** | **stolen** in the train |．
　　　S　V　　　O　　　　　　　C

つまり『私は持った／私のバッグが盗まれるという状況を』というのが唯一の意味です。要は「バッグを盗まれた」と言っているわけです。
have は「させる」とか「してもらう」と機械的に暗記しているので，このような「悪い意味」で使うと思ってないんだ。

だから，×「バックを盗ませる，盗んでもらった」などと無理矢理訳す人が多いのです。機械的な暗記はまったく役に立たない好例ですね。

この文のように，Cに過去分詞を使うパターンは，Oに「自分の持ち物(この文だと my bag)が来るのが原則。

haveやgetはこのような「被害」にも使えるのです。

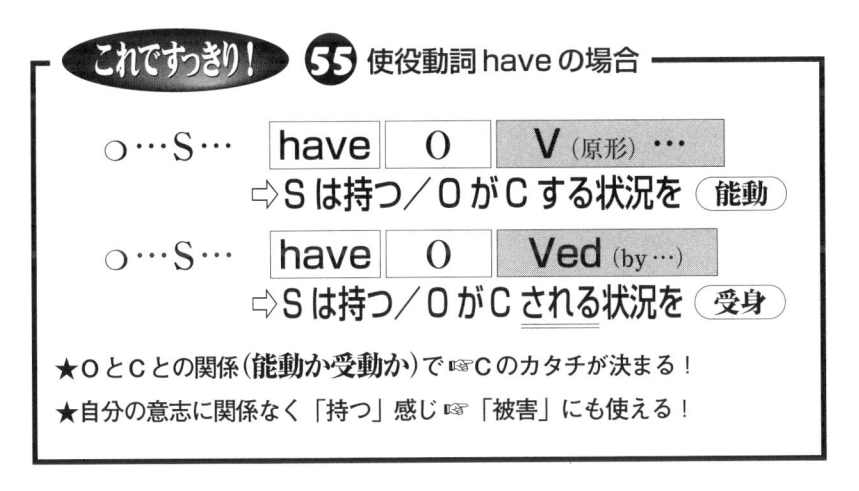

これですっきり！ 55 使役動詞 have の場合

○…S… have O V(原形) …
　⇨ Sは持つ／OがCする状況を（能動）

○…S… have O Ved (by…)
　⇨ Sは持つ／OがCされる状況を（受身）

★OとCとの関係(能動か受動か)で☞Cのカタチが決まる！
★自分の意志に関係なく「持つ」感じ☞「被害」にも使える！

他には，have one's hair cut(髪を切ってもらう)パターンもよくありますね(cutが過去分詞)。

またgetも同じように，get O Ved(OがCされる状況を手に入れる(ゲットする)▶してもらう，ete)として使えます。

問 3． If the alarm doesn't work on your clock, why don't you
(　　　　)?
　① have it repaired　　② get to repair it
　③ have repaired it　　④ make it repair

(昭和女子大)

> 問 4. 正しい文を１つ選べ
> ① I made my secretary to type the letter.
> ② I got my secretary type the letter.
> ③ I had my secretary typed the letter.
> ④ I got the letter typed by my secretary.
>
> (中央大)

▶アプローチ　3.「時計を修理してもらえば？」と言っているわけで，it(それ＝時計)が修理されるという関係，つまり受身関係なので，「過去分詞のカタチで」「Ｃに使う」のが正しい。

正解　①

If the alarm doesn't work on your clock,
why don't you **have** it **repaired**?
　　　　　　　 S　V　O　　C

「君の時計が作動してないなら，なぜ修理してもらわないの？」

　4．全体としては「秘書に手紙をタイプしてもらった(させた)」と言いたいみたい。②に引っかからないように。got は原形不定詞はとれなかったよね(→第３章７参照)。③も typed→type にする。④だけが正しいカタチ。

正解　④

I **got** the letter **typed** by my secretary.
S　V　　O が　　　Ｃされる状況を

「私は手に入れた／手紙が秘書によってタイプされる状況を」
＝「手紙を秘書にタイプしてもらった」

(2) **can't make oneself understood in English**(英語が通じない)がモヤモヤしている人へ

　最後は冒頭のやつですが，必ずどこかで習う文ですよね。
　よく間違ってくれるので文法問題で頻出なのですが，なぜこれで「英語が通じない」という意味になるのでしょうか。

146

まず，makeはhaveと同じようにSVOCの文を作れますよね。
そしてCに過去分詞が使えるわけです☞「S make O Ved ⇨ Sは作る／OがCされる状況を」。
でも過去分詞を使うパターンは日本人にはわかりにくいんだ。
その典型がこのmake oneself understood…というわけです。

She **couldn't make herself understood** in English.
（彼女の英語は通じなかった）

まずこの文がSVOCで訳す文だということはわかるよね。

She	couldn't make	herself	understood in English
S	V	O	C

目的語の後ろに過去分詞を付けて，Cを付けたぞと作者は言っているわけです。だからSVOCの訳し方をすればいいだけです☞「**彼女は以下の状況を作れなかった／自分自身が 英語で理解されるという 状況を**（作れなかった）」

これが忠実な唯一のSVOCの訳ですね。
つまり「自分が英語で外国人に話しかけたら<u>**(外国人に)理解されなかった**</u>」わけですから☞「英語が通じなかった」となるのです。
つまり「**誰が**」理解するのかを考えればいい。
聞いている外人さんが理解できなかったわけ。
それを主語側(herself)から言えば「<u>理解されなかった</u>」と受身になるわけ。
わかりにくければ文末に"…by foreigners"(外国人に)を補って考えればいいのです。

これですっきり！ 56 使役動詞 make の場合！

○…S… | make | O | V… |
⇨ S は作る／O が C する状況を （能動）

○…S… | make | O | V ed (by…) |
⇨ S は作る／O が C される状況を （受身）

★ O と C との関係（**能動か受動か**）で ☞ C のカタチが決まる！
★ 特に **make oneself understood** が頻出！

これですっきり！ 57 can't make oneself understood…

… couldn't make oneself understood in English.
　　（英語が通じなかった）
⇩

… **couldn't make** | **oneself** | **understood in English.**
　　V　　　　　　　　O が　　　　C される状況を
　　　　　　　　　　　　　　　●過去分詞
　　　　　　　　　　　　　　　●再帰代名詞

『S は 以下の状況を作れなかった／
自分自身 が 英語で理解されるという 状況を (作れなかった)』

⇩

自分が英語で外国人に話しかけたら **(外国人に)** 理解されなかったわけだから →「英語が通じなかった」

⇩

「**誰が**」理解するのかを考えるのがポイント

⇩

聞いている外国人が理解できなかったわけ。
それを主語側 (oneself) から言えば「理解**されなかった**」と**受身**になる。

★わかりにくければ→ "… by foreigners" を補う。

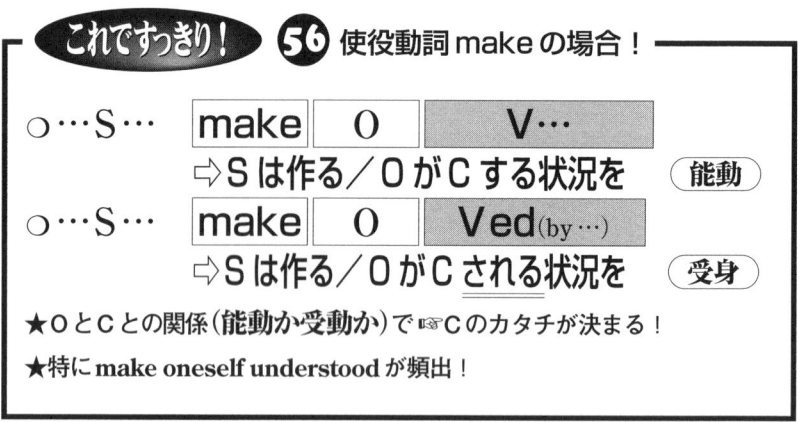

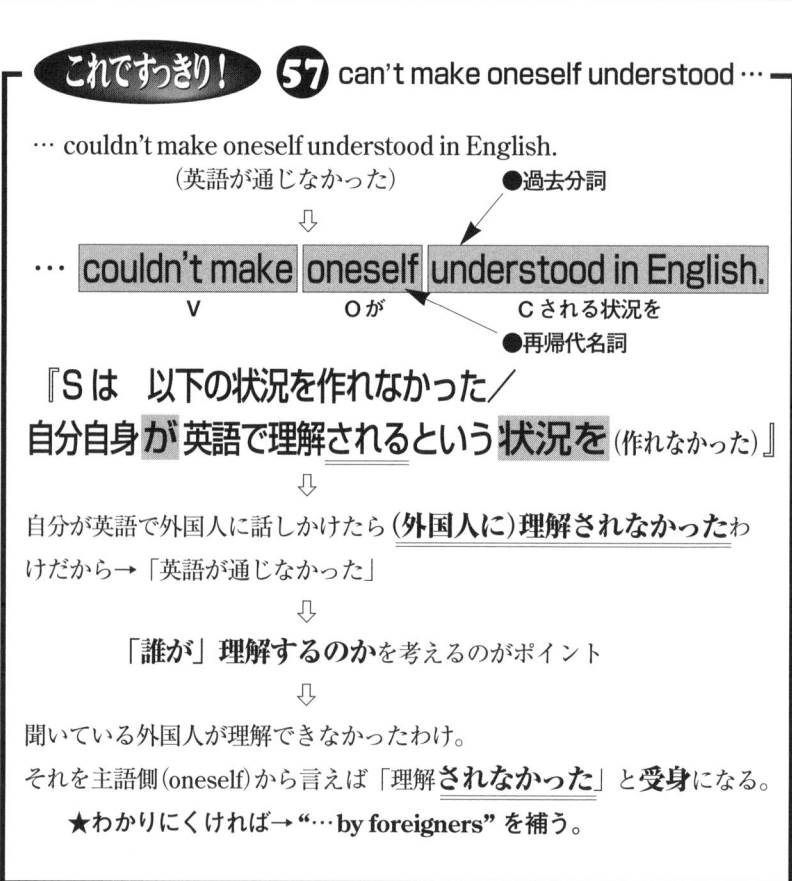

第5章 分詞をSVC，SVOだけでマスターする方法

問 5．Can you make yourself (　　) in English?
　　　① to understand　　② understand
　　　③ understanding　　④ understood

(神戸女子大)

▶アプローチ　文法問題には欠かせないですね，この問題は。「君自身が英語で理解されるか？」なので受身の関係だから☞「過去分詞を」「Cに」使います。

正解 ④

Can you make yourself **understood** in English?
　　　　　S　　V　　O　　　　　C

「君の英語は通じますか？」

問 6．The boy screamed for help but couldn't (　　).
　　　① hear him　　　　② make him heard
　　　③ make himself hear　④ make himself heard

(センター試験)

▶アプローチ　これは応用編ですが，このパターンもよく出るんだ。『**彼は作れなかった／彼自身が（他の人に）聞かれるという状況を**（作れなかった）』なので→「自分の声を通すことができなかった→誰も気づいてくれなかった」という意味になるのです。

正解 ④

…　but couldn't make himself **heard**.
　　　　　　　　　V　　　O　　　C

「少年は助けを求め叫んだが，自分の声が通じなかった(誰も気づいてくれなかった)」

4. 分詞の「3つ目」の使い方（分詞構文）

君のモヤモヤ ④ 「分詞構文」がよくわからない…SVC，SVOで説明して！

◆SVC，SVOで説明しましょう！

分詞の3つ目の使い方は，「イントロ」などに使うパターンです。

　　　Ving…, SV
　　　Ved by…, SV…

Ving…やVed by…のカタマリをこのように文の前に置くと**「イントロとして訳せ」**，つまり**「文全体の説明として訳せ」というサイン**になるのです。いわば分詞の副詞用法ですね。

訳し方はどうなるかわかりますか？

　　　[Ving …], SV…

まず「現在分詞からのカタマリ」の場合は以下の4つで訳せるのが基本です。

　　　Vする（した）　**ので**　（= As…）
　　　Vする（した）　**ときに**　（= When…）
　　もしVする（した）　**ならば**　（= If…）
　　　Vする（した）　**にもかかわらず**　（= Although…）

要は，もともとは「As S' V'…,」とか「When S' V'…,」といった副詞節（イントロ文）だったわけ。それを変形しただけなんですね。つまりV'を現在分詞に，つまり「V'ing…」にしただけなんだ。

　　　[Ved by …], SV…
　　　　イントロ

今度は「過去分詞の作るカタマリ」がイントロとして文の先頭に出ていたらどう訳せばいい？これは以下のように訳せるのです。

    （Sは） Vされた ので （＝As…）
         Vされた ときに （＝When…）
       もしVされた ならば （＝If…）
         Vされた にもかかわらず （＝Although…）

要は**受け身バージョン**ですね。

つまり「**イントロに使った分詞**」のことを ☞「**分詞構文**」と言うんだ。

正確に言うと，文の先頭だけでなく，「文の後ろ」にも付けられますが，文の前，つまりイントロの位置で使うのが普通です。8割ぐらいはイントロの位置で使います。

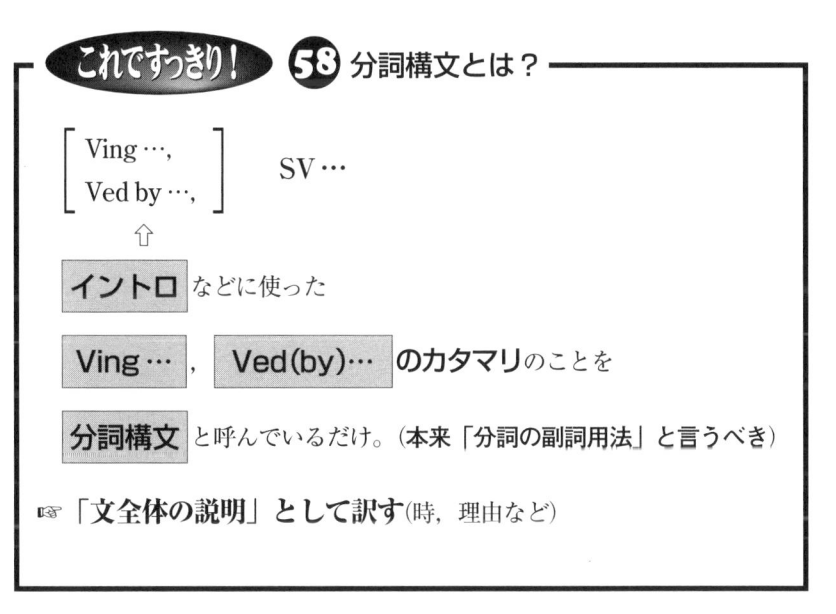

これですっきり！ **58** 分詞構文とは？

$$\begin{bmatrix} \text{Ving} \cdots, \\ \text{Ved by} \cdots, \end{bmatrix} \quad \text{SV} \cdots$$

   ⇧

イントロ などに使った

Ving… ， Ved(by)… のカタマリのことを

分詞構文 と呼んでいるだけ。（本来「分詞の副詞用法」と言うべき）

☞「文全体の説明」として訳す（時，理由など）

これですっきり！ 59 イントロで分詞を使うには？

$$\begin{bmatrix} \text{Ving} \cdots, \\ \text{Ved by} \cdots, \end{bmatrix} \quad \text{SV} \cdots$$

⇧

文の先頭にあるものは「イントロ」か「S」

文の先頭に「分詞のカタマリ」を置いて，
カンマの後に，Sから普通の文を書けば，

⇩

読み手はイントロとして(つまり分詞構文として)
訳してくれる！

◆どんな問題が出るの？

問　(　　) in a very difficult situation, the doctor never had any rest.
　　① Work　　② Working
　　③ Worked　　④ To work

(センター試験)

▶アプローチ　カンマ以降に主文があるようなので，イントロを作れという問題だよね。主文のS，つまりthe doctorを主語に，workとの関係が能動になるか，受身になるかを考えるわけ。もちろん意味も考えます。
「接 + the doctor worked …」と能動で表わせそうなので…。

正解　②

[**Working** in a very difficult situation,] the doctor never had any rest.
　　　イントロ　　　　　　　　　　　　　　　S　　　　V　　O
「とても困難な状況で働いていたので，その医者は休みが全く取れなかった」

▶**ポイント** workは基本的に「働く」という自動詞だから受け身文は作れないね。訳は「…ので」と理由で訳せそう。つまり接続詞を使って書けばAs…やSinceが合いそう。

＊

　分詞構文は本当はたくさんの論点(テーマ)があるのですが，説明が大変な割りにはあまり重要ではないものばかりなので，ここでは触れないことにします。とにかく重要なものから先にどんどん見ていきましょう。

5. 受け身文と進行形文の変形バージョン

君のモヤモヤ ⑤ 『受け身文と進行形の文の変形バージョン』がわからない… これも分詞？

◆SVC，SVOで説明しましょう！

　頻出の感情動詞（感情分詞）に行く前に，「受け身文と進行形文の変形バージョン」というのがありますので，とりあえず確認しておきましょう。
　「**受身の文**」と「**進行形の文**」はVをこのように書きますよね。

　　　　S…<u>**be 動詞 + Ved**（過去分詞）</u>
　　　　　　　　V（受身）

　　　　S…<u>**be 動詞 + Ving**</u>
　　　　　　　　V（進行形）

この「be 動詞」の部分に**他の動詞を使うことができる**のです。そうすることで「**無色透明のbe動詞**」に**少し色を付ける**ことができるのです。

　① She **was surrounded** by her children.
　② She **sat surrounded** by her children.

この2つの文を見比べてみてください。
　まず①はVが「be動詞＋過去分詞」ですから，普通の受身の文ですね。

　　　<u>She</u> **<u>was surrounded</u>** (by her children).
　　　　S　　　V（受身）　　　　←Vの説明
　　　「彼女は，子供たちに囲まれていた」

　では②は？これは①の文のbe動詞の部分をsat（座る）という動詞に変えて少し意味を付け足しているんだ。つまり「囲まれていた＋座って」という風に意味を付け足すことができるんだ。情報量が増えるわけです。

① She **was** surrounded (by her children).
　　S　V(受身)　　　　←Vの説明

② **sat**　「囲まれていた＋座って」

　この②の文は，一応SVCに分類されていて，surrounded（過去分詞）の叙述用法と呼ばれているのですが，文法用語はどうでもいいので，皆さんは「**受身文のbe動詞を変えた文**」と理解しておけばいいです。

③ He **was standing** in the rain.

④ He **remained standing** in the rain.

③は普通の進行形の文ですね。

③ He **was standing** (in the rain.)
　　S　　V(進行形)　　←Vの説明
「彼は，雨の中，立っていた」

　そして次の④の文は進行形(be動詞＋Ving)の**be動詞の部分をremained**に置き換えた文ですよね。つまり「立っている＋ずっと＝立ったまま」という意味を付け足しているわけです。

③ He **was standing** (in the rain).
　　S　V(進行形)　　←Vの説明

④ **remained**　「立っている＋ずっと＝立ったまま」

　これも参考書などには分詞の叙述用法などと難しい名前が付いているのですが，皆さんは「**進行形(be動詞＋Ving)のbe動詞の部分に別の動詞を使って，意味を付け足しているだけ**」と考えてください。

◆どんな問題が出るの？

> 問　適切な形に変えよ。
> 1．The woman stood (**smile**) by the gate.
> 2．The window remained (**close**).

▶**アプローチ**　例えばこのように出るのですが，1.は，まず主語 the woman と smile の関係が，①受身の文か②進行形の文になるか，を考えるんだ。ならば "The woman was smiling…" と進行形の文になるはず。その be 動詞の部分に stood が入った文だと考えるんだ☞「笑っている＋立って」。

【正解】

The woman stood **smiling** by the gate.
「その女性は，門のところで笑って立っていた」

2.も，主語 The window と close（閉める）との関係が受身か進行形かを考えるんだ。ならば，窓が自分で閉める，ではおかしいので「閉められる」と受身の文になるはず。その be 動詞の位置に remained が入っているだけですね ☞「窓は閉められた＋ままだ」。

【正解】

The window remained **closed**.
「窓は閉められたままだった」

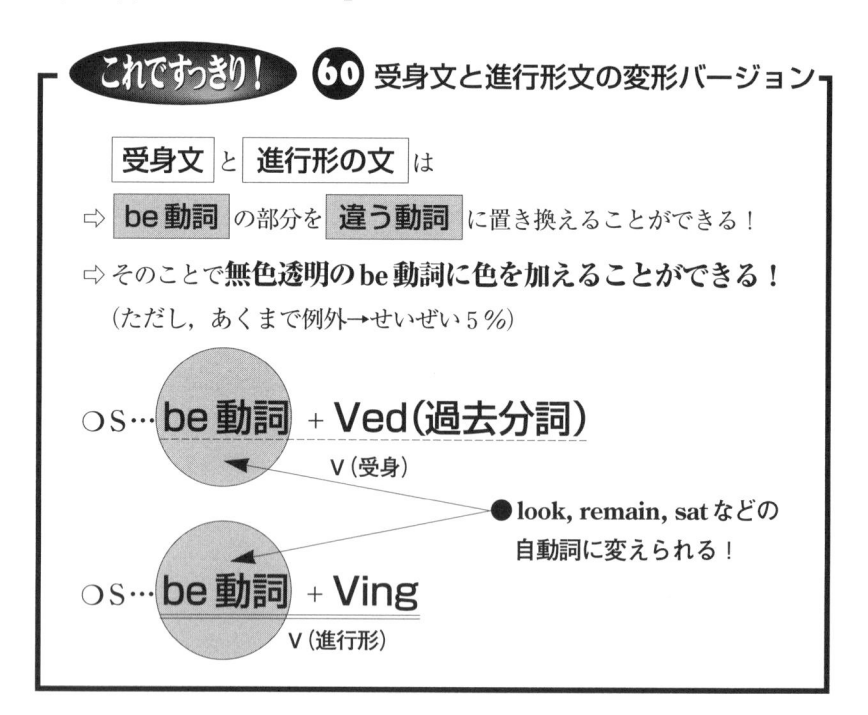

これですっきり！　❻⓪ 受身文と進行形文の変形バージョン

受身文 と **進行形の文** は

⇨ **be 動詞** の部分を **違う動詞** に置き換えることができる！

⇨ そのことで**無色透明の be 動詞に色を加えることができる！**

（ただし，あくまで例外→せいぜい5％）

○ S … **be 動詞** ＋ Ved（過去分詞）
　　　　　　　v（受身）

○ S … **be 動詞** ＋ Ving
　　　　　　　v（進行形）

● look, remain, sat などの自動詞に変えられる！

6. 感情動詞（感情分詞）問題

君のモヤモヤ ⑥ exciteなど『感情動詞』の使い方が何度聞いても よくわからない…。何かいい方法はないの？

◆SVC, SVOで説明しましょう！

最後に，分詞にまつわる頻出テーマについて話しておきましょう。

exciteやsurpriseなどの動詞を「感情動詞」と呼ぶことがあります。そしてその使い方が日本人の想像をはるかに超えているために，よく間違って使ってしまうんだ。だから文法問題でも頻出なのです。

例えば，「興奮している！」というのを

　　　　I am exciting！（×）

とつい言ってしまいますが，完全な間違いなんだ。正解はこうです。

　　　　I am excited！（○）

参考書などには「exciteは過去分詞が人と，現在分詞がモノと結びつく」とか「感情動詞は過去分詞と現在分詞の分詞形容詞を形成する」とか「"興奮させられた"で"興奮した"，つまり受身文だが能動で訳す」などと説明してあるのですが，これでわかるわけがないですね。

これらは全て**結果論**で，なぜそうなるのかがわからない。つまり，いつものSVC, SVOで考えれば簡単なのです。

　　　　| モノ |　　excite　　| 人 |

実はexciteはこれが基本形なのです。

つまり，必ず主語は「モノ」（ゲーム，音楽など）じゃないとダメで，**『モノが人を興奮させる』というふうにしか使えない**のです。

だから別名「**～させる動詞**」と言うんだ。

157

しかし，このまま使うことはまずなくて，**人を主語にした受け身文で使うことが多い**のです。

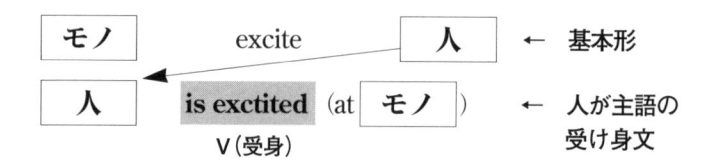

```
 モノ   excite    人     ← 基本形

  人   is exctited (at モノ)  ← 人が主語の
         V(受身)              受け身文
```

「人は**興奮させられた**（〜に）」

受け身文だからVは「**be動詞＋過去分詞**」になるのは当たり前だよね。参考書の「過去分詞は人と結びつく…」というのはこのことを言っているんだ。

そして「モノ」が主語なら，実際にはこういう文で使うんだ。

　　　　モノ　is　exciting

進行形？と思うかもしれませんがそうではなく，このexcitingは，感情動詞から派生した「**人を興奮させるような〜**」という形容詞なんだ。辞書にもちゃんと載っています。

つまりこの文は，**形容詞を使った「SVC」の文**なのです。

```
 モノ   is   exciting   ← モノを主語にした
  S    V    C(形容詞)     SVCの文
```
「モノは，**人を興奮させるようなものだ**」

このexcitingが分詞形容詞（分詞から派生した形容詞）と呼ばれているんだ。ただし名前はどうでもいいですが…。

ちなみにexciteなどの感情動詞は進行形の文は作れません。

つまり**君が覚えるのは，この３パターンだけ**です。

この３パターンさえ頭に入っていれば，どうひねられても大丈夫です。わからなくなったら，**この３パターンに必ず戻って**考えてください。

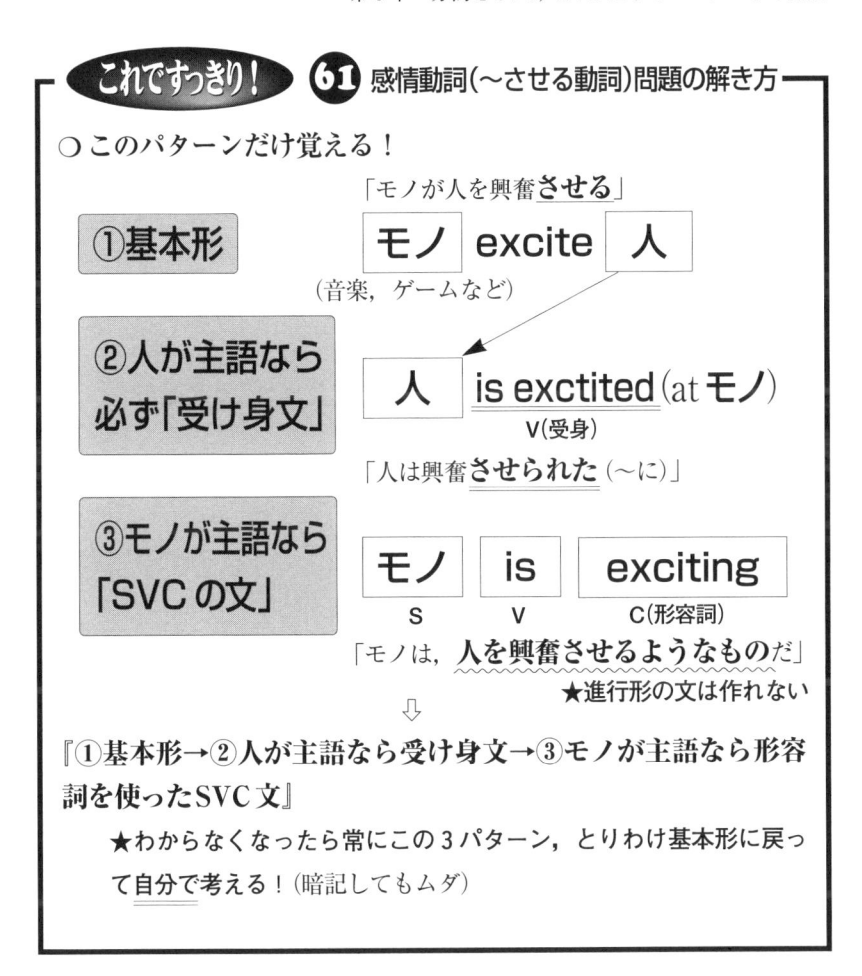

第5章 分詞をSVC，SVOだけでマスターする方法

これですっきり！ ❻❶ 感情動詞（～させる動詞）問題の解き方

○ このパターンだけ覚える！

①基本形
「モノが人を興奮**させる**」
| モノ | excite | 人 |
（音楽，ゲームなど）

②人が主語なら必ず「受け身文」
| 人 | is exctited (at モノ) |
　　　　　V(受身)
「人は興奮**させられた**（～に）」

③モノが主語なら「SVCの文」
| モノ | is | exciting |
　S　　V　　C(形容詞)
「モノは，人を興奮させるようなものだ」
★進行形の文は作れない

⇩

『①基本形→②人が主語なら受け身文→③モノが主語なら形容詞を使ったSVC文』

　★わからなくなったら常にこの３パターン，とりわけ基本形に戻って自分で考える！（暗記してもムダ）

このexciteは感情動詞とか「～させる動詞」と呼ばれていて，他に同じような使い方をする動詞がたくさんあるのです。

------〈主な感情動詞（～させる動詞）〉------

　　surprise（驚かせる），bore（退屈させる），
　　disappoint（がっかりさせる），interest（興味を引く）
　　please（喜ばせる），shock（ショックを与える）

大体これくらいです。これらの動詞でも先ほどの「3パターン」を作ってみてほしいのです。

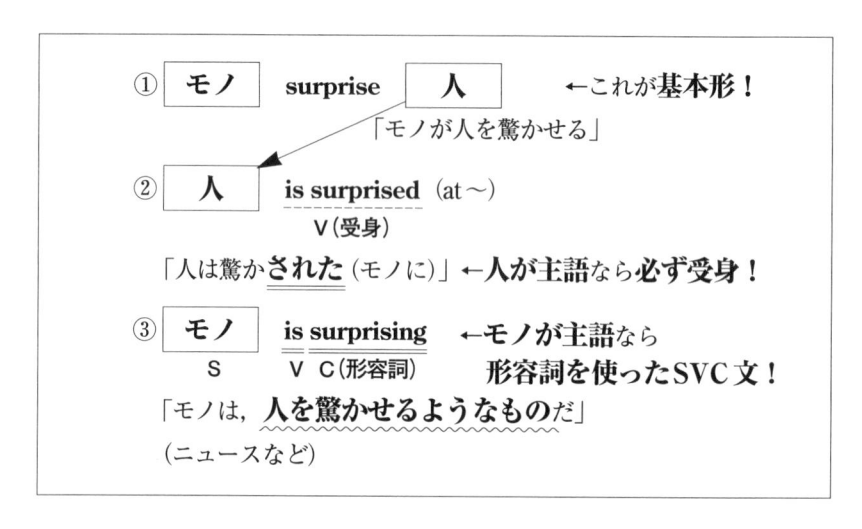

---

① モノ　surprise　人　←これが**基本形**！
　　　　　　　　　　「モノが人を驚かせる」

② 人　is surprised（at～）
　　　　V（受身）
　「人は驚か<u>された</u>（モノに）」←**人が主語**なら必ず**受身**！

③ モノ　is surprising　←**モノが主語**なら
　S　　V　C（形容詞）　　**形容詞**を使ったSVC文！
　「モノは，人を驚かせるようなものだ」
　　　（ニュースなど）

こういう感じでそれぞれの感情動詞の使い方を頭の中でもいいので，考えてみてほしいんだ。もう一つだけやってみます。

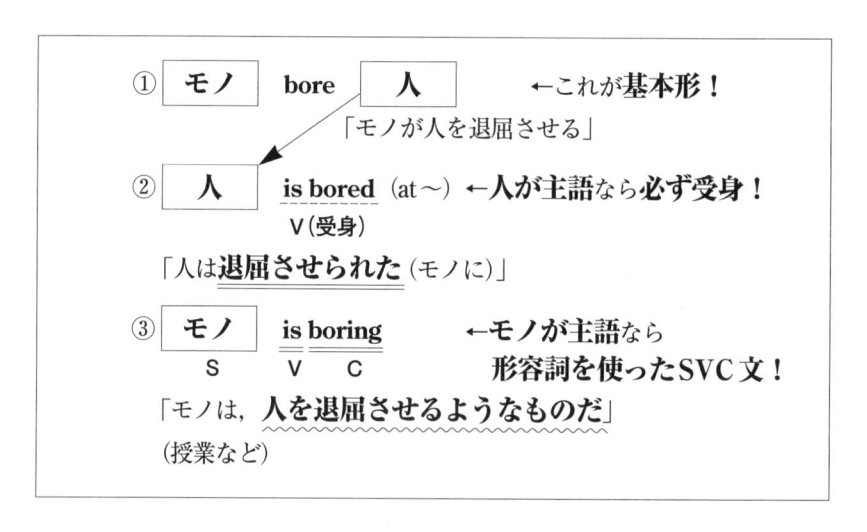

---

① モノ　bore　人　←これが**基本形**！
　　　　　　　　「モノが人を退屈させる」

② 人　is bored（at～）←**人が主語**なら必ず**受身**！
　　　V（受身）
　「人は<u>退屈させられた</u>（モノに）」

③ モノ　is boring　←**モノが主語**なら
　S　　V　C　　　　**形容詞**を使ったSVC文！
　「モノは，人を退屈させるようなものだ」
　　　（授業など）

160

第5章　分詞をSVC，SVOだけでマスターする方法

◆どんな問題が出るの？

> **問 1.** Peter is really (　　) going to London.
> 　　① exciting in　　② exciting on
> 　　③ excited to　　④ excited about
>
> 　　　　　　　　　　　　　　　　　　　　（桃山学院大）

▶アプローチ　まず**主語が人かモノかをチェック**します。人が主語だよね。ならば必ず「受身文」ですね。後ろの前置詞はabout, at, withを使うのが基本。

正解　④

Peter **is really excited** (**about** going to London).
　S　　V（受身）　　　←Vの説明

「ピーターはロンドン行きに本当に興奮している」

> **問 2.** My first day in the university was rather (　　　).
> 　　① boring　　② disappointed
> 　　③ surprised　　④ tired
>
> 　　　　　　　　　　　　　　　　　　　　（京都産業大）

▶アプローチ　選択肢を見ると感情動詞（させる動詞）が並んでいるので，まず主語をチェックします。「モノ」（最初の日）が主語だから，分詞形容詞（Ving）を使ったSVC文にするわけです。

正解　①

My first day (in the university) was rather **boring**.
　S　　　　←Sの説明　　　　V　　C

「大学での最初の日は，かなり退屈だった」

問 3. He looked (　　) with his new motorcycle.
　① please　　　② pleased
　③ pleases　　　④ to please

（東海大）

▶**アプローチ**　少し応用編ですが大丈夫？選択肢はplease（喜ばせる）なので感情動詞（分詞）の問題ですね。ならば主語をチェックします。人が主語になっているので必ず受身だよね。be動詞の代わりにlookedを入れているパターンですね☞「**〜に喜ばされた＋みたいだった**」。受身文の変形バージョンですね。

正解　②

He **looked pleased** (with his new motorcycle).
　　　V（受身）　　　←Vの説明

「彼は，新しいオートバイが気に入ったようだった」

第6章

関係詞 を
SVC, SVOだけで
マスターする方法
先輩たちの秘伝公開！

1. 関係詞の教え方

① 『関係詞』がよくわからない… SVC, SVOのどこの話？

◆従来の教え方

　準動詞の話からころっと話が変わって，これから「関係詞」の話をしたいと思います。皆さんの"苦手度ランキング"からいけばおそらくトップクラスでしょう。どうして苦手なのか，やはりこれも「**教え方に問題あり**」なのです。

　関係詞というと「**人ならwho…，モノならwhich…**」という教え方になってしまうので，

　　　　The man（　　　）…

このような穴埋め問題なら「人だからwho…」と入るのですが…

　　　　問　並べ替え「あれが私が昨日会った人です」
　　　　［I, is, that, man, the, whom, yesterday, met］

　このような並べ替え問題をやってもらうと，ほとんどの人ができないのです。関係代名詞，関係副詞など文法用語は知っていても「文が書けない」という状況になるわけです。

　それは「**SVC, SVOの中で関係詞をどう使うのか**」を習ってないからなのです。

第6章 関係詞をSVC，SVOだけでマスターする方法

── ？従来の教え方？ ──

「人ならwho…，モノならwhich…」「関係詞の導く形容詞節は…」
⇩
特定の穴埋め問題しかできない
関係詞構文という特別の文があると思ってしまう…
⇩
**君たちが書くのは常に「SVC，SVOの文」。
関係詞はその中の"どこか"で使うだけ！**

◆SVC，SVOで説明しましょう！

関係詞はこの設計図の中のどこで使うかわかりますか？

　　　　　（　　　）S（　　　）V…
　　　　　　イントロ　　　←Sの説明

正確に言うと，**「関係詞の作るカタマリ」**です。結論から言えば，次の**「2カ所」**で使うんだ。

① **what以外の関係詞のカタマリ** は全て
☞「Sの説明」「Oの説明」「Cの説明」などに使う

② **what V'…** のカタマリだけは名詞として
☞ S，C，Oなどに使う

ただそれだけの話ですね。要は「Sの説明」「Cの説明」「Oの説明」の話です。だから前回までの「分詞」とは親戚と言ってもいい。名詞の「後ろに」くっつけて説明をするわけです。一応，分詞など"説明系"の話は次のページにまとめておきました。

そして①の，前の名詞の説明をするパターンとしては**「基本パターン」「"前置詞＋関係詞"パターン」「関係副詞パターン」**の計3パターンがあります。順に説明していきましょう。

165

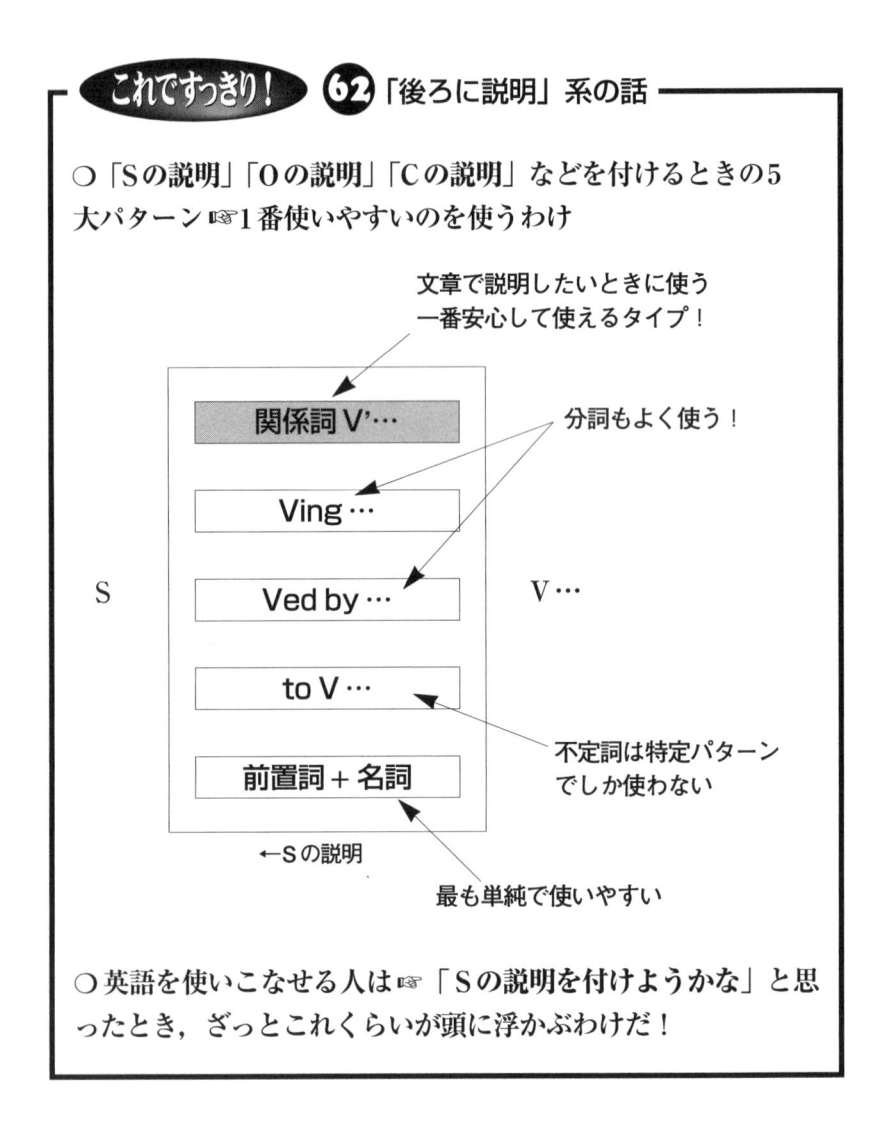

これですっきり！ 62 「後ろに説明」系の話

○「Sの説明」「Oの説明」「Cの説明」などを付けるときの5大パターン☞1番使いやすいのを使うわけ

```
                          文章で説明したいときに使う
                          一番安心して使えるタイプ！
                ┌─────────────┐
                │  関係詞 V'…   │      分詞もよく使う！
                ├─────────────┤
                │    Ving …    │
          S     ├─────────────┤    V…
                │   Ved by …   │
                ├─────────────┤
                │    to V …    │
                ├─────────────┤      不定詞は特定パターン
                │  前置詞＋名詞  │      でしか使わない
                └─────────────┘
                  ←Sの説明
                          最も単純で使いやすい
```

○英語を使いこなせる人は☞「Sの説明を付けようかな」と思ったとき，ざっとこれくらいが頭に浮かぶわけだ！

ちなみに冒頭の並べ替え問題の答えを書いておきましょう。

正解 That is the man whom I met yesterday.

合格塾⑥

「学校はわかりにくいのに，塾や予備校はわかりやすいのはなぜ？」
⇩
それは「フランス料理式」と「幕の内弁当式」の違いです！

「塾や予備校の授業はわかりやすいのに，学校の授業はわかりにくい…」という声をよく聞きますよね。「塾や予備校の講師はタレントみたいに面白い人が多いから」と思うでしょうが，本当は，一言で言えば**「フランス料理(コース料理)」と「幕の内弁当」の違い**なのです。

フランス料理のような**コース料理なら次々と料理が出てきます**よね。まさに学校がこの方式で「今日はこの公式，明日はこの公式…」と次々と新しい事を習うのですが，いったいいくつの公式があるのか，いつまでに何をマスターすればいいのかよくわからない。だから，初めのうちは何とか暗記していても，**3年間もこの調子でやられると，もうわからなくなってしまう。"消化不良"**を起こしてしまうんだ。

逆に，幕の内弁当なら"全体"が初めから見えているよね。「どこにご飯があって，メインがハンバーグで，サラダとお漬物が付いていて…」そういうことが初めにわかるので，自分のペースで食べられるから，**"消化"できる**わけです。これが塾や予備校のスタイルなのです。つまり「入試問題に答える」などというゴールをまず明らかにして，そこから逆算して，何が足りないかを考えていくわけ。「全体の中で，何が重要で何が重要でないのか，各部分はどうつながるのか」それを整理してくれるのが塾や予備校なのです。ならば自分がどんどん"完成"に近づいていることがわかるので面白いし飽きない。「ゴールを明らかにして」「全体を見て」**「大事なもの(メイン料理)と枝葉のもの(サラダやお漬物)をわける」**――自分ではできないこれらの作業を提供してくれるから塾や予備校は**「わかりやすい！」し，お金を払う価値がある**のです。

2. 関係詞の「基本パターン」

君のモヤモヤ ②
who, which, whose などの使い分けが曖昧…
特に whose …のパターンが苦手…

◆ SVC，SVO で説明しましょう！

例えば…

　　　V している名詞
　　　V された名詞

こういうパターンなら分詞を使って「後ろに」説明が付けられるよね。

　　　名詞＋**Ving**…
　　　名詞＋**Ved by**…

でも，もっと複雑な説明を付けたいときがあるよね。例えば…

　　　昨日図書館で出会った 男

こういう長い説明は分詞を使っては説明できないですね。**こんなとき「関係詞」を使う**わけです。
　簡単に言えば，後ろに「**名詞を説明する文章**」をくっつけるのです。ただし，どんな文でもいいのではなく「**説明したい名詞**」，つまり「男」が**どこかに登場する文**を書くのです。

　　　昨日図書館で出会った 男
　　　　　　　∥
　　　　the man I met **him** yesterday in the library

そしてこの him という代名詞を **whom** という「**関係**」**代名詞**に変えて前に出すわけですね。

the man I met **him** yesterday in the library

the man (**whom** I met yesterday in the library)

これで「**名詞（←説明）**」が完成です。これだと理論上はどんな複雑な説明も付けられるよね。

①「人」の説明＝ who, whom, whose がモヤモヤしている人へ

　このように「人」の説明を付けるときは，who, whom, whose を使います。この3つのカタチは「説明したい名詞」，この例だと the man が後ろの説明文の中で「どこに登場するのか」を表わしているんだ。「主語で登場するなら主格の who，目的語で登場するなら目的格の whom，所有格で登場するなら whose」というわけです。要は，代名詞は3つの形があるよね。関係詞もそれに対応しているわけです。

　「所有格で登場するってどういうこと？」と思うかもしれないので少し説明しておきましょう。この whose パターンが一番間違いやすいので狙われやすいんだ。

　私が名前を知らない **男**

　少し日本語が不自然ですが，こう言いたいときがあるよね。ならば説明文は次のようになることがわかるでしょうか。

　　　the man (I don't know **his** name)

「その男の名前…」と言う場合，the man は his という所有格で入るよね。こういうときその部分を whose という関係詞にして，whose name をセットで前に出すわけです。

　　　the man (I don't know **his** name)
　　　the man (**whose** name I don't know)

　これで完成ですが，これはあくまで「**名詞（←その説明文）**」にすぎない。名詞というのは文中では S，C，O に使うわけですから，「関係詞からのカタマ

リ」は名詞の後ろに置いて「Sの説明」「Cの説明」「Oの説明」に使うわけです。

　　　　He is the man (whose name I don't know).
　　　　　S V　C　　　　←Cの説明
　　　　「彼は，私が名前を知らない男だ」

②「モノ」の説明＝which，whoseがモヤモヤしている人へ

　人ではなく「モノ」の説明文を後ろに付けたいときも考え方は同じですが，主語で入るときも目的語で入るときも同じ形whichを使います。

　　　　the book (**it** was written by him)

　　　　the book (**which** was written by him)
　　　　　　　　　←説明

　例えば，「彼によって書かれた本」と言いたければ，後ろの中で「本」(it)は主語として入りそう→it was written…。だから関係詞はwhichと主格にします。

　　　　the book (I like **it**)

　　　　the book (**which** I like)
　　　　　　　　　←説明

　今度は「私の好きな本」と言いたければ，後ろの説明文は"I like it"，つまり本は目的語で入りそう。本などの「モノ」は代名詞はitだよね。これは**主語も目的語も同じ形**ですね。

　だから関係詞も**どちらもwhichを使う**わけです。

　つまり**whichが付いてれば「本は後ろの文の中で主語か目的語で入りますよ」というサイン**になっているんだ。

　　　　the book (I like **its** cover)

　　　　the book (**whose** cover I like)
　　　　　　　　　←説明

第6章　関係詞をSVC，SVOだけでマスターする方法

今度は「その表紙が気に入っている本」と書きたければ，後ろの説明文は
→ "I like **its** cover" となりそうですね。つまり本は**its**と所有格で入りそうです。この**its**に対応する関係詞が**whose**なのです。

つまり**whose**が付いていれば「本が後ろの文の中で所有格で入りますよというサイン」になるわけです。

whoseは人だけでなく**モノにも使えます。**

そして文中では次のように「Sの説明」などに使います。

　　　The book (whose cover I liked) was very expensive.
　　　　S　　　　←Sの説明　　　　　V　　C

「表紙が気に入った本は，とても高かった」

◆どんな問題が出るの？

問1．次の2文を関係詞を使って1つの文にせよ。

(1)　(a) The novelist is staying at the hotel.
　　 (b) John wants to meet **him**.

(2)　(a) Hakodate is a city.
　　 (b) **Its** history is very interesting.

▶アプローチ　**実際の文法問題でこういう問題が出ることはない**ですが，**参考書には必ず載っていて，初めにやらされる問題**ですね。2文を1つの文にするってどういうこと？要は「**片方の文を説明文にする**」ということ。

(1)　この問題だと「その小説家…」の説明に(b)の文を使う，つまり，「ジョンが会いたがっている小説家は…」とするわけです。

　　　The novelist (John wants to meet **him**) is staying …
　　　　S　　　　　←Sの説明　　　　　　　　　　V

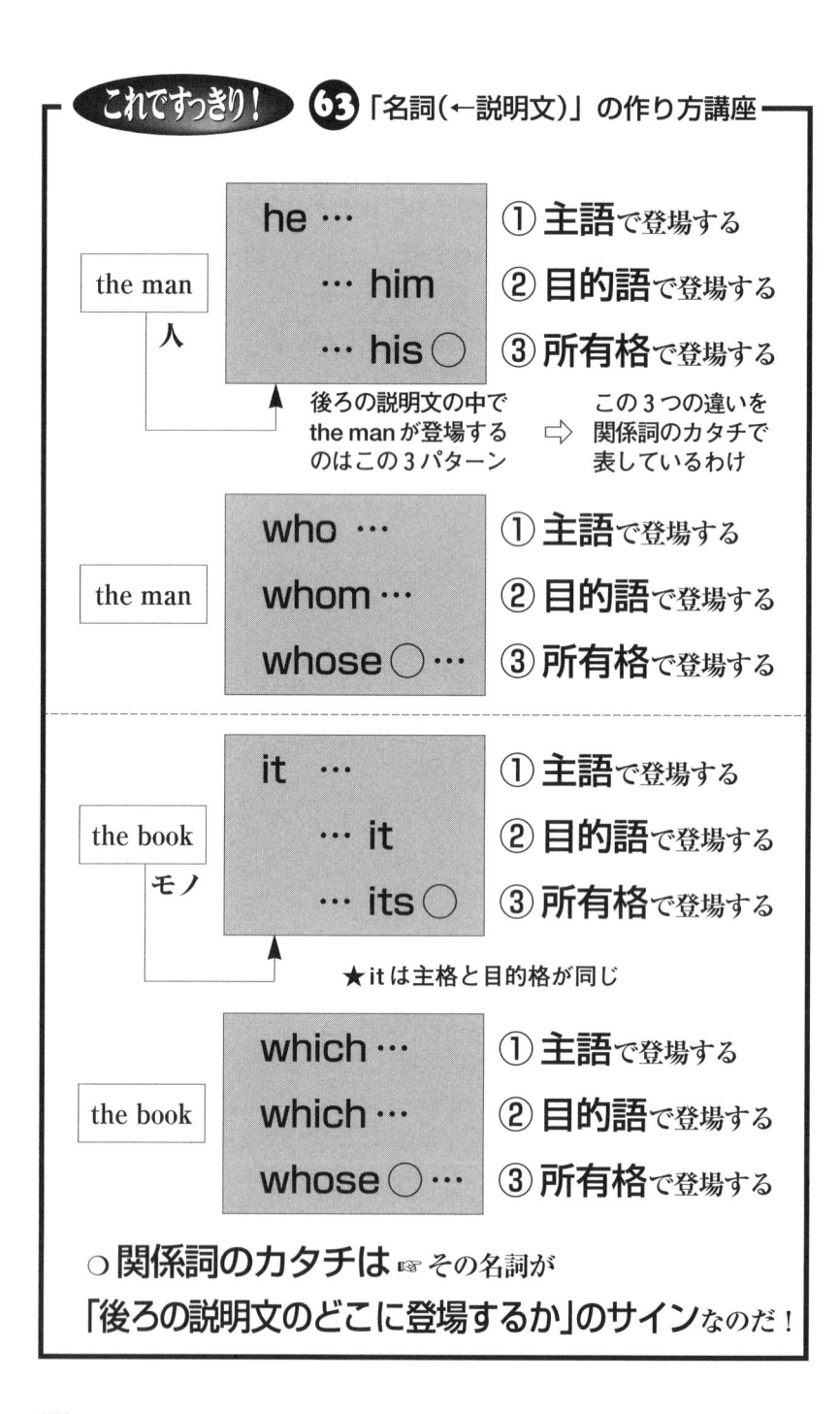

これですっきり！ 63 「名詞(←説明文)」の作り方講座

the man → 人

he …	① **主語**で登場する
… him	② **目的語**で登場する
… his ○	③ **所有格**で登場する

↑ 後ろの説明文の中で the man が登場するのはこの3パターン ⇨ この3つの違いを関係詞のカタチで表しているわけ

the man

who …	① **主語**で登場する
whom …	② **目的語**で登場する
whose ○ …	③ **所有格**で登場する

---

the book → モノ

it …	① **主語**で登場する
… it	② **目的語**で登場する
… its ○	③ **所有格**で登場する

★ it は主格と目的格が同じ

the book

which …	① **主語**で登場する
which …	② **目的語**で登場する
whose ○ …	③ **所有格**で登場する

○ 関係詞のカタチは ☞ その名詞が「後ろの説明文のどこに登場するか」のサインなのだ！

第6章　関係詞をSVC，SVOだけでマスターする方法

【正解】

The novelist (John wants to meet **him**) is staying …

The novelist (**whom** John wants to meet) is staying at the hotel.
　　S　　　　←Sの説明　　　　　　　　　　V　　←Vの説明
「ジョンが会いたがっている 小説家 は，そのホテルに滞在してます」

(2) 同じく(b)の文を"a city …"の説明文に使え，ということですね。Its …と所有格で入っているので「その歴史が興味深い 街 」と言いたいわけ。

【正解】

Hakodate is a city (**its** history is very interesting).

Hakodate is a city (**whose** history is very interesting).
　　S　　V　C　　　←Cの説明
「函館は，その歴史が興味深い 街 です」

問 2. I know a woman (　　　) first and last names are the same as mine.
　　① which　② what　③ who　④ whose
　　　　　　　　　　　　　　　　　　　　　　　　　　（日本大）

▶アプローチ　「そんな女性を知っている…」と言っておいて，どんな女性か後ろに説明を付けてるわけ。a womanが後ろの説明文の中でどう入るのかを考える。主語でも目的語でもなく所有格で入るみたい。「女性の名前が…」

【正解】 ④

I know a woman (**whose** first and last names are the same …).
　S　V　　O　　　←Oの説明
「私は，姓名が私と同じ 女性 を知っている」

＊

今までは目的格の関係詞も省かないで付けてきましたが，**実際には90％近くは省略します**。付けない方が自然なのです。

173

The woman (**whom** he loved 10 years ago) was Yoko.
= The woman (he loved 10 years ago) was Yoko.
　　S　　←Sの説明　　　　　　　V　C

「彼が10年前愛していた 女性 は，洋子だった」

なぜ目的格の関係詞だけ省略するかわかりますか？
それは**付けなくても説明が付いていることがわかるから**ですね。

例文なら，the womanというSの後ろは「Sの説明」か「V」かと思って読者は読むわけです。そして，"he loved…"と文が続いているので，Vであるはずがないから，説明文だとわかるのです。

反対に**主格は省略できない**。

The woman (**who** is standing at the corner) is my sister.
　S　　　←Sの説明　　　　　　　　　　V　C

「角に立っている女性は，私の妹です」

もしこのwhoを省略してしまったら，is standingがVだと思って読者は読んでしまうよね。

The woman ~~who~~ is standing at the corner is my sister. (×)

だから，ここから説明文を付けたよという目印whoは絶対必要です。

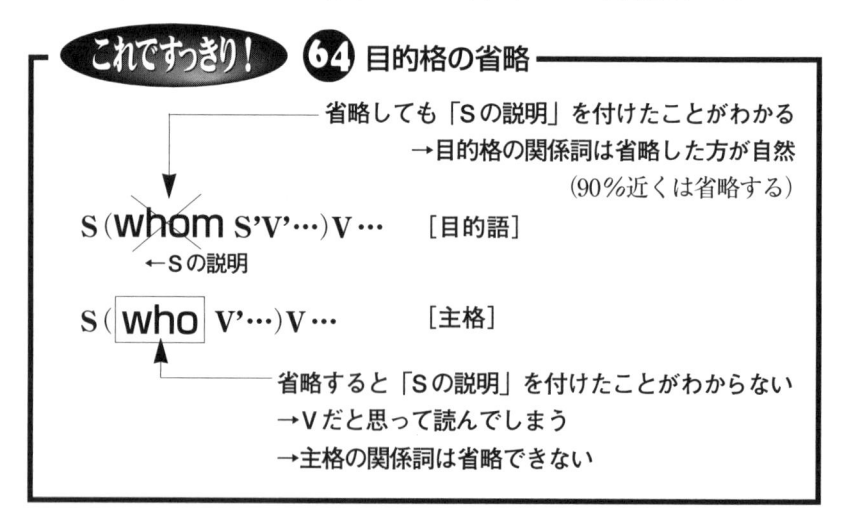

これですっきり！ ❻❹ 目的格の省略

省略しても「Sの説明」を付けたことがわかる
　→目的格の関係詞は省略した方が自然
　　　　　　　　　　（90％近くは省略する）

S(~~whom~~ S'V'…)V…　　［目的語］
　←Sの説明

S(who V'…)V…　　［主格］

省略すると「Sの説明」を付けたことがわからない
　→Vだと思って読んでしまう
　→主格の関係詞は省略できない

第6章　関係詞をSVC，SVOだけでマスターする方法

問 3．The shoes (　　　) look rather expensive.
　　①are wearing　　②you are wearing
　　③that are wearing　　④that you wearing

(文教大)

▶**アプローチ**　後ろにlookがあるのでこれがVらしい。ならばThe shoesの説明を付けろいうことみたいだよね。①ではVになってしまう。「Sの説明」だと読者に知らせないとダメ。②は関係詞がないけど関係詞の省略をしたカタチでOKだよね。

The shoes (you are wearing **the shoes**) look rather expensive.
　S　　　　S'　V'　　　　　　　O'　　　　V　　C

The shoes (**which** you are wearing) look rather expensive.
　S　　　　←Sの説明　　　　　　　　V　　C

正解　②

The shoes (you are wearing) look rather expensive.
　S　　　　←Sの説明　　　　　　V　　C
「君が履いている靴は，とても高そうに見える」

▶**ポイント**　関係詞whichを付けなくても，Sの後ろに文が続くので，Vではなく「Sの説明」だとわかるだろう…，というわけでwhichは省略可です。

3.「前置詞＋関係詞」パターン

君のモヤモヤ ③ 『前置詞＋関係詞』がよくわからない…
SVC, SVOで説明して！

◆SVC, SVOで説明しましょう！

　関係詞の中で**1，2を争って質問が多い**のがこの「前置詞＋関係詞」ですね。

　　　　That is the house **in which** I was born.

　こういう文に出会うと「"in which…"ってどう訳すの？」と，もうお手上げになってしまう人が多いんだ。

　まず確認しておくと，「前置詞＋関係詞」はSVC, SVOの中の**どこの話？**もちろん「**Sの説明**」「**Cの説明**」「**Oの説明**」の話だよね。

　　　　S（ in which S'V'… ） V…
　　　　　　　←Sの説明

　例えば，このようにSの直後に置けば，読み手はカタマリで「Sの説明」として訳してくれます。関係詞の基本パターンの前に前置詞が付いているだけですね。**どうして前置詞が付くのか**，その理屈がわかると簡単です。

　　　私が生まれた|家|

　例えばこれを英語にしてみてほしいのです。もちろん初めに「その家…」と書いて，その説明を後ろに付けるわけです。

　　　　the house（I was born …）
　　　　　　　　　S' V'   C'

　そして後ろの説明文の中にthe houseがどこかで登場しないといけないのですが，**今までと違ってそのままでは入らない**ことがわかりますか？

第6章 関係詞をSVC, SVOだけでマスターする方法

```
┌─ これですっきり！ ─ 65 「前置詞＋関係詞」は"どこ"の話？ ─┐
│                                                          │
│  質問の多さNo.1 ＝ 「前置詞＋関係詞」も                    │
│  普通の関係詞と同じく「Sの説明」「Cの説明」「Oの説明」の話だ！│
│                                                          │
│       S ( 前＋関  S' V'… ) V…                           │
│            ←Sの説明                                      │
│                                                          │
│       SVC ( 前＋関  S' V'… )                            │
│              ←Cの説明                                    │
│                                                          │
│       SVO ( 前＋関  S' V'… )                            │
│              ←Oの説明                                    │
└──────────────────────────────────────────────────────────┘
```

the house (I was born the house)
　　　　　　　S' V'　　C'　　(✗)

　要は，「その家で，私は生まれた」と言いたいのですが，SVCの文は完成しているので，あとはCの説明，つまり修飾語にしないといけない。つまり「前置詞＋名詞」と，**前置詞を付けないと入らない**んだ。

the house (I was born **in the house**)
　　　　　　　S' V'　　C'　←C'の説明
「私は生まれた(←その家で)」

　そのhouseの部分をwhichに変えて，in whichとなりますが，「前置詞＋名詞」はセットで前に出すのが普通なのです。

the house (I was born **in the house**)
the house (**in which** ┃I was born)

　houseとwhichは常に同一物ですから，whichにhouseを代入してみればいいのです。「その家で私が生まれたその家は…」という感じ。
　つまり後ろの説明文に登場するとき，その名詞が**①そのまま入るか**，②

177

前置詞付きで入るか，2パターンがあるということなんだ。

「前置詞付きで入る」とは，要は後ろの説明文の中で，Cの説明などの修飾語でしか入らないということですね。

主語や目的語や補語などはすでに揃っているということです。

> That is the house (**in which** I was born).
>   S V   C   ←Cの説明
> 「あれが，私が生まれた 家 です」

もう1問やりましょうか。

> The man **to whom** I spoke was a Chinese.

この文はどうでしょう？少しはわかってきたのでは？

The manの後ろは，toを見た瞬間「ここから説明だな」とわかるよね。「説明」か「V」かしかないのですから。およそ7割は説明付きです。ならば**whomにthe manを代入してみれば**いいんだ。

> The man (**to the man** ／ I spoke) was a Chinese.
>   S   ←Sの説明   V C

説明部分は「（その男性に／私は話しかけた）」だから，「私が話しかけた 男性 は…」という意味になるわけ→「私が話しかけた男性は，中国人だった」。

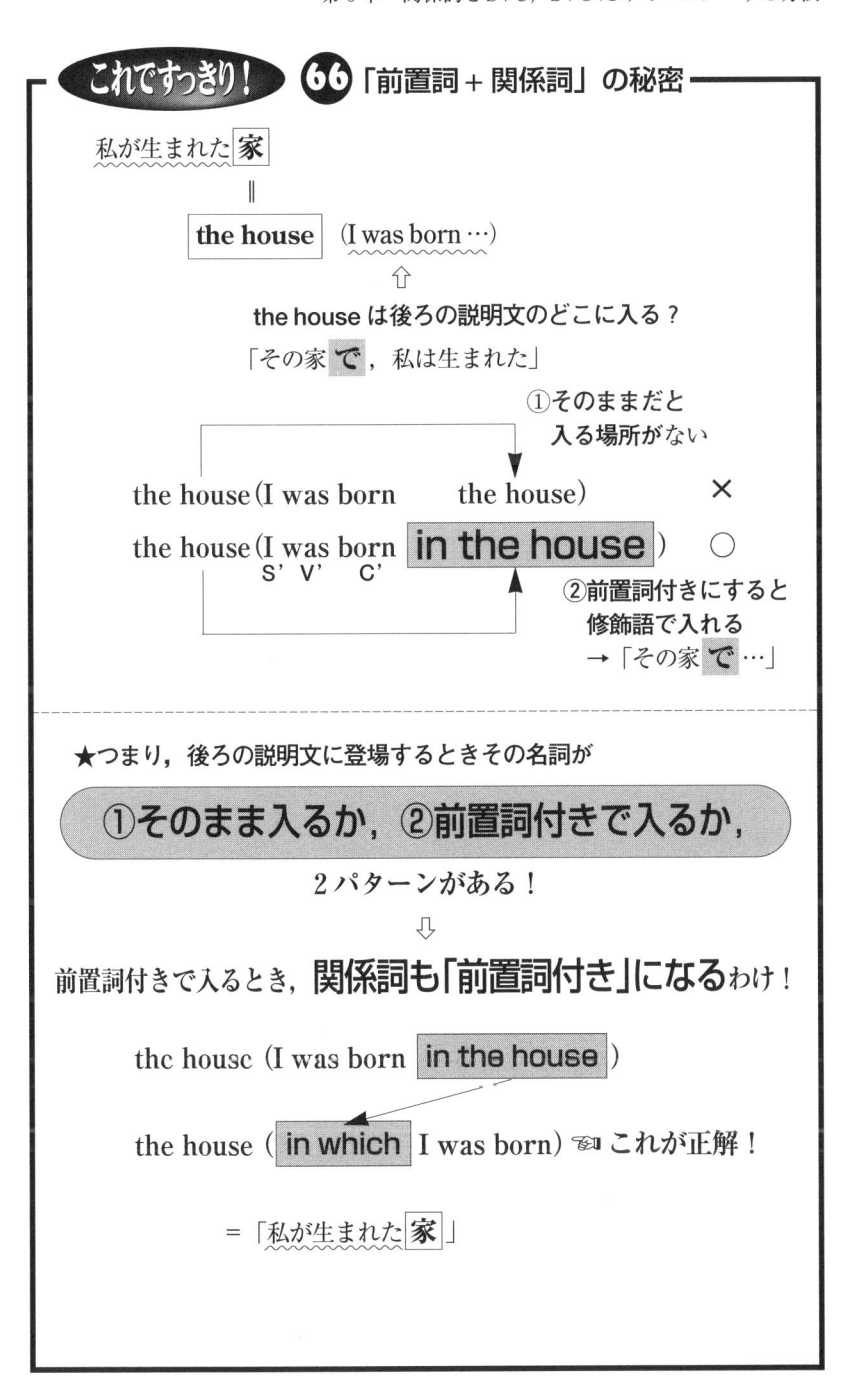

第6章　関係詞をSVC，SVOだけでマスターする方法

これですっきり！　❻❻ 「前置詞＋関係詞」の秘密

私が生まれた 家
‖
the house （I was born …）
⇧
the house は後ろの説明文のどこに入る？
「その家 で，私は生まれた」

①そのままだと入る場所がない

the house（I was born　　the house）　×

the house（I was born **in the house**）　○
　　　　　　S'　V'　C'

②前置詞付きにすると修飾語で入れる
→「その家 で …」

★つまり，後ろの説明文に登場するときその名詞が

①そのまま入るか，②前置詞付きで入るか，

2パターンがある！
⇩
前置詞付きで入るとき，**関係詞も「前置詞付き」になる**わけ！

the house（I was born **in the house**）

the house（**in which** I was born）☜これが正解！

＝「私が生まれた 家 」

179

◆どんな問題が出るの？

> 問 1. Poor planning may result in choosing a job （　　　）you will not be truly successful.
>   ①to whom 　　　　②that
>   ③of which 　　　　④in which
>
> 　　　　　　　　　　　　　　　　　　　　　　　（センター試験）

▶**アプローチ**　「計画の立て方がまずいと，そんな仕事を選ぶ結果となる…」と言って，「そんな仕事」の説明を付けているわけ。後ろの説明文の中でa jobが，**①そのまま入るか②前置詞付きで入るか**，を考えるんだ。もうSVCが完成していてそのままでは入らないようだ…

　　…a job（you will not be truly successful **in the job**）
　　　　　　　S'　　　　V'　　　　　C'　　　　　←C'の説明

　　…a job（**in which** you will not be truly successful）
　　（その仕事 **で**，君は成功しない～）

正解　④

Poor planning may result（in choosing **a job in which** you will not be
　　　S　　　　　　　V　　　←Vの説明
truly successful）．

「計画の立て方がまずいと，本当の成功が得られないような **仕事** を選ぶ結果となるかもしれない」

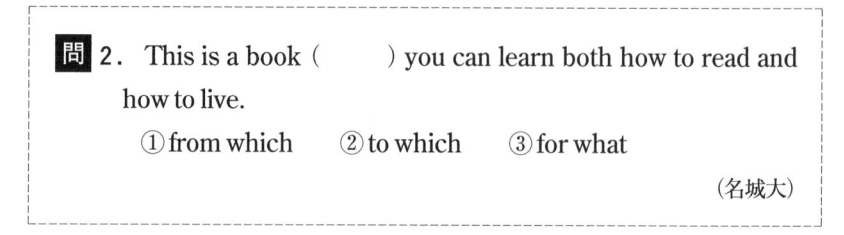

> 問 2. This is a book （　　　）you can learn both how to read and how to live.
>   ①from which　　②to which　　③for what
>
> 　　　　　　　　　　　　　　　　　　　　　　　（名城大）

▶**アプローチ**　「これはそんな本です…」と言っておいて，「そんな本」の後ろ

に説明が付いているわけ。「読み方と生き方を学べる本」と言いたそうなのですが，a book は **①そのまま入るか ②前置詞付きで入るか**，を考えるんだ。すでにSVOの文が成立してるので「その本**から**…」という感じで修飾語で入りそう…

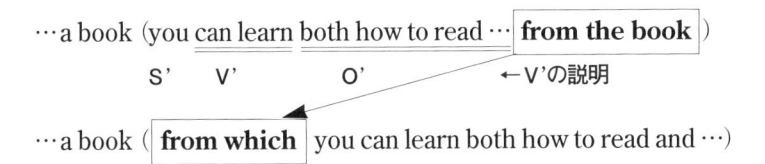

　　…a book（you can learn both how to read … **from the book**）
　　　　　　　　S'　　　V'　　　　　O'　　　　　←V'の説明

　　…a book（**from which** you can learn both how to read and …）

正解 ①

This is a book（**from which** you can learn both how to read and how to live）.
　S　V　　C　　←Cの説明
「これは，君が本の読み方と生き方の両方が学べる**本**です」

▶ポイント　わかりにくければ，**from which** を **from the book** と置き換えてみればいい。

＊

ちなみに「前置詞＋関係詞」は必ずセットで扱うわけではない。離して使ってもいいんだ。

　　　　「私が生まれた家」
　　　= the house（**in which** I was born）　　①
　　　= the house（**which** I was born **in**）　　②
　　　= the house（I was born **in**）　　　　　③

結論から言えば，この3パターンぐらいがあります。つまり①だけでなく，後ろに前置詞を残した②のパターンもOKです。また，**前置詞の後ろも目的格**ですので，目的格の関係詞を省略した③もOK！

ただし今は①のパターンがしっかりわかっていれば大丈夫です。後はどうでもいい。この「前置詞＋関係詞」の考え方がわかると，次の「関係副詞」がスッキリわかるようになるんだ。

なぜなら『関係副詞とは☞ 前置詞＋関係詞のこと』だからです！

4.「関係副詞」パターン

君のモヤモヤ ④ 『関係副詞』がよくわからない… 場所ならwhere…, 時ならwhen…でいいの？

◆SVC, SVOで説明しましょう！

質問が多いと言えば，この関係副詞もそうですね。

「関係副詞って副詞の話？」と思ってしまいますね。しつこいようですがSVC, SVOの中でどう使うか，やはり**今までと同じように**「**S説**」「**C説**」「**O説**」に使うのです。

S（関係副詞 S'V'…)V…
　←Sの説明

関係副詞はwhere, when, why, howの4つしかないのですが，やはりこのように，前にある名詞の説明文を付けるときに使うのです。

前回の最後に言いましたように，関係副詞は「前置詞＋関係詞」という考え方がわかれば大丈夫です。なぜなら**関係副詞とは「前置詞＋関係詞」の話**だからですね。

①関係副詞のwhereがモヤモヤしている人へ

関係副詞はwhere, when, why, howの4つしかありせんが，皆さんは「**場所を表わすものなら ☞ 関係詞にwhereを使う**」「**時を表わすものなら ☞ when**」と思っているのでは？

それは**半分当たっていて半分間違っている**のです。

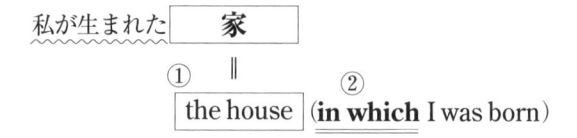

私が生まれた　家
　　　　　　① ‖ ②
　　　　　the house (**in which** I was born)

第6章　関係詞をSVC, SVOだけでマスターする方法

前項の「私が生まれた家」の話で言えば，①まず説明したい名詞（先行詞）がthe houseと「場所を表わすもの」になってますね。
なおかつ②後ろの説明文では「前置詞＋関係詞」になっていますね。
この2つの条件がそろったときのみ，この「**in whichの代わりにwhereという関係副詞を使うことができる**」のです。

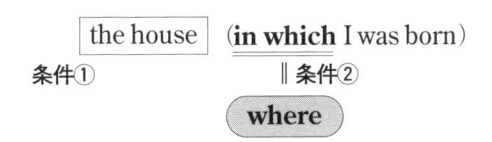

$$\underset{条件①}{\boxed{\text{the house}}}\ \underset{\underset{\boxed{\textbf{where}}}{\parallel 条件②}}{(\textbf{in which}\ \text{I was born})}$$

この「前置詞＋関係詞」は修飾語で"I was born…"という説明文の中では「その家 で …」と副詞の役割をしているわけ（文全体の補足説明）。この「**副詞部分の代わりに使う関係詞なので☞関係副詞**」と言うんだ。つまりwhere自体が副詞なのです。

これですっきり！　㊻ 関係副詞の where

where
②前置詞＋関係詞 ‖

the house ──┬── (**in which** I was born)　「私の生まれた家」
①場所の名詞　├── (**which** I like very much)　「私がとても好きな家」
　　　　　　　　　　　~~where~~

「場所なら where」作戦は通用しないぞ！

①場所の名詞＋②「前置詞＋関係詞」という2つの条件
　がそろったときのみ☞関係副詞whereに置き換えられる！
○説明文の中で「前置詞＋関係詞」は副詞の役割（その家 で …）
☞whereは副詞（の代わり）なので「関係副詞」と言うんだ！

今までのwhichやwhoは「関係代名詞」，つまり名詞ですから，説明文の中で主語になったり目的語になったりしていたはず。

でもwhereなどの関係副詞は「前置詞＋名詞」の代わりしかできないんだ。

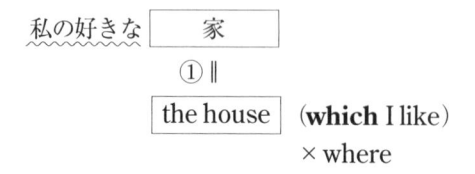

```
私の好きな      家
             ①‖
           the house  (which I like)
                    ×where
```

例えば「私の好きな家」なら，the houseは「場所を表わすもの」で，whereを使う第1条件クリアですが，後ろの説明文の中ではlikeの目的語で入りそうだよね。ならばやはり関係代名詞のwhichしか使えないね。

つまり，「場所なら→where」という作戦は通用しませんよ。

あくまで「**2つの条件**」が揃わないと関係副詞は使えないのです。

いわば「前置詞＋関係詞」の2語を1語にまとめるために関係副詞を使うのです。

◆どんな問題が出るの？

問 1. The hotel (　　) was very comfortable.
　　① at that we stayed　　② at where we stayed
　　③ we stayed there　　④ where we stayed

(東京女子大)

問 2. New York is the city (　　) I have long wanted to visit.
　　① where　　② which　　③ what　　④ who

(駒沢大)

▶アプローチ　1.「そのホテル…」と言って，そのホテルの説明(Sの説明)として正しいのは？という問題。**どんな問題でも君が考えることはただ1つ→「the hotelが後ろの説明文の中でどのように登場するのか」**ということだけ。この基本を忘れるとわからなくなるんだ。特に「**前置詞付**

第6章　関係詞をSVC，SVOだけでマスターする方法

きか」「そのままか」を考えます。
　この場合 "we stayed at the hotel" と前置詞が必要ですね（stayは自動詞）。だから "at which we stayed" か，その前置詞＋関係詞をwhereでまとめた "where we stayed" が正解のはず。選択肢にないかと探すと…
【正解】　④

　　The hotel (where we stayed) was very comfortable.
　　　S　　　　←Sの説明　　　　　V　　　C
　　「私たちが泊まった ホテル は，とても快適だった」

　2．「場所ならwhere」と思っている人を引っかけようという問題。「ニューヨークはそんな街…」と言って「どんな街」かを後ろで説明してるわけだから，the city が後ろの説明文の中で「そのまま入るか」「前置詞付きで入るか」を考える。visitの**目的語**で入りそう。だからwhich（関係代名詞）でOK。
【正解】　②

　　New York is the city (which I have long wanted to visit).
　　　S　　V　　C　　　←Cの説明
　　「ニューヨークは，私が長い間訪れたいと思っていた 街 です」

▶ポイント　「visitは目的語をとる，とか言われても自分で判断できない…」と思うかもしれませんが大丈夫。大体この種の問題では**stay**と**visit**あたりが**頻出**だからです。

　　　　　…stay (**at** the hotel)
　　　　　　　←Vの説明
　　　　　…visit **the city**
　　　　　　　　　O

　要は，stayは自動詞で後ろは「Vの説明」，つまり「前置詞＋名詞」になるのに対し，visitは他動詞で目的語を直接とるのです。まずはこの2つだけ知っておけばいいでしょう。

②関係副詞の when がモヤモヤしている人へ

「月曜日は，母が一番忙しい 日 です」

例えば，こういう文を書いてみてください。正解はこうなるよね。

Monday is the day (**on which** my mother is busiest).
　　　　S　　V　　C　　←Cの説明

　　　　　　　　my mother is busiest **on the day**

the day は後ろの説明文の中では on the day と「前置詞付き」で入るよね☞
「その日 **に**，母は忙しい」

だから "on which" と関係詞も「前置詞付き」になるわけ。

ここまではいいよね(わからない人は前項の話を参照)。

そして，①説明したい名詞が「時を表わす名詞」で，なおかつ②前置詞＋関係詞，という **2つの条件がそろったときのみ**，この on which の部分を **1語の関係副詞 when に置き換えることができる**んだ。

Monday is the day (**on which** my mother is busiest).
　　　　　　　　　①＋②　‖
　　　　　　　　　　when

これに対し「月曜日は，私が大好きな日」と言いたければ

Monday is the day (**which** I like very much)
　　　　　　　　　×when

こうなるね。つまり the day は like の目的語としてそのまま入るので，この場合は when は使えないのです。

「時なら when」という作戦は通用しないのです。

問 3. A time will soon come (　　　) people can enjoy space travel.
　　①when　②who　③why　④whether

(京都学園大)

第6章　関係詞をSVC，SVOだけでマスターする方法

▶アプローチ　「そんな時代が来る」と言っておいて，「どんな時代」なのか後ろに説明を付けているわけ。つまりA timeという主語に対する説明(Sの説明)は本来直後に置かないといけないのに，後ろに回してしまったタイプ。いつも通り，後ろの説明文の中にa timeがどう入るかを考える。「人々が宇宙旅行を楽しむ」と，すでにSVOがそろっているので，「その時代には…」(at the time)と「前置詞付きで」入りそうだ。

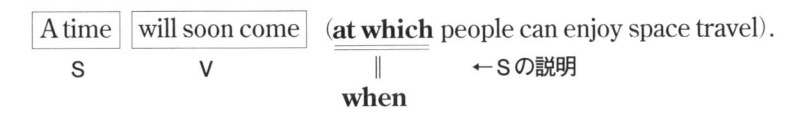

| A time | will soon come | (**at which** people can enjoy space travel).
| S | V | ‖　←Sの説明
　　　　　　　　　　when

正解　①

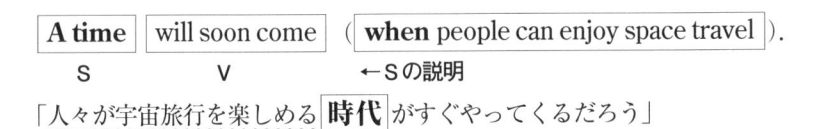

| **A time** | will soon come | (**when** people can enjoy space travel).
| S | V | ←Sの説明

「人々が宇宙旅行を楽しめる 時代 がすぐやってくるだろう」

▶ポイント　whenはこのように先行詞と「離れて」使うことが多い。

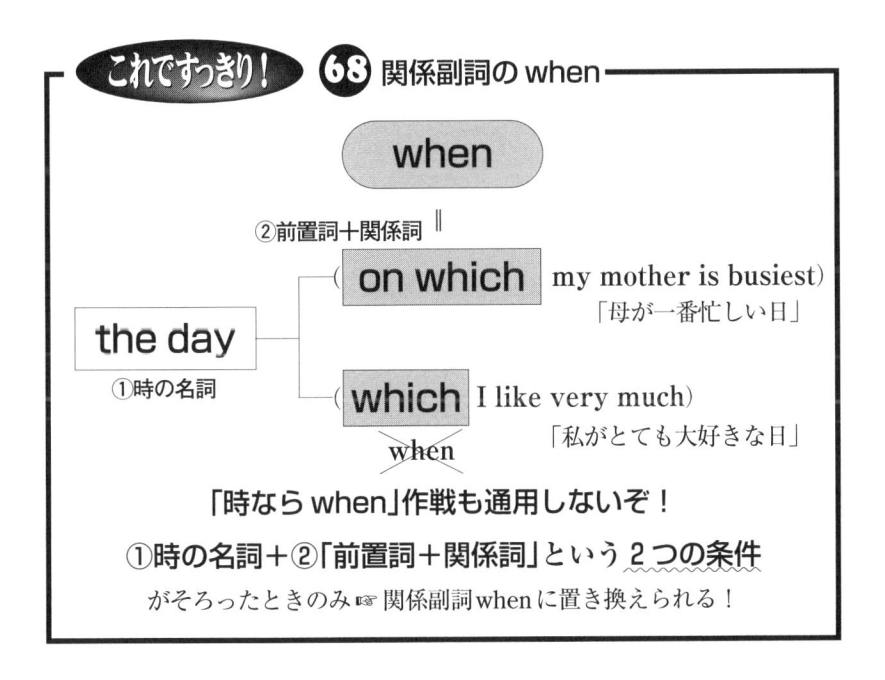

これですっきり！　❻❽　関係副詞のwhen

　　　　　　　when
　　　②前置詞＋関係詞 ‖
　　　　　(on which my mother is busiest)
the day　　　　　　　　「母が一番忙しい日」
①時の名詞
　　　　　(which I like very much)
　　　　　　when　　　「私がとても大好きな日」

「時ならwhen」作戦も通用しないぞ！
①時の名詞＋②「前置詞＋関係詞」という2つの条件
がそろったときのみ☞関係副詞whenに置き換えられる！

③関係副詞の why がモヤモヤしている人へ

　　　君が仕事をやめた 理由 を教えて

例えば，この文なら次のように書けそうですね。

　　　Tell me the reason (**for which** you quit your job).
　　　 V　　O　　O₂　　←O₂の説明

　　　　　　　　　　　you quit your job **for the reason**

つまりthe reasonは後ろの説明文の中ではfor the reasonと前置詞を付けないと入らないよね☞「その理由 で，仕事をやめた…」。

このように説明を付ける名詞が ①「理由」，つまりreasonで，なおかつ後ろが ②前置詞＋関係詞のとき，関係副詞のwhyを使うことができるのです。

　　　Tell me the reason (**for which** you quit your job).
　　　　　　　　　　　　　　‖
　　　　　　　　　　　　　why

ただし「理由だからwhy」という作戦はもちろん通じません。

　　　What is the reason (**which** you heard yesterday).
　　　　　　　　　　　　× why

例えば，「君が昨日聞いた理由は何？」ならば，the reasonは後ろの文でheardの目的語だからやはり代名詞のwhichですね。

ただし，the reasonの場合は98％がwhyになるでしょう。

④関係副詞の how がモヤモヤしている人へ

howだけは少しややこしくて，「～の方法」と言いたいときのお話。

　　　「これが，彼がテストに合格した 方法 です」
　　　（＝このようにして彼はテストに合格した）

大体こういう文でしか使わないのですが，これを書くのに以下の2通りの書き方があるのです。

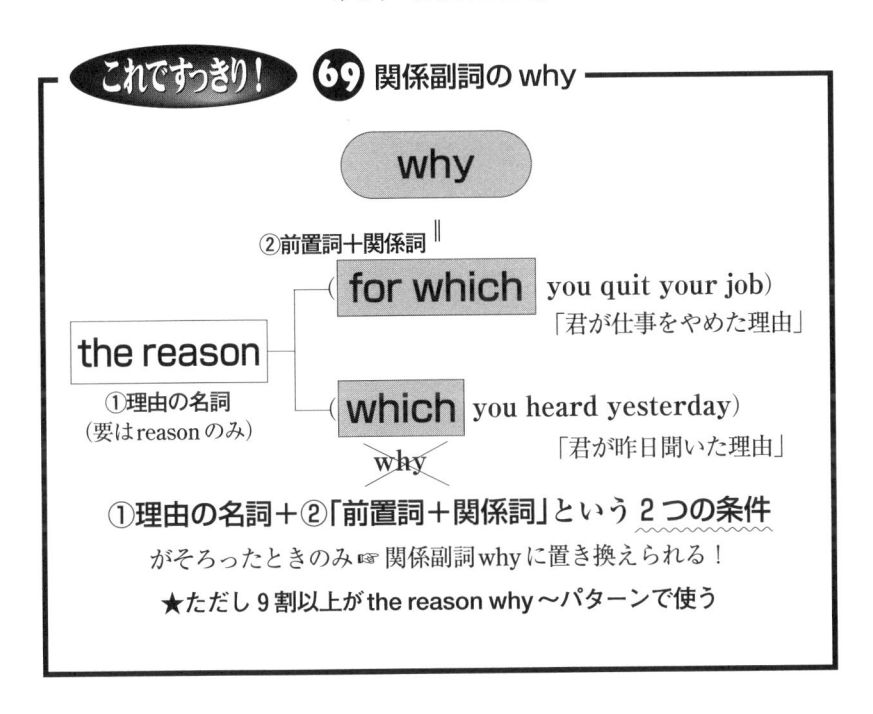

第6章 関係詞をSVC，SVOだけでマスターする方法

これですっきり！ ⓺⓽ 関係副詞の why

why
∥
②前置詞＋関係詞

the reason ①理由の名詞（要はreasonのみ）
├─ **for which** you quit your job）「君が仕事をやめた理由」
└─ **which** you heard yesterday）「君が昨日聞いた理由」
　　　~~why~~

①理由の名詞＋②「前置詞＋関係詞」という **2つの条件**
がそろったときのみ☞ 関係副詞 why に置き換えられる！
★ただし9割以上が the reason why ～ パターンで使う

---

(1) This is **how** he passed the test.
(2) This is **the way** he passed the test.

なぜこれでそういう意味になるか，わかりますか？すっきり納得してもらいましょう！

彼がテストに合格した **方法**
　　　　　　　　　∥　　　その方法 **で**，彼は合格した
　　　① the way　(he passed the test **in the way**)
　　　　　　　　　 S'　 V'　　O'

要は「彼がテストに合格した方法」というのを英語でどう言うかですが，これも「その方法」と言っておいて，後ろに「その方法がどこかに登場する文」を書くんでしたね。ならば①のようになるはず。the way は前置詞付きでないと入らないね。

189

① the way （he passed the test **in the way**）
　　　　　　　S'　V'　　O'
② the way （**in which** he passed the test）

よって，前置詞＋関係詞の形にして前に出しますね（②）。

そして，このように①「方法」が先行詞（説明したい名詞）で，なおかつ②後ろが「前置詞＋関係詞」という **2条件がそろったときのみ，関係副詞のhowが使える**のです。

② the way （**in which** he passed the test）
③ the way （**how** he passed the test）

ここまでは他と同じなのですが，ここからが違って
「the wayとhowを一緒に書いてはダメ（併記不可）」という「**特別ルール**」があるんだ。

だから通常は次の2パターンで使われるのです。

(1) This is **how** he passed the test.
(2) This is **the way** he passed the test.

わかりますよね？**どちらかを省略しているだけ**です。
これが冒頭の2つの文だったわけです。

問 4． We didn't like (　　　) he spoke English because his affected manner of speaking seemed very absurd.
　　① as　　② provided　　③ the way　　④ why
　　　　　　　　　　　　　　　　　　　　　　　　（学習院大）

語句 affected　気取った，きざな

▶**アプローチ**　選択肢から「彼の英語の話し方が嫌い…」と言いたいよう。つまり「その方法…」と言ってるわけですから☞ the wayかhowか？

正解 ③

これですっきり！ ⑦⓪ 関係副詞の how

彼がテストに合格した 方法
　　　　　　　‖　　その方法 で，彼は…

① the way　(he passed the test **in the way**)
　　　　　　　S'　V'　O'

② the way　(**in which** he passed the test)

③ **the way**　(**how** he passed the test)
　　　　　　↑ 完成だが…

the way と how を一緒に書いてはダメ(併記不可)

という特別ルールあり！→どちらかを省く

(1) This is **how** he passed the test.　←こちらが一般的

(2) This is **the way** he passed the test.

「これが，彼がテストに合格した 方法
　＝こうして彼はテストに合格した」

We didn't like **the way** (he spoke English) (because his affected
　　S　　V　　　O　　　←Oの説明

manner of speaking seemed very absurd).

「私たちは彼の英語の話し方が好きでない。なぜなら彼の気取ったしゃべり方がとてもばかげてみえるからだ」

5. 特殊かつ頻出の関係詞 what

君のモヤモヤ ⑤ 『関係詞の what』がよくわからない… SVC, SVO で言うとどういうこと？

◆SVC, SVO で説明しましょう！

　「前置詞＋関係詞」と「関係副詞」の話は親戚みたいな話でしたが，今回の「関係詞のwhat」というのはちょっと違う話です。

　でも，前回の2つと同様，**重要度・頻出度共に超A級**の話ですので，しっかりモヤモヤを晴らしてください。

　要は「～もの」とか「～こと」とか言うとき専用の関係詞なんだ。

　　　　彼が言ったこと

さて今度はこれを英語で言ってみてほしいのです。
これもやはり「こと」の説明が前に付いているだけですね。

　　　彼が言った｜こと｜

だから「こと = the thing」とまず書いて，「後ろに説明」でしたよね。そして「こと = the thing」の登場する文を後ろに付けるわけですから，このように書けそうですね（①）。

　　　彼が言った｜こと｜
　　　　　　　　‖
　　① ｜the thing｜ (he said **the thing**)

　そして，the thing の部分を which という関係詞に変えて前に出せばいいわけですね。

```
彼が言った こと
         ‖
① the thing    (he said the thing)
         ‖
② the thing   (which he said)
```

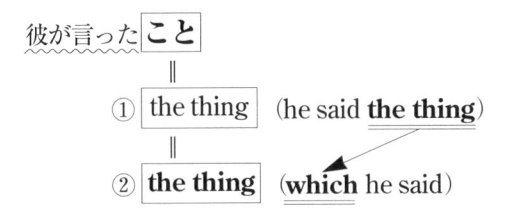

そして，ここからがポイントですよ。

つまり，「〜なこと」とか「〜なもの」と言いたいとき，毎回必ず"the thing which…"と言うのは面倒だ，ということで，この"the thing"と"which"をwhatに合体させることにしたのです。

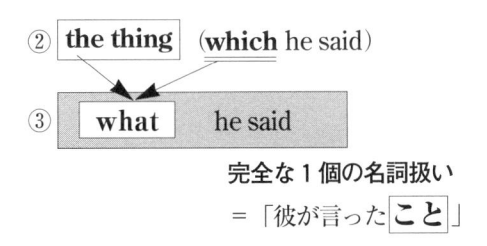

```
② the thing   (which he said)

③   what    he said
```
　　　　完全な1個の名詞扱い
　　　　＝「彼が言った こと 」

そして，このwhatからのカタマリは**「完全な1個の名詞」**として主語や目的語などに使えるんだ。

このwhatは，whichという関係詞がthe thingを飲み込んだだけですので，やはり関係詞なのです。

日本語でも「君の好きな<u>こと</u>」とか「手に持っている**もの**」などよく言いますが，これらを英語では**whatを使って**表すわけ。

What he said is true.

例えば，こんな感じでよく使うのですが，訳せますか？
「訳す」とはSVC，SVOがわかると言うことですよ。

　　What he said is true.
　　　　S　　　　V C
　　「彼が言ったことは，本当だ」

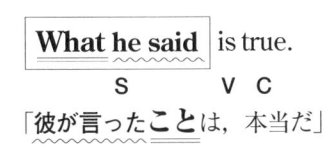

文中のwhatは実は**98％ぐらいは**「〜なこと／もの」と訳す**what**なのです。「何？」と訳すことはまずないんだ。

◆「what ＝こと」と「that ＝ということ」がモヤモヤしている人へ

　さてwhatは「こと」だと言いましたが，似たようなのにthatがありますね。thatも「S'がV'したこと」という感じで使えます。つまり1個の名詞のカタマリを作れます。

　この両者の違いも文法問題の頻出テーマのひとつなんだ。

　結論から言えば，全く別ものなのです。**thatは文の「外」に付けるのに対し，whatは「内」に入っている**んだ！

$$\underline{\text{That he said good-bye}} \text{ is true.}$$
$$\quad\quad\quad\text{S}\quad\quad\quad\quad\quad\text{V}\quad\text{C}$$

　例えば，このSの「that以降のカタチ」をよく見てください。

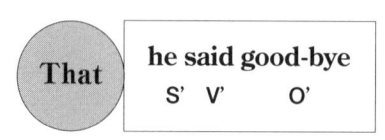

That	he said good-bye
	S'　V'　　O'

　＝彼がさよならと言った **ということ**

　SVOの完成した文の「**外**」にthatを付けていますね。

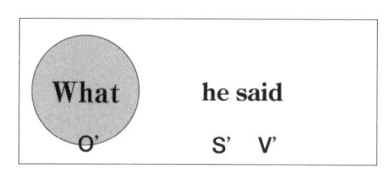

What	he said
O'	S'　V'

　＝彼が言った **こと**

　それに対し**whatは文中でsaidの目的語も兼ねている**ことがわかりますか？ whatは，名詞のカタマリですよという「目印の役目」と共に，カタマリの中で主語や目的語など何らかの役割を兼ねている，つまり**一人二役**なのに対し，thatの方は，完成した文の「**外**」にくっ付けて，1個の名詞のカタマリですよという目印以外は，何の役割もしていないのです。

　つまりwhatは関係代名詞，つまり**代名詞**なのに対し，thatはifなどと同じ**接続詞**の仲間なんだ。「〜こと」と「〜ということ」の違いと言ってもいい。

第6章　関係詞をSVC, SVOだけでマスターする方法

これですっきり！ 71 what と that

○ 文中の what の 90% 以上は
☞「〜こと／もの」と訳す what だ！（カタマリ全体で1個の名詞扱い）

○ that(〜ということ)と what(〜こと)の違いは？
⇩

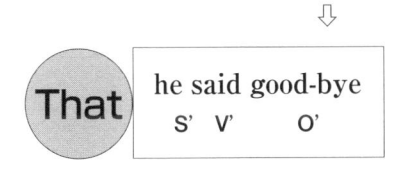

That ｜ he said good-bye
　　　　S'　 V'　　 O'

= 彼がさよならと言った **ということ**

that は「完成した文」の"外"にくっつけてまとめるのに対し…

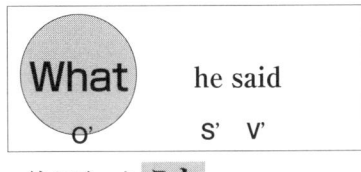

What ｜ he said
　O'　　 S'　 V'

= 彼が言った **こと**

what はカタマリの内部で主語や目的語などの役割を兼ねている

（一人二役）

◆どんな問題が出るの？

　では問題をやってみましょう。どちらかを選んでください。どちらも長い主語のカタマリを作れと言っているわけです。

問 1．(1) (**That / What**) I saw was a UFO.
　　 (2) (**That / What**) I saw a UFO is true.

▶アプローチ　まず1.は saw の目的語がないですね。ならば**カタマリを作りつつ，なおかつ目的語も兼ねる**，そういう一人二役ができるのは what

195

の方だよね。

```
┌─────────────┐
│ What I saw  │ was a UFO.
│  O'  S'  V' │
└─────────────┘
       S        V   C
```
「私が見た **もの** は，UFOだった」

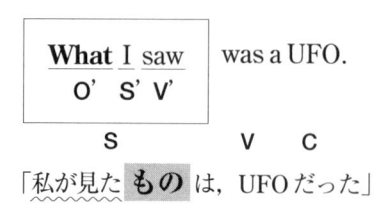

それに対し2は，後ろが「**完成文**」になっていることがわかりますか？ならば完成文の「外」に付けるthatですね。

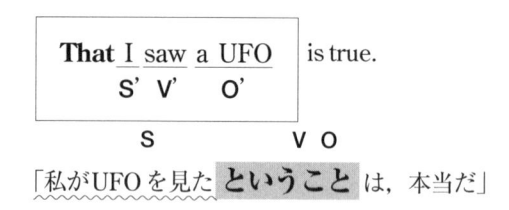

```
┌──────────────────┐
│ That I saw a UFO │ is true.
│      S' V'   O'  │
└──────────────────┘
         S            V O
```
「私がUFOを見た **ということ** は，本当だ」

問 2. (　　　) seems easy at first often turns out to be difficult.
① It　　② That　　③ What　　④ Which

(センター試験)

語句　S turn out to be C　SはCとわかる

▶**アプローチ**　後ろにturn out…があるので，これがVか？ならばその前に長い主語を作れということみたい。ThatかWhatか？Thatなら次に完成文が来るはずだが…

正解　③

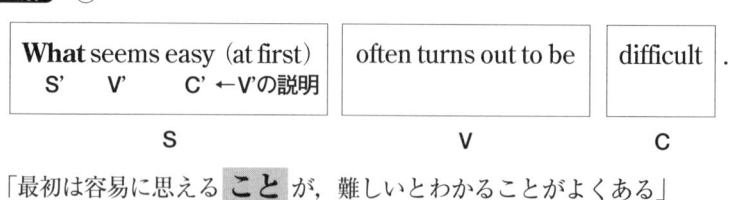

```
┌──────────────────────────┐ ┌──────────────────────┐ ┌───────────┐
│ What seems easy (at first)│ │ often turns out to be │ │ difficult │ .
│  S'   V'    C' ←V'の説明  │ │                      │ │           │
└──────────────────────────┘ └──────────────────────┘ └───────────┘
              S                          V                   C
```
「最初は容易に思える **こと** が，難しいとわかることがよくある」

▶**ポイント**　わかりにくいときは，The thing(which seems easy…)のように

「名詞(←説明)」の関係に戻して考えてみるのがコツです。seemsの主語が欠けているので，主語の役割をしつつ，なおかつカタマリを作るのはwhatしかない。

ちなみにThat…からのカタマリがこのように主語になることはまずない。普通は「仮主語It－真主語」で後ろに回します。逆にwhat…のカタマリは，このように主語に使われることがすごく多い。

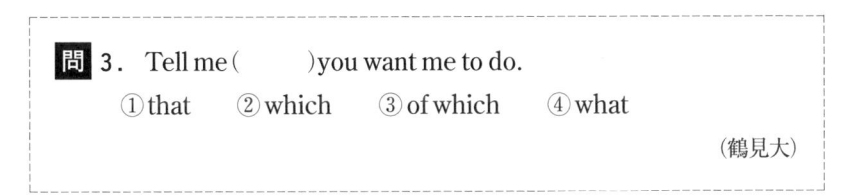

問 3．Tell me (　　) you want me to do.
　①that　②which　③of which　④what

(鶴見大)

▶アプローチ　tell OO₂ですからOの2番目の名詞が来そう。でも文が続いている。ならば名詞のカタマリを作れということらしい。tell me that…(私に…と言う)というカタチはあるが，この場合doの目的語が欠けているのでthatは使えない(thatの次が完成文でない)…

正解　④

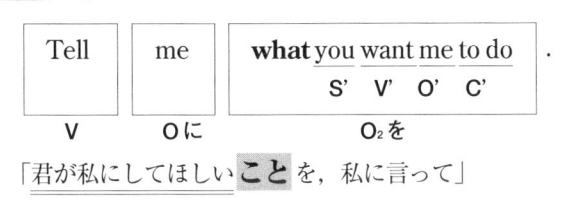

Tell	me	**what** you want me to do
		S'　V'　O'　C'
V	Oに	O₂を

「君が私にしてほしい<u>**こと**</u>を，私に言って」

▶ポイント　わかりにくければ…

　Tell me <u>the thing</u> (**which** you want me to do).
　　V　Oに　O₂を　　←O₂の説明

と，the thing (which…)に戻してみてください。だんだん慣れてきますから。

6. 関係詞のwhatを使った慣用表現

君のモヤモヤ ⑥ what S is(今のS)や what is called (いわゆる…)がよくわからない…公式？

◆SVC，SVOで説明しましょう！

さて，これからは，この関係代名詞のwhatを使った慣用表現についての君のモヤモヤを晴らしてもらいたいと思います。

これも質問の多いところですね。

①「what S is／what S was」がモヤモヤしている人へ

最も重要なのが，この「what S is/what S was」というやつ。

  what S is　　　…現在のS
  what S was　　…昔のS
   （＝used to be）

このカタマリで1個の名詞扱いです。例えばこんな感じで使います。

  She is not **what she was**.「彼女は，昔の彼女ではない」
   S V   C

なぜそういう意味になる？要はwhatがカタマリの中ではC（補語）になってるわけ。

  what she was　　←全体は1個の名詞扱いだ！
   C' S' V'

また "what S <u>used to be</u>" でも「昔のS」という意味ですが，なぜかわかる？

過去の習慣を表す助動詞 used to…（＝would）を使っているのですね。
whatはbe動詞の後ろのC'です。

第6章 関係詞をSVC，SVOだけでマスターする方法

> **これですっきり！ 72** what S is／what S was
>
> ○ 1個の名詞扱いで＝S，C，Oに使える！
>
> 　　　what S is　　　…現在のS
> 　　　what S was　　…昔のS
> 　　（= what S used to be）
> 　　　　　　　⇧
> 　　used to…は助動詞（かつては〜≒would）
> 　　whatはbe動詞の後ろのC
> 　　（だからbeで終わっているんだ）
>
> ★「今の私があるのは父のおかげ」などと頻出！
> 　（I owe what I am to my father.）

◆どんな問題が出るの？

> **問 1．** Japan is now very different from（　　　） she was twenty years ago.
> 　　①the condition　　②what
> 　　③which　　　　　④whom　　　　　　（名古屋工大）

▶アプローチ　「今の日本は，20年前と全く違う」と言いたそう。sheはJapanのことのようだ。「20年前の日本」と言いたければ？

正解 ②

Japan is now very different (from **what** she **was** twenty years ago).
　S　V　　　　　C　　　　←Cの説明（前置詞＋名詞）
「今の日本は，20年前と全く違う」

▶ポイント　what以降のカタマリを「前置詞＋名詞」の名詞に使っているわけ。

199

②「what is called ＝いわゆる…」がモヤモヤしている人へ

今度は「what is called ＝いわゆる…」というやつです。
これも，どの参考書にも次のような例文と共に載っているはずです

   He is **what is called** a bookworm.
  （彼は，**いわゆる**本の虫だ）

そして解説として「**この what is called は挿入句で，括弧にくくって考えればよい**」と書いてあります。

   He is (**what is called**) a bookworm. （△）
   S V   C

まあそれでもいいのですが，本当は違うんですよ。

   He is what is called a bookworm. （○）…①
   S V C

作者はやはりCのカタマリのつもりで書いているのです。

  ② **call O C** 「OをCと呼ぶ」
  ③ **O is called C** 「OはCと呼ばれている」

まず，②call OC は「OをCと呼ぶ」という意味。そして，その受身が③の文ですね→「OはCと呼ばれている」。
このOの部分に what を入れてみてください。例文①の形になるはずです。

  <u>**what is called C**</u>
  ＝**Cと呼ばれるようなもの／人**

だから "what is called a bookworm" が1個の名詞のカタマリで「本の虫と呼ばれるようなもの(人)」という意味なんだ。
そのカタマリを例文①ではCに使っているだけなんだ。
それがわかると "what we call C" も "what you call C" も同じ仲間で「私たちが(君が)Cと呼んでいるもの／人」という意味になることがわかる。それを

第6章　関係詞をSVC，SVOだけでマスターする方法

「いわゆる…」と訳しているだけ。

　whatは常に「call OCのO」なのです。1個の名詞のカタマリを作れるwhatの性質自体は，なんら変わっていないんだ。

これですっきり！ 73 what is called …

○what is calledは「いわゆる…」という挿入句と習うが…

⇩

実はcall OCから生まれた**普通のwhatの使い方**に過ぎない

① 　　call O C　　　　「OをCと呼ぶ」

② 　　O is called C　　「OはCと呼ばれている」

③ **what is called C**　「Cと呼ばれるようなもの／人」
　　　　　　　　　　　＝「いわゆる…」

　He is **what is called a bookworm**.
　 S V　　　　　　　　C
　「彼は，**本の虫と呼ばれるような人**だ」
　（＝彼は，**いわゆる**本の虫だ）

○その他の「いわゆる」表現

　「what we call C ／ what you call C」も

⇨「call OC」から生まれた表現。**whatがOだ！**

⇨我々がCと呼ぶもの，君たちがCと呼んでるもの＝いわゆる

◆どんな問題が出るの？

問2．He is (　　　) is called a self-made man.
　①that　　②which　　③what　　④who
　　　　　　　　　　　　　　　　　（センター試験）

▶アプローチ　「what is called＝いわゆる」と暗記していても解ける問題です

201

が，本当は普通のSVCの文ですね。

正解 ③

He is **what is called a self-made man**.
　S　V　　　　　C

「彼は，いわゆる self-made man（自分の力で成功した人）です」

③ A is to B what C is to D「AとBとの関係はCとDの関係と同じだ」がモヤモヤしている人へ

こんな変な"公式"も大半の参考書には載っています。そして相変わらず「イディオムだから暗記するしかない」と書いてあるのですが，そんなことはない。

これも実は立派な「SVCの文」なのです。

　　　Water is **to fish what air is to man**.
　　　（魚にとっての水は，人間にとっての空気と同じ）

だいたいこういう例文が載っているのですが，作者は次のような普通のSVCのつもりで書いているんです。

　　　Water is (to fish) **what air is (to man)**.
　　　　S　V　　　　　　　C

まず括弧の部分をとって読むと「**水は，空気のようなもの**」と言っているわけですね。それにそれぞれ "to fish" と "to man" をくっ付けて「**魚にとって**の水は，**人間にとって**の空気のようなもの」と言っているだけです。

それを公式風に書くと「A is to B what C is to D ＝ AとBとの関係はCとDの関係と同じだ」となるわけ。

"to fish" と "to man" の入る位置だけ注意しておけばいいです。

第6章　関係詞をSVC，SVOだけでマスターする方法

◆どんな問題が出るの？

> **問 3．** Reading is to the mind (　　) food is to the body.
> ① that　　② what　　③ which　　④ though
>
> （独協大）

▶アプローチ　"公式"と言ってしまえばそれまでですが，what以降でCのカタマリを作っているわけです。

正解　②

Reading is (to the mind) **what food is (to the body)** .
　S　　V　　　　　　　　　　　　　C

「心にとっての読書は，体にとっての食べ物のようなもの」
（読書は心の栄養だ，と言いたいわけ）

これですっきり！　74　A is to B what C is to D

A is to B what C is to D
「AとBとの関係はCとDの関係と同じだ」

こんな変な"公式"も…

⇩

実は立派な「SVCの文」なのだ！

Water is to fish **what** air is to man.
　（魚にとっての水は，人間にとっての空気と同じ．）

⇩

Water is (to fish) what air is (to man).
　S　　V　　　　　　　　　　C

（魚にとっての水は，人間にとっての空気と同じ）

★to fish と to man の位置にだけ注意！

④「what little money …関係形容詞」がモヤモヤしている人へ

　最後は，特殊中の特殊なやつです。知らなくてもどうでもいいのですが参考書には必ず載ってますので，一応やっておきましょう。

　　He gave me **what little money he had**.
　　（彼は，わずかながらも持っている全てのお金を私にくれた）

これは結論から言えば，次のようなつもりで作者が書いているんだ。

　　He gave me **what little money he had**.
　　 S　V　Oに　　　　O₂を

what以降がカタマリなのは今までと同じですが，訳が「わずかながらも持っている<u>全ての</u>お金を」となっているなど，少し今までと違うね。

　　① **what** he had
　　② **what money** he had
　　③ **what little money** he had

　この①と②と③を比べてみてください。①は今までと同じですから「彼が持っているもの」という意味の，1個の名詞のカタマリだよね。
　②はその変形で"what money…"とmoneyがくっついています。
　これでなぜか「<u>全ての</u>お金…」つまり「**all** the money…」の意味になるのです→「持っていた<u>全ての</u>お金を」。
　③はそれにlittleを加えただけ。この③が完成形で「わずかながらも持っていた全てのお金…」という意味になるんだ。
　もちろんmoney以外の名詞でも使えますが，moneyで使うのが一般的。このwhatは，moneyにくっつけて**形容詞のように使うので関係形容詞**というのです。
　ただこれが一般的だとは絶対思わないこと。あくまで超例外的な使い方です。

第6章　関係詞をSVC, SVOだけでマスターする方法

◆どんな問題が出るの？

問 4．She lost (　　　) little money she had.
　　①how　　②those　　③what　　④which
　　　　　　　　　　　　　　　　　　　　　　　　（中部大）

▶アプローチ　「わずかながらも全ての…」という例のパターンだな，と考えます。「あげた」とか「なくした」とかで使うのが一般的。

正解　③

She lost **what** little money she had.
　S　V　　　　O

「彼女は，わずかながらも持っていた全てのお金をなくした」

これですっきり！ 75 what little money

○what little money …関係形容詞
　　　　　　⇩
He gave me **what little money he had**.
S　V　Oに　　　　　　　　O₂を

　① **what** he had
　　　「彼が持っていたもの」
→② **what money** he had
　　　「持っていた**全て**のお金」（なぜかallの意味に…）
→③ **what little money** he had
　　　「わずかながらも持っていた**全て**のお金」
　　　（彼は，**わずかながらも持っていた全てのお金を**私にくれた）

○whatを名詞にくっ付けて形容詞のように使うと…
　☞なぜか「**全て**」の意味に。
○形容詞のように使うので「**関係形容詞**」と呼ばれているんだ！

以上4つの慣用表現を見てきましたが,「what V' …のカタマリ」は全て「1個の名詞のカタマリ」であることには変わりないんだ。
　つまり,SVC,SVOで言えばS,C,Oなどにwhatからのカタマリを使っているだけなのです。特別な構文でも公式でもないんだ。

第7章

仮定法を SVC, SVOだけで マスターする方法

先輩たちの秘伝公開！

1. 仮定法の教え方

君のモヤモヤ ①　『仮定法』がよくわからない…SVC，SVOで説明して！

◆従来の教え方

　仮定法はまさに文法問題の花形の一つですね。これをマスターすればかなりの得点源になるよね。しかし**最も教え方に問題がある**のもこの仮定法かもしれません。とにかく**公式，公式，公式，**…のオンパレードですね。これは教える側からすると親切のつもりなのです。「難しいことを考えなくても公式さえ暗記すればいいようにしてあげたんだ…」，そう思っているのです。

　でも，ただ公式を丸暗記させられても，その場限りでやっぱり忘れてしまうのです。使える知識に定着しないんだ。そして難しかったという印象しか残らないのです。

　いいですか？**仮定法の数々の公式も実はSVC，SVOの文**なんだ。何度も言うように**「公式が使ってあるから正しい文」**ではないのです。**「SVC，SVOが成り立っている文が正しい文」**なのです。

　つまり君が書くのは「仮定法の文」ではなく，やっぱり「SVC，SVOの文」なのです。

　「仮定法はSVC，SVOのどこの話なのか」——君が考えるのはそれだけです。全ての文法事項をSVC，SVOで考えることによって「つながってくる」んだ。

　仮定法は「V」の話です。いわば「時制」の話ですね。SVCやSVOの文を「過去形」で書いたり「完了形」で書いたりするよね。あれと同じことです。**「仮定法という特別の時制」**で書いたSVC，SVOの文のことを**仮定法**と言っているだけなんだ。

第7章　仮定法をSVC，SVOだけでマスターする方法

――? 従来の教え方 ?――

「仮定法過去の公式は…」「仮定法過去完了の公式は…」
「I wish …の公式は…」
もう公式のオンパレード
⇩
たくさんの公式を作って覚えさせるのが親切だと思ってしまう
⇩
習ってる方はそんなに暗記できるはずがない

| 仮定法の数々の公式 | も ☞ | 実はSVC，SVOの文 | なんだ！

Vが「仮定法という特別の時制」になっているだけ！
それがわかることの方が ☞ どんな公式を暗記するよりも「効果的」
（SVC，SVOの文なら誰でも書けるはず！）

　仮定法と言えば，次のような公式の表がどのテキストにも載っていると思います。

	条件節(従属節) ☞ (1)	帰結節(主節) ☞ (2)
①仮定法過去 （現在の事実に反する仮定）	If + S + 過去形～， （were）	S + would/could + 原形 （should/might）
②仮定法過去完了 （過去の事実に反する仮定）	If + S + had p.p.～，	S + would/could + have p.p. （should/might）
③未来についての可能性の低い仮定	If + S + were to + 原形 If + S + should + 原形	S + would/could + 原形 （should/might） S + would/will + 原形

If I **were** rich now, I **could buy** a car.
「もし今お金持ちなら，車を買えるのに」

少し用語が難しいので説明しておくと，例えばこの文は仮定法の基本形ですが，いつものSVC，SVOで説明できる？「え〜と，文が2つあって…」などと思わないでね。これはもちろんSVOの文ですよ。その前に長いイントロを付けているだけ。

```
（If I  were  rich now,）I  could buy  a car.
  S'   V'    C'         S     V       O
          イントロ
```

If…側はイントロ，つまり「副詞節」というやつで，主文の補足説明をしているだけ。そのために頭にIf…を付けているんだ。イントロの中も文になっていますが，あくまでS'V'C'です。

このイントロのことを表では「条件節」とか「従属節」と言っているわけ☞(1)。そして主文のことを「帰結節」などと難しい用語で解説しているわけです☞(2)。

つまり仮定法とは「If側のV'…」と「主文側のV」に関するお話。結論から言えば，

『「If側のV'…」が5パターンあって，それに対応する「主文側のV」の形も決まっている』

ということ。つまり「もし…」の世界が5パターンあるという，**とても興味深いお話**なのです。ぜひ楽しんでください。

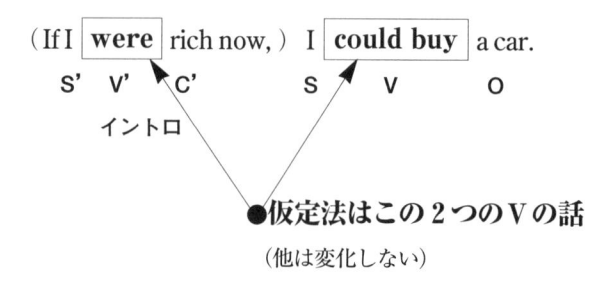

```
（If I  were  rich now,）I  could buy  a car.
  S'   V'    C'         S     V       O
          イントロ
```

●**仮定法はこの2つのVの話**
(他は変化しない)

第7章　仮定法をSVC，SVOだけでマスターする方法

① 「もし…」の法則

これからこの公式について一つ一つ説明していきますが，その前に「**もし…」の法則(性質)**について話しておきます。

まずは①『「**もし…」の世界は3つしかない！**』ということ。

公式の表にもありましたように，「もし…」というのは，今から見た「現在のこと」，「過去のこと」，「未来のこと」について"もし…"と言うわけですね。それ以外はない。だから「**仮定法は3つの世界しかない！**」とまず明確にイメージしてください。

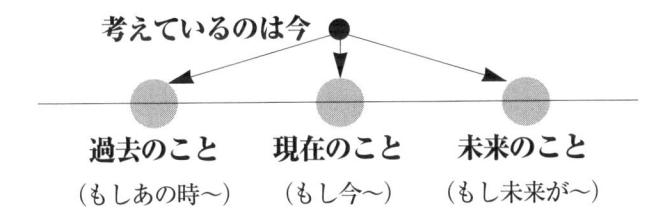

考えているのは今

過去のこと　　現在のこと　　未来のこと
(もしあの時～)　(もし今～)　(もし未来が～)

それから2つ目は②『「**もし…」で書き始めて，現在のこと・過去のことを書くと，語尾が必ず「～なのに／～だろうに」になる**』という法則です。

例えば，「**もし**今日が晴れていたら，ピクニックに行けた**のに**」となりますね。要は，現実は「晴れていなかったから，ピクニックに行けなかった」ことがわかるね。つまり，現在のことを「もし…」で書き始めたら，必ず仮定法(現実と逆のこと)になる，という法則です。仮定法以外では書けないのです。

過去のことはもちろんそうだよね。「**もし**あの時もっと練習していたら，試合に勝っていた**のに**」と言ったらどう感じる？やはり「あまり練習しなかったから，試合に負けた」という現実が浮かび上がるよね。つまり意識しなくても仮定法になってしまうのです。

つまり現在のこと，過去のことを「もし…」で書くと，必ず仮定法になるんですが，なぜかわかりますか？それは「**現実の世界がもうすでに経過している(経験済み)**」からですね。

例えば，今が夜の9時ぐらいなら，今日はもう大半が過ぎてしまったわけ。つまり現実の今日は確定している。だから今日に対して「もし…」というと

211

それに反することになるわけ。

　それに対し「未来のこと」は仮定法になる場合とそうでない場合があるんだ。例えば「もし明日ヒマだったら，昼休み会おうよ」というのは仮定法？そういうつもりはないはずだよね。

　未来の世界については後でくわしくやりますが，まずは現在と過去のことを「もし…」で書いたら必ず仮定法ということだけ理解してください。

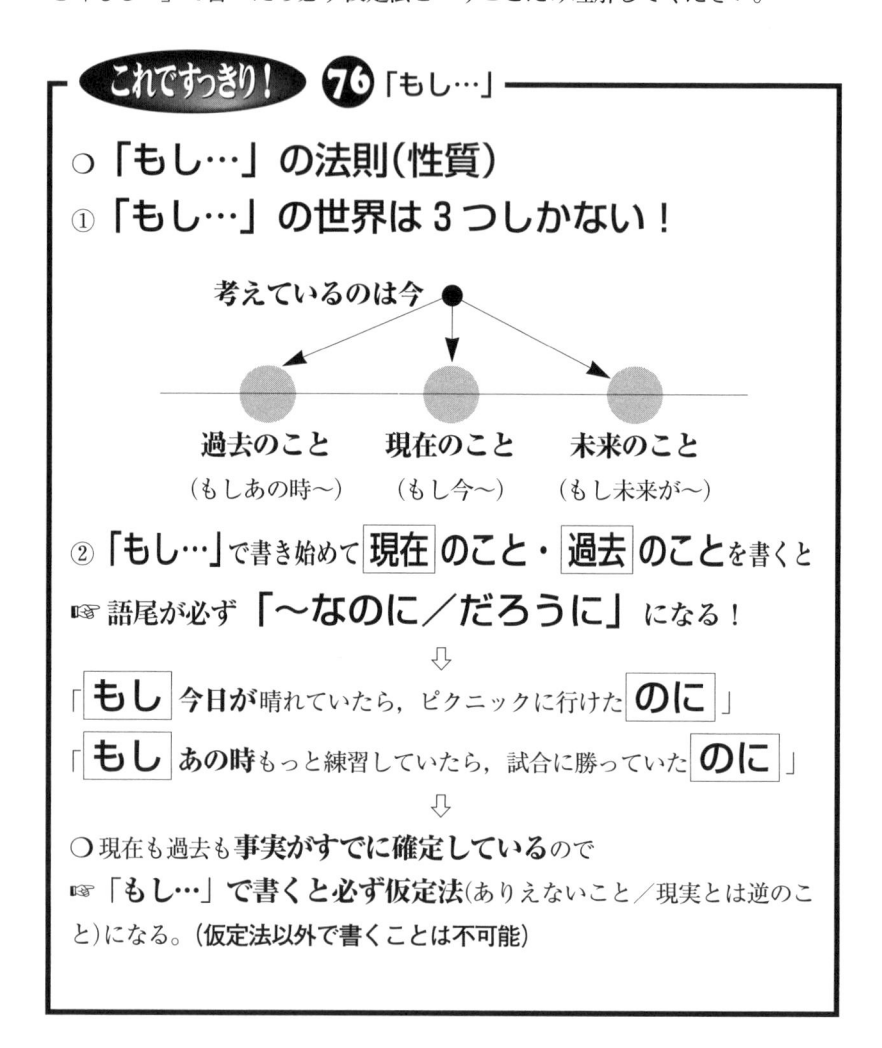

これですっきり！　76　「もし…」

○「もし…」の法則（性質）
① 「もし…」の世界は3つしかない！

　　　　　　　考えているのは今●
　　　　　　　↙　　↓　　↘
　　　過去のこと　現在のこと　未来のこと
　　（もしあの時〜）（もし今〜）（もし未来が〜）

② 「もし…」で書き始めて 現在 のこと・ 過去 のことを書くと
☞ 語尾が必ず 「〜なのに／だろうに」 になる！
　　　　　　　⇩
「 もし 今日が晴れていたら，ピクニックに行けた のに 」
「 もし あの時もっと練習していたら，試合に勝っていた のに 」
　　　　　　　⇩
○現在も過去も **事実がすでに確定しているので**
☞ 「もし…」で書くと必ず仮定法（ありえないこと／現実とは逆のこと）になる。（仮定法以外で書くことは不可能）

2. 仮定法の第1公式

君のモヤモヤ ②
『現在に対する仮定法』がよくわからない…
なぜ「If…過去形, … would+原形」になるわけ？

◆ SVC, SVO で説明しましょう！

英語でも数学でもいくつかの公式を丸暗記させられることが多いのですが，そういうときは「**1つだけ**」覚えるのがコツなんだ。

中心になるたった1個だけ，なぜそうなるか理解して，後はそれとの関連で芋づる式に思い出せるようにするのです。

仮定法で言えば，その「1つ」とは何と言っても「第1公式」，つまり「**現在に対する仮定法**」というやつです。これが一番よく使うし，これがわかれば後は芋づる式に自力で思い出せるようになります。

　　　If it [were] fine today, I [would go] to the park.
　　　　　　①　　　　　　　　　　②
　　　「もし今日晴れていたら，公園に行ったのに」

この文で「何が」公式なのかを解説すると，現在のことについて「もし…」と言いたければ，まず**If側の時制を「過去形」**にします☞①。be動詞の場合は一律wereだったのですが，最近はwasでも全然平気です。要は過去形になってればいい。

そして**主文側の時制は「wouldかcouldを必ず付けないといけない」**わけ☞②。参考書にはshouldやmightも書いてあるのですが，shouldはある特殊文で使うだけで，それ以外の普通の仮定法では絶対使いません。今は無視してください。mightを使うケースは1％ぐらい。要は**wouldが80％，couldが19％，mightが1％**ぐらいのイメージでいいでしょう。

そして君がまず疑問に思うのは，「**現在のことなのになぜIf側は過去形？**」「**どうして主文側にはwould, couldが必ず必要？**」という2つのことじゃないでしょうか。

●君のモヤモヤ（仮定法の第1公式）

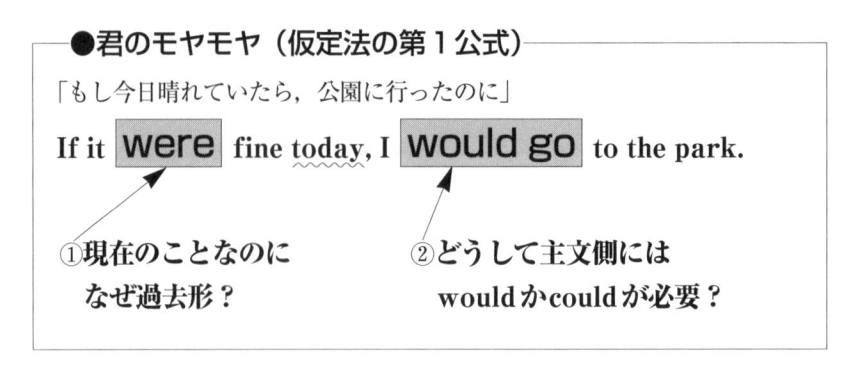

「もし今日晴れていたら，公園に行ったのに」

If it **were** fine today, I **would go** to the park.

①現在のことなのに　　　　②どうして主文側には
　なぜ過去形？　　　　　　　wouldかcouldが必要？

まず，①のIf側の時制についてですが，これは"Z式"で考えるとわかりやすいんだ。

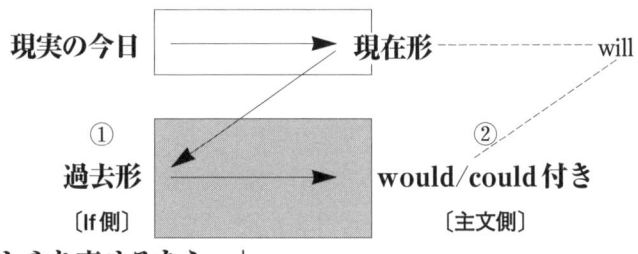

```
現実の今日 ──────→ 現在形 ------- will
                ①              ②
              過去形 ──────→ would/could付き
              〔If側〕         〔主文側〕
```

「もしやり直せるなら…」

まず，現実の今日は「現在形」の世界ですが，例えば，今が夜の9時ぐらいなら「今日は雨で，公園に行けなかった」という1日はもう過ぎてしまったわけだから，「もし晴れだったら…」と言うためには**今日のスタートラインに戻らないといけない**よね。

「スタートラインに戻って今日をやり直せるなら…」，つまり「**時計の針を戻せるなら…**」というのが仮定法の世界ですから，「**戻り**」を表現するためには現在形ではおかしい，やはり**1つ前の世界**，過去形にしないといけないんだ。

つまり**If側の時制**は，「**どの世界に時計の針を戻すのか**」を表わしているんだ。

そして②の主文側の時制ですが，これは「**過去から見た未来の世界**」なのです。現在から見た未来は"will…"だよね。だから**過去から見た未来は"would…"**で表わすのは当然でしょう。「こうなるはずだったのに…」つ

まり，いわば「**失われた未来**」という感じですね。
「ではなぜcouldも使えるの？」と思うかもしれませんが，**canだって未来形**なのです。たとえば「彼は合格できる」というのは「これから先(将来)の話」ですね。難しく言えば「未来の可能性推量」というやつですから，「**過去から見た未来の可能性**」は，やはりcouldです。いわば「こうなる可能性があったのに…」，つまり「**失われた可能性**」というやつですね。だから**主文側にはwouldかcouldが必ず必要**です。なぜなら**主文側は必ず「If側から見た未来の世界」**だからですね。

ちなみに助動詞は基本的に未来形です。だから「1度戻った世界」から見た未来はやはり「助動詞の過去形」になるわけ。だからmay(〜してよろしい)の過去形might(してよかったのに)も使えることになる(ただし1％ぐらいしか使わない)。

僕はこのような関係を，「いったん戻って…」という関係が絵で書くとZの字に似ているので「**Z式**」**解法**と呼んでいます。

◆どんな問題が出るの？

> **問** 1. If my brother were here, he (　　) what to do.
> ① has known　② will know
> ③ would know　④ does know
> (摂南大)

▶**アプローチ**　If節があったら時制に注意します。過去形ならば「時計の針を戻した」ことを表している，つまり「仮定法ですよ」というサインです。つまり現実は「兄がいない今日」がもう過ぎてしまったことがわかる。**仮定法は常に現実を考る。現実は1つしかない**からです。「兄がいる今日」を想像するなら，いったん時計の針を戻さないといけない。だからIf側は過去形，主文側は常に「If側から見た未来」ですから「過去から見た未来」はwillではなく…

正解　③

（If my brother **were** here,） he **would know** what to do.
　　　　　S'　　 V'　　　　　S　　　V　　　　O

（もし兄がここにいれば，何をすべきか知ってるだろうに）

これですっきり！ 77 仮定法の第1公式
…現在のことに対する仮定法

「もし今日晴れていたら，公園に行ったのに」

If It **were** fine today, I **would go** to the park.

①現在のことなのに　　　　②どうして主文側には
なぜ過去形？　　　　　　　wouldかcouldが必要？

⇩　　　　　　　　　　　　⇩

| それは「今日のスタートライン」に「戻る」ため！ | それは「過去から見た未来」だから！ |

現実は現在形の世界だから「戻って」「今日をやり直す」ためには過去形にしないといけない！
（もし時計の針を戻せるなら…）

will/canは現在から見た未来。過去から見た未来はやはりwould/couldなのだ！
（失われた未来／失われた可能性という感じ）

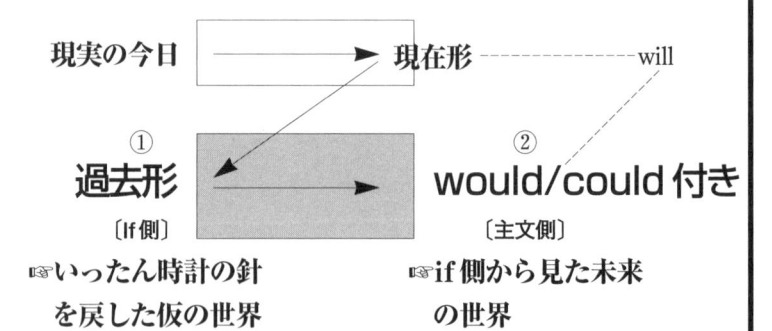

現実の今日 ────────▶ 現在形 ------------ will

①　　　　　　　　　　　　　　②
過去形　　　　　　　　　　　**would/could 付き**
〔If側〕　　　　　　　　　　　　〔主文側〕

☞いったん時計の針　　　　☞if側から見た未来
　を戻した仮の世界　　　　　の世界

この「Z式」で考えよう！

第7章　仮定法をSVC, SVOだけでマスターする方法

問 2．If Mary (　　　) how to swim, she would go to the beach more often.
　　① knows　　② knew　　③ will know　　④ had known

（聖心女子大）

▶**アプローチ**　主文側の時制が「would付き」になっている。ならば「過去から見た未来」を表わしているわけ。ならばIf側の時制は？

正解　②

(If Mary **knew** how to swim,) she **would go** (to the beach more often).
　　　S'　　V'　　　O'　　　　　　S　　V　　←Vの説明

「泳ぎ方を知っているなら，メアリーはもっと海に行くだろうが」

▶**ポイント**　現実は「泳ぎ方を知らないから，海岸に行かない」ですね。これが「過ぎてしまった現実」ですから，そうでない世界を想像するためには，いったん時計の針を戻して「泳ぎ方を知っているメアリー」を想像しているわけ。つまりIf側の時制が「現在形以外」**ならば必ず仮定法，つまり「時計の針を勝手に戻してしまった世界」**なのです。

※

「仮定法はなんか面倒くさい」と思うかもしれませんが，要は**一種の強調表現**なんだ。「彼女がいないから，寂しい」と現実をそのまま言う直説法より，「彼女がいれば，楽しいだろうに」と仮定法で言ったほうがインパクトがあるよね。ただそれだけの話です。

3. 仮定法の第2公式

君のモヤモヤ ③
『過去に対する仮定法』がよくわからない…
なぜ「If … had pp, … would + have pp」になるの？

◆ SVC，SVOで説明しましょう！

先ほどの"第1公式"さえわかれば後は簡単です。第1公式を軸にして，その前後，つまり過去と未来は暗記しなくても**自分で導き出す**ことができるんだ。

今度は第2公式，つまり「**過去の出来事に対する仮定法**」の話です。

If I │had not been│ busy, I │would have gone│ with you.
　　　　①　　　　　　　　　　②

「もしあの時忙しくなかったら，君と一緒に行ったのだが」

過去のことについて「もし…」という場合は，このように書くのですが，この文を使って何が公式なのかを解説すると，まず**① If 側の時制は「had + 過去分詞」**という形にします。要は**過去完了**（または**大過去**とも）という形ですね。

そして**②主文側の時制は「would/could + have + 過去分詞」**という形にします。要は「would/could + 原形」の1つ前の時制を表わしたいわけ。

─●君のモヤモヤ（仮定法の第2公式）──────────
「もしあの時忙しくなかったら，君と一緒に行ったのだが」

If I │had not been│ busy, I │would have gone│ with you.

①過去のことなのに　　　②どうして主文側を
なぜ大過去？　　　　　　would + have + 過去分詞にする？

第7章　仮定法をSVC，SVOだけでマスターする方法

こう書くと複雑そうですが，要は第１公式の時制を１つずつズラしているだけですね。

これも先ほどの"Z式"で考えてくださいね。

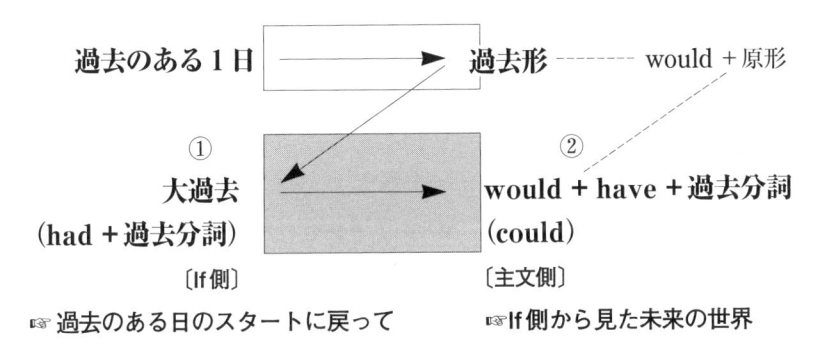

```
過去のある１日 ──────▶ 過去形 ------ would＋原形

      ①                           ②
    大過去    ──────▶    would＋have＋過去分詞
 (had＋過去分詞)                  (could)
    〔If側〕                       〔主文側〕
☞ 過去のある日のスタートに戻って  ☞ If側から見た未来の世界
```

まず①のIf側の時制についてですが，今から「過去の１日」のことを考えてるわけですね。その１日はもう過ぎてしまったわけです。過去のことですから「過去形の世界」ですね。

それに対し「もし…」と言って「違う過去の１日」を考えるためには，やはりいったん時を戻して，過去のある１日のスタートラインに戻ってその日をやり直さないといけないわけ。時計の針を戻してしまったことを示すため時制を「**大過去**」(**had＋過去分詞**)という形にするわけです。

そして②の主文側ですが，「**大過去から見た未来の世界**」はどう表現する？「過去から見た未来の世界」が「would/could＋原形」だったので，さらにその前だと言うことを表すため「**would/could＋have＋過去分詞**」という形にするわけです。あくまで過去から見た未来の世界だからwould/couldは絶対必要。

これですっきり！ 78 仮定法の第2公式
…過去のことに対する仮定法

「もしあの時忙しくなかったら，君と一緒に行ったのだが」

If I **had not been** busy, I **would have gone** with you.

①過去のことなのに　　　②どうして主文側を
　なぜ大過去？　　　　　would＋have＋過去分詞にする？

⇩　　　　　　　　　　　⇩

| それは「過去のある1日のスタートライン」に「戻る」ため！ | それは「大過去から見た未来」だから！ |

現実は過去形の世界だから「戻って」　　「過去」から見た未来は
「あの日をやり直す」ためには大過去　　would/could＋原形
にしないといけない！　　　　　　　　「大過去」から見た未来は
（もし時計の針を戻せるなら…）　　　 would/could＋have＋過去分詞

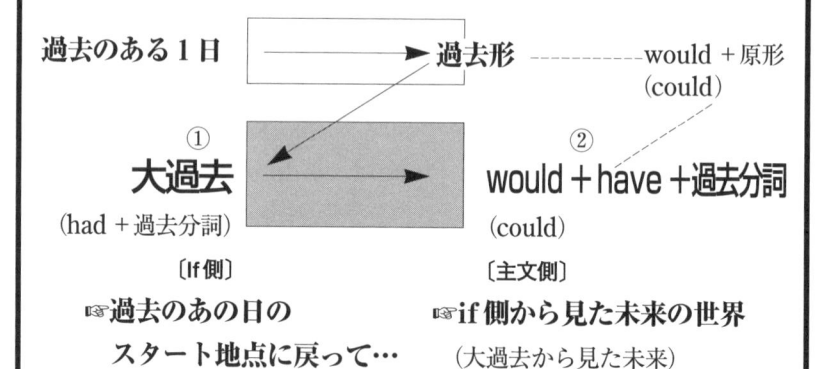

過去のある1日　　──▶　過去形　------ would＋原形
　　　　　　　　　　　　　　　　　　　 （could）
　　　　①　　　　　　　　　 ②
　　　大過去　　　　──▶　would＋have＋過去分詞
　（had＋過去分詞）　　　　　　（could）
　　　〔If 側〕　　　　　　　　〔主文側〕
☞過去のあの日の　　　　　☞if 側から見た未来の世界
　スタート地点に戻って…　　（大過去から見た未来）

この「Z式」で考えよう！

★マスターのコツは「暗記しないこと」（→自分で考えた方が楽）

第7章 仮定法をSVC，SVOだけでマスターする方法

◆どんな問題が出るの？

> **問** 1. If our last batter had not finally hit a home run, our team would (　　) the game.
> 　　① have lost　　　② have won
> 　　③ lose　　　　　④ win
>
> （センター試験）

▶**アプローチ**　If …があったら時制チェックですね。作者は時計の針をどこに戻そうとしている？つまり現在／過去／未来の3つのどの世界について「もし…」と言っているの？「had＋過去分詞」と大過去形になっているので「過去のある1日」についての話だ。形としては①も②もいいね。後は意味で決まる…

正解　①

(If our last batter **had not finally hit** a home run,)
　　　　　S'　　　　　　V'　　　　　　　O'
our team **would have lost** the game.
　　S　　　　　V　　　　　　O

「もし，最後のバッターがホームランを打たなかったら，我々のチームは負けていただろう」

▶**ポイント**　現実は「最後のバッターがホームランを打ったので，我々のチームは勝った」ですね。それをそのまま言ってもインパクトがないので，仮定法で強調して言っているわけ。

> **問** 2. If he had taken my advice, he (　　) happier now.
> 　　① would be　　　　② will be
> 　　③ will have been　④ would have been
>
> （青山学院大）

▶**アプローチ**　これは応用編でとても重要な問題なのです。If側の時制は大過

去になっていますね。つまり「過去のある日」の話，つまり「あの時僕のアドバイスを聞いておけば…」ですから普通は主文は④のパターンになるはずが，主文の最後に"…now"とあるね。つまり**「あの時あ～しとけば，今頃は…」**というパターン。

正解 ①

(If he $\boxed{\text{had taken}}$ my advice,) he $\boxed{\text{would be}}$ happier now.
　　S'　　V'　　　O'　　　　S　　V　　　C

「もしあの時，彼が僕のアドバイスを聞いていれば，**今頃は**もっと幸せだったろうに」

▶ポイント　If側は「過去の世界」(had＋過去分詞)ですが，主文側は「現在の世界」(would＋原形)になってますね。これは**"交差"**などと呼ばれるパターンで**とても頻出するパターン**。

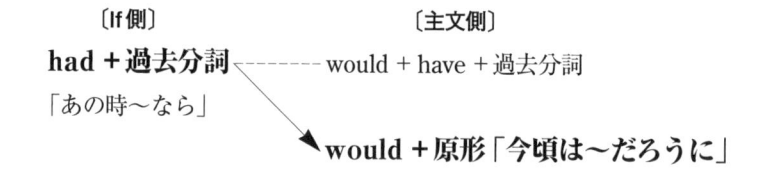

　　　　　　　〔If側〕　　　　　　　〔主文側〕
　　　had＋過去分詞--------would＋have＋過去分詞
　　　「あの時～なら」
　　　　　　　　　　　➤ **would＋原形「今頃は～だろうに」**

合格塾⑦

「受験のために授業をしているのではない…」
⇩
アメリカに塾や予備校がない理由を教えましょう！

　「受験のために授業をしているのではない…」というのが学校の立場です。ならば何のために授業をしているの？ゴールを明らかにしない勉強なんてありえないのです。例えば，野球部に入れば，試合に勝つために練習するわけですね。**「試合はしませんが練習だけしてください」と言われれば全員退部する**でしょう。

　学校の授業の目的は，何かの能力を身に付けさせることではない。要は「3年間授業すること」が目的。「家にいてもしょうがないから8時半から3時まで"おもり"をしましょう」というのが学校です。いわば「時間主義」。「何時間授業をしたか」が重要。塾や予備校は「成果主義」。何時間授業しようが，合格したり成績が伸びないと意味がない。

　「学校にも中間／期末試験という立派な"目標"があるじゃないか！」そう思うかもしれませんが，違うのです。**それらは"部分テスト"でしかない**。「関係詞を教えて関係詞のテストをする」「3角関数を教えて3角関数のテストをする」その繰り返しで卒業となるのですが，**全体を範囲とした受験となるともうお手上げ**になってしまう。「部分」をいくら積み重ねても「全体」にはならないのです。

　欧米の高校では必ず「卒業テスト」というのをやります。部分ではなく全体を範囲とした試験をするわけ。その統一テストを目標に高校では授業をするのです。つまり**日本で塾や予備校がやっていることを学校がやっている**わけ。だから塾なんてない。大学入学はこの卒業試験の成績で決まるからです。学校の授業と入試が直結しているわけ。

　日本も卒業テスト型に変えるべき。各大学で入試問題を作っている国なんて珍しい。**「全体を範囲としたテストを目標に」「各部分の意味や関係を習う」それが正しい勉強**というものなのです！

4. 仮定法の第3公式

君のモヤモヤ ④
『未来に対する仮定法』がよくわからない…
「現在形／should…／were to…」って3つもあるの？

◆ SVC, SVO で説明しましょう！

　最後は未来に対する仮定法です。もちろんこれまでの現在，過去に対する仮定法がとても重要だし，本当の意味での仮定法はこの2つだけですから，これからお話する未来に対する仮定法は付け足しぐらいに思ってください。

　結論から言えば，**If側の時制が次のような3つの形になっていると，未来に対する話**だと思ってください。

- (1) If … 現在形,　　　　　←単なる条件（仮定法じゃない）
- (2) If … should + 原形,　←仮定法
- (3) If … were to + 原形,　←仮定法

そして(2)と(3)が仮定法，(1)は仮定法ではなく，単なる条件なんです。

　本章の冒頭でも言ったように，未来に対して「もし…」という場合は**仮定法とそうでない場合**があるんだ。

　例えば「(3色のうち)もし青が出たら，一等賞です」という場合の「もし…」は3つの可能性のうち「もし…」という意味だよね。青が出るのは十分ありえることです。つまり「もし…」の性質が今までと違うんだ。別の世界を想像しているわけではない。

　それに対し，今日が日曜で「もし明日も日曜ならば，休めるのに」というのは「明日も日曜」ということはありえないよね。

　このように，**ありえないことを言っていますよというサインが(2)と(3)です。(2)は少しはありえること**（万一…），**(3)は絶対ありえないことです。**

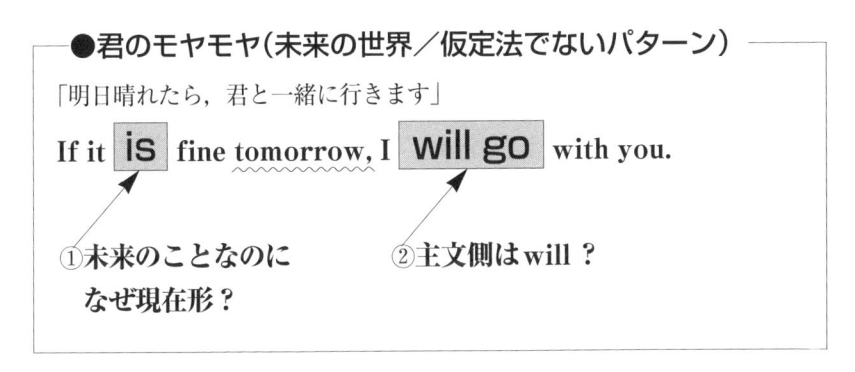

●君のモヤモヤ（未来の世界／仮定法でないパターン）

「明日晴れたら，君と一緒に行きます」

If it is fine tomorrow, I will go with you.

①未来のことなのに なぜ現在形？

②主文側はwill？

まず仮定法でないパターンから行きましょう。①If側の時制が現在形になっていると「未来のことで」「十分ありえること」を述べていると思ってください。

この「もし…」は，いくつかの可能性のうち「もし…なら」という意味。つまり**「時計の針を戻していない」**ことを示すために現在形にしているんだ。

②また主文側は常に「If側から見た未来」ですから，現在形から見た未来ですから，もちろんwillです。

つまり常に「If側が条件，主文側がその帰結（結果）」という関係になるのですが，「未来形の未来形」はないので，主文側がwillならIf側はその前の時制にしないといけないわけ。だからIf側は未来のことでも現在形です。

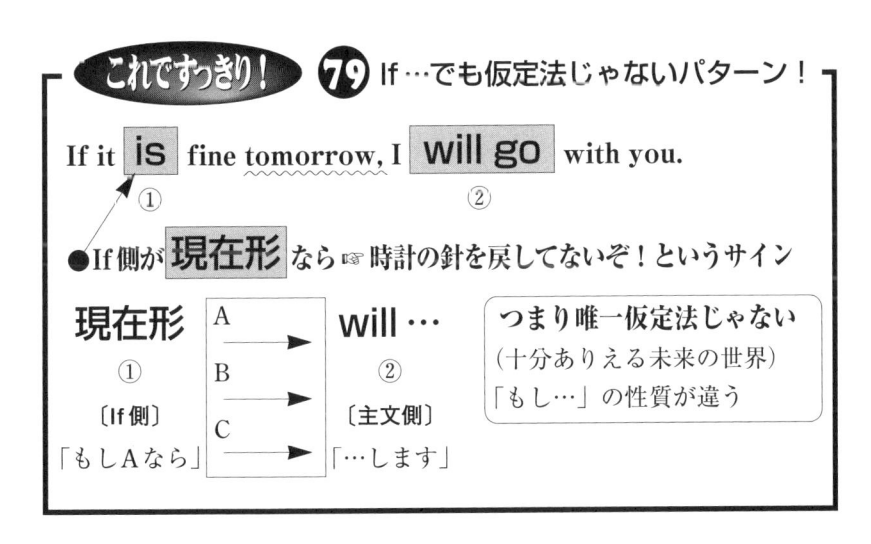

これですっきり！ (79) If …でも仮定法じゃないパターン！

If it is fine tomorrow, I will go with you.
①　②

●If側が 現在形 なら☞時計の針を戻してないぞ！というサイン

現在形		will …
①	A →	②
〔If側〕	B →	〔主文側〕
「もしAなら」	C →	「…します」

つまり唯一仮定法じゃない
（十分ありえる未来の世界）
「もし…」の性質が違う

---●君のモヤモヤ（未来の仮定法１／可能性少々）---

「万一再び失敗することがあれば，彼女はあきらめるでしょう」

If she should fail again, she would give up .

①If側はなぜshould付きなの？　②どうして主文側はwould/could付きにするわけ？

　今度は，未来に対する仮定法その１です。可能性が少しはあること，つまり「おそらくないだろうけど万一…」というときには，**①If側は「should＋原形」**，そして**②主文側は，基本的には「would/could＋原形」**にしますが，**willでも構わない**。ありえないという気持ちが強いとwould/couldという感じ。

　なぜこういう形になるの？

　まず①If側の"should"ですが，これは作者は「**shallの過去形**」という気持ちで付けているんだ。

　未来を表わすものはwillだけでなくshallも立派な未来形なんです。ほとんどShall I ～?（～しましょうか？）／Shall we ～?（～しませんか？）というパターンでしか使いませんが，やはり未来形。そして例文で言えば「彼女は成功する」というのが「おそらく起こるであろう未来」なわけで，つまり「**shallの世界**」です。

　だから「もし万一失敗したら…」というのは，確定した未来がすでに経過したと考えるならば，やはりいったん，**未来のスタートラインに戻って，別の未来をやり直す**ことになるわけ。これもZ式で考えられるね。

　要は過去形にすることで「時計の針を勝手に戻した」こと，つまり「ありえないが…」というニュアンスを伝えているのです。

　そして②主文側は常にIf側に対する未来ですから，shouldという「**過去から見た未来**」なら「**would/could 付き**」になるでしょう。**現実に近いと思ったらwill**になります。

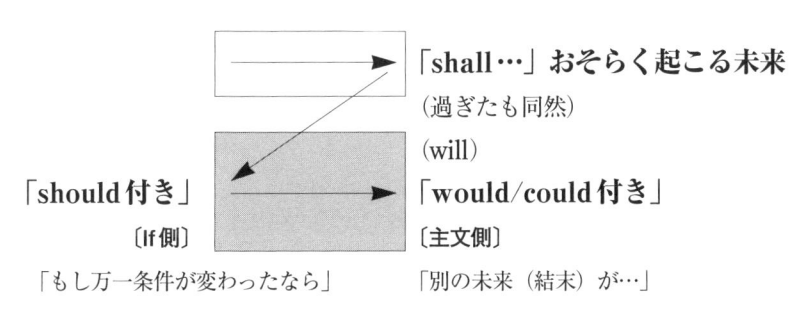

第7章　仮定法をSVC，SVOだけでマスターする方法

「shall…」おそらく起こる未来
（過ぎたも同然）
（will）
「should 付き」　　　　　「would/could 付き」
〔If側〕　　　　　　　　〔主文側〕
「もし万一条件が変わったなら」　「別の未来（結末）が…」

これですっきり！　❽⓪ 未来の仮定法１／可能性少々

「万一再び失敗することがあれば，彼女はあきらめるでしょう」
If she **should fail** again, she **would give up**.

①If側はなぜshould付きなの？　　②主文側はwillでもwould/could付きでもいいとは？

⇩　　　　　　　　　　　⇩

それは「未来のshall」を過去形にしているつもり！　　可能性が高いとwill　可能性が低いとwould/could

おそらく起こる未来　　　　　shall…（過ぎたも同然）
①　　　　　　　　　　　②
「should」　　　　　　　would/could 付き
　　　　　　　　　　　　（will）
〔If側〕　　　　　　　〔主文側〕
「時計の針を戻したら…」　「別の未来（結末）が…」

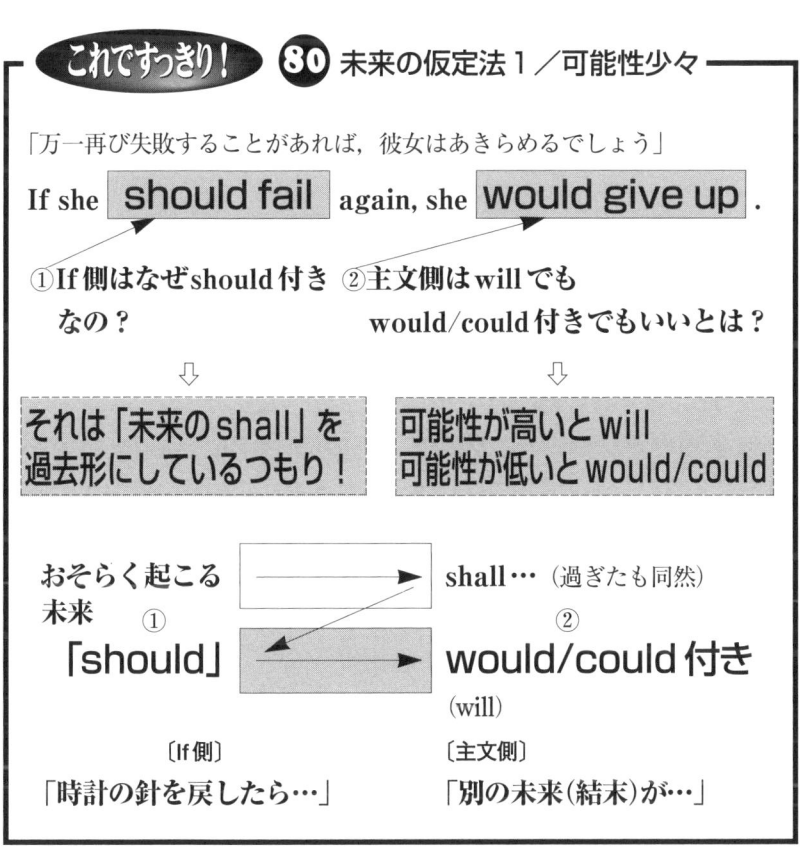

---●君のモヤモヤ（未来の仮定法２／可能性ゼロ）──────

「もし太陽がなくなったら，生き物は生きていけない」
If the sun were to go out , nothing could live .

①If側はなぜ「were　　②どうして主文側は
　to＋原形」なの？　　　would/could付きにするわけ？

──────────────────────────────

　未来について「**全く可能性のないこと**」について話すときは，①If側を「**were to＋原形**」という形にします。②主文側は「**would/could付き**」です。

　これはなぜかわかりますか？まず①If側の「were to＋原形」ですが，皆さんは「**be to助動詞**」というのを知っていますか？

　「be動詞＋to」を助動詞のように使って「**予定**」を表わすことができましたよね。作者はその連想で「**be to助動詞**」の過去形のつもりで「**were to＋原形**」にしているんだ。過去形にすることで「**時計を戻してしまったこと＝ありえないこと**」を表わしているんだ。

　要は<u>未来の３つの世界を区別するために「will／shall／be to」という３つの未来形を利用している</u>というわけですね。

　②主文側はもちろんありえない世界ですから「失われた未来／可能性」を表すためwould/could付きにします。willは使えない。

　それより，この文は仮定法の感じが良く出ていますね。「太陽のない世界」を想像させることで，太陽のありがたさを述べようとしているわけ。

　「仮定法は強調表現だ」と言った意味がわかってもらえましたか？

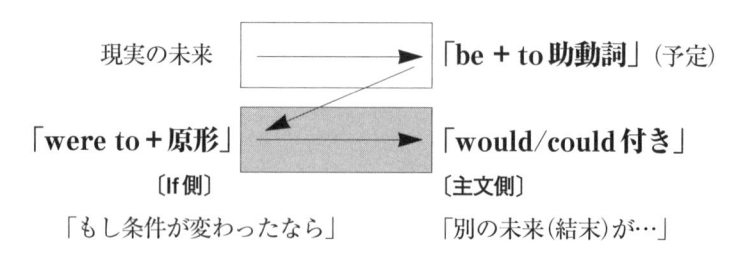

```
現実の未来  ────────▶ 「be＋to助動詞」（予定）

「were to＋原形」 ─────▶ 「would/could付き」
　　〔If側〕　　　　　　　　　〔主文側〕
「もし条件が変わったなら」　　「別の未来（結末）が…」
```

228

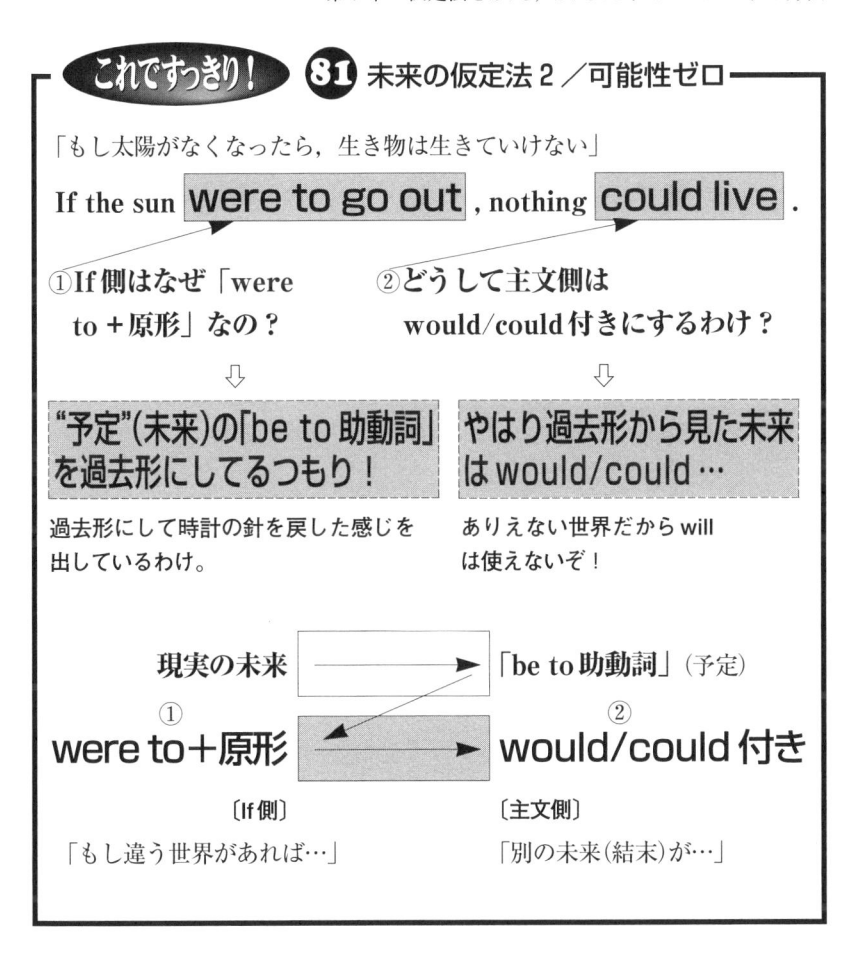

第7章　仮定法をSVC，SVOだけでマスターする方法

これですっきり！　�81　未来の仮定法2／可能性ゼロ

「もし太陽がなくなったら，生き物は生きていけない」

If the sun **were to go out**, nothing **could live**.

①If 側はなぜ「were to ＋原形」なの？

②どうして主文側は would/could 付きにするわけ？

⇩

"予定"(未来)の「be to 助動詞」を過去形にしてるつもり！

過去形にして時計の針を戻した感じを出しているわけ。

⇩

やはり過去形から見た未来は would/could …

ありえない世界だから will は使えないぞ！

現実の未来　────▶　「be to 助動詞」（予定）

　　　①　　　　　　　　　　②
were to ＋原形　────▶　would/could 付き
　　〔If 側〕　　　　　　　〔主文側〕
「もし違う世界があれば…」　「別の未来（結末）が…」

◆どんな問題が出るの？

問 1. （　　　） another chance, he would do his best.
　① Be given he should　② Given he should be
　③ He should be given　④ Should he be given

（京都産業大）

▶**アプローチ**　主文側にwouldが付いているので99％仮定法表現，この形だと現在に対する仮定か，未来に対する仮定だが…。

正解　④

Should he be given another chance, he **would** do his best.
「もし万一彼にチャンスが与えられたら，彼はベストを尽くすでしょう」

▶**ポイント**　正解を見てもわからないかもしれませんが，これは応用編で，shouldを使うタイプは「**Ifの省略→倒置**」で使うパターンが多いんだ。

If he **should be given** another chance,…
（もし万一彼にチャンスが与えられたなら，…）

If側はちゃんと書くとこうなりますが，このIfを省略することができて，その時は省略したことがわかるように「**Vの1番前にあるもの**」**だけを前に出す**ことになっているんだ。この場合はshouldですね。

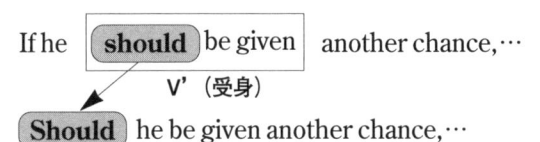

If he　should　be given　another chance,…
　　　　　　V'（受身）
Should he be given another chance,…

もちろんshould以外の文でもこの「Ifの省略→倒置」は使えますが，今回のshouldなど特定パターンで使うのが普通。

第7章　仮定法をSVC，SVOだけでマスターする方法

> **問** 2. If you were to fall from that bridge, it (　　　) almost impossible to rescue you.
>
> ① is　　② was　　③ would be　　④ would have been
>
> （センター試験）

▶**アプローチ**　If側の時制が「were to V」となってる時点で未来の仮定法しかないから，主文側の時制は決まったよね。

正解　③

(If you **were to fail** from that bridge,) it **would be** almost
　　　S'　　V'　　　←V'の説明　　　仮S　　　V

impossible ／ to rescue you.
　　C　　　　　真S

「もし君があの橋から落ちたら，助けるのはほとんど不可能だよ」

▶**ポイント**　答えを導き出すのは簡単ですが，仮定法を使うニュアンスをつかんでほしい。

仮定法は基本的には「**英語の敬語**」なんだ。

例えばデートに誘われたとき，はっきり断ると悪いので「時間があれば，デートできるのですが…」こんな感じで断るよね。これがまさに「仮定法の世界」なのです。つまり相手に失礼のないように言っているわけ。直説法で言うと失礼なので，わざと仮定法にしてぼかしているんだ。

この問題でも「あなたが落ちるなんてありえないですが…」という感じで「were to V」を使ってるわけ。もし仮定法で言わなかったらとても失礼なのです。

まだ仮定法の話は続きますので，そのことを意識しながら聞いてください。

231

5. 仮定法を使った慣用表現(1)

頭のモヤモヤ ⑤
「I wish …過去形」などがよくわからない…
丸暗記するしかないの？

◆ SVC，SVO で説明しましょう！

　仮定法の3つの"公式"を見てもらいましたが，どうですか？仮定法はただ「どの時制を使うか」というだけの話。そしてそれも結局は3パターンしかないのです。

　こう言うと決まって次のような反応が返ってきます。

　「だけど，I wish …とか as if …とか他にもややこしい公式がたくさんあるんですよ…」

　このような"勘違い"をスッキリ解決してもらおうというのが今回の趣旨です。いわゆる仮定法を使った慣用表現の話ですね。

　実はこれらの慣用表現は全て仮定法の基本形の『If側を変形しただけ』なのです。気づいてましたか？

　仮定法を使った慣用表現と言えば，今回お話する I wish …，It is (high) time …，as if/as though … と，次回の「なければ表現」の4つだけで十分でしょう。

①「I wish …」パターンがモヤモヤしている人へ

　参考書などには必ず次のような"公式"が載っています。

　　① S wish S'＋**過去形**…「**今**～であればなぁ」
　　② S wish S'＋**大過去**…「**あの時**～だったらなぁ」

　これで暗記しろと言われてもつまらないですね。なぜ過去形なのか，なぜ過去完了なのか，理解すれば簡単な話です。

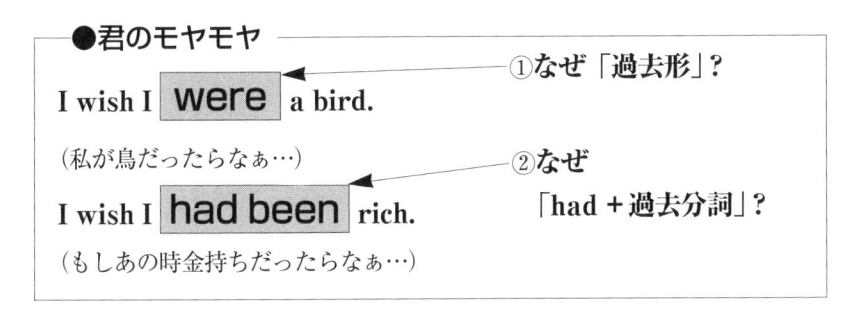

第7章 仮定法をSVC，SVOだけでマスターする方法

●君のモヤモヤ

I wish I were a bird.　←―①なぜ「過去形」？
（私が鳥だったらなぁ…）

I wish I had been rich.　←―②なぜ「had＋過去分詞」？
（もしあの時金持ちだったらなぁ…）

まずは「私が鳥だったら…」という有名な文から行きましょう。「なぜwereなのか」「なぜ過去形なのか」と思った人も多かったのでは？実はこの文は元はこんな文だったのです。

　　　If I **were** a bird, I **would be** happy.　…(1)
　　　（もし私が鳥だったら，楽しいだろうに）

これはまさに今までやってきたパターンですね。If側の時制を過去形にして「現在のことで」「ありえないこと」を言っていることがわかるね。**仮定法の第1公式です。**

　　　If I **were** a bird!　　　　　　　　…(2)
　　　（もし私が鳥だったらなあ…）

ではこれはどうでしょう？先ほどの文の**If側だけ**の文ですね。主文がなくても，これだけで言いたいことが通じるよね。こういう文も口語では昔は使っていたのですが，文としてはイントロだけ，つまり副詞節だけの文はもちろん成立しないので，**このIfの代わりにI wishを使って形式上SVOの文にしただけ**です。

　　　　　If　 I were a bird!
　　　　　⇩
　　　　　I wish　I were a bird.　　　…(3)

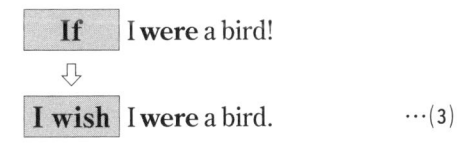

「現在に対する仮定法」ならばIf側の時制は「過去形」だったよね。そのIfを→I wish…つまりS wish…に変えただけですね。だからこのような公式になるのです。

233

① <u>S wish</u> S' + **過去形**…「今〜であればなぁ」
　 = If

同様に「過去に対する仮定法」，つまり「あの時〜だったら」というのは**If側の時制は「大過去」**，つまり「**had + 過去分詞**」ですね。

　　If I had been rich!
　（もしあの時金持ちだったらなぁ…）

例えば，これだけでも言いたいことは通じるよね。でも文としてはおかしいので，Ifの部分をI wish…，つまりS wish…にしたまでです。

　　　　[**If**] **I had been** rich!
　　　　　⇩
　　　[**I wish**] **I had been** rich.

② <u>S wish</u> S' + **大過去**…「あの時〜だったらなぁ」
　 = If

問 1. A：I didn't know that she was so troubled about money matters.
B：I wish you (　　　) her some a couple of weeks earlier.
① had sent　　② send　　③ sent　　④ will send
(センター試験)

▶**アプローチ**　I wishを見たら「= If(もし)」と頭の中では変換しよう。だから後ろの文の時制は「過去形」か「大過去」。今から見た「現在」のことを言っているのか「過去」のことを言っているのか…

正解 ①

A：「彼女がそれほどお金のことで困っているなんて知らなかった」
B：I wish you **had sent** her some a couple of weeks earlier.
　「君がもう２，３週間ほど早くいくらかのお金を送金してやればよかったのに」

第7章 仮定法をSVC，SVOだけでマスターする方法

▶ポイント　Bは「もしあの時君がもっと早くお金を送っていれば(彼女は困らなかったろうに)」＝「君の送金が遅れたから，彼女は困った」と言ってるわけ＝**If** you had **sent** her some a couple of weeks earlier…, she wouldn't have been so troubled….

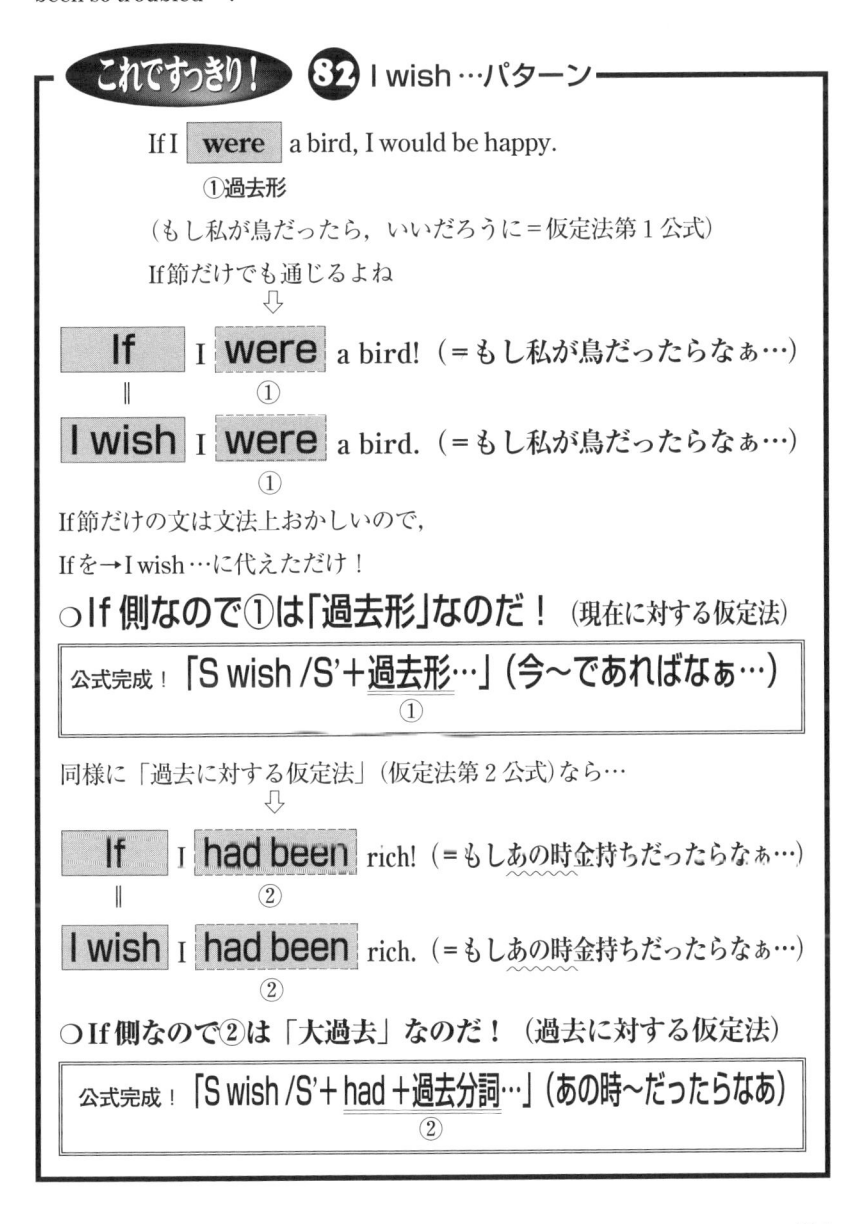

これですっきり！　**82** I wish …パターン

If I　were　a bird, I would be happy.
　　　①過去形

（もし私が鳥だったら，いいだろうに＝仮定法第1公式）

If節だけでも通じるよね
⇩

　If　I　were　a bird!（＝もし私が鳥だったらなぁ…）
　　　　　　①
　‖
　I wish　I　were　a bird.（＝もし私が鳥だったらなぁ…）
　　　　　　　①

If節だけの文は文法上おかしいので，

Ifを→I wish…に代えただけ！

○If 側なので①は「過去形」なのだ！　(現在に対する仮定法)

公式完成！「S wish /S'＋過去形…」（今～であればなぁ…）
　　　　　　　　　　　　①

同様に「過去に対する仮定法」（仮定法第2公式）なら…
⇩

　If　I　had been　rich!（＝もしあの時金持ちだったらなぁ…）
　　　　　　②
　‖
　I wish　I　had been　rich.（＝もしあの時金持ちだったらなぁ…）
　　　　　　　　②

○If 側なので②は「大過去」なのだ！　(過去に対する仮定法)

公式完成！「S wish /S'＋had＋過去分詞…」（あの時～だったらなあ）
　　　　　　　　　　　　　　　②

②「It is (high) time S'＋過去形…」がモヤモヤしている人へ

It is (high) time S'＋過去形…
「もう〜してもいい頃」

これもどの参考書にも載っている"公式"ですね。It is (high) time の後ろに文があってその時制は必ず「過去形」で使うんだ。high は付けても付けなくてもいい。意味は「もう（とっくに）〜してもいい頃」という感じ。about でもOKです。「もうそろそろ」といった感じ。

これは必ず「過去形」で，「大過去」にはならないので先ほどより簡単ですね。

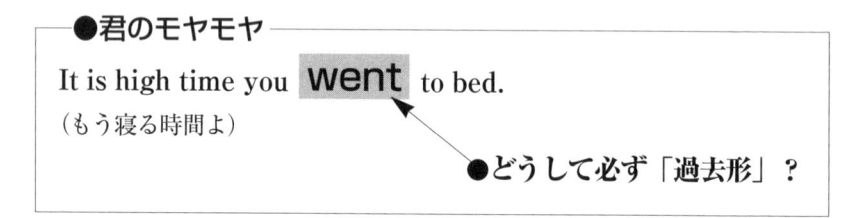

●**君のモヤモヤ**

It is high time you **went** to bed.
（もう寝る時間よ）

●どうして必ず「過去形」？

これも元は「If 側」だったわけ。

　　If you **went** to bed, I **would be** happy.
　　（もし君が寝てくれたら，私は嬉しいのに）

これが元の文。つまり「君が寝ないから，困ってる」これが事実ですね。それを仮定法で遠回しに言っているわけ。「現在の事実に反する」仮定法ですから，If 側の時制は「過去形」ですね。**仮定法の第1公式**です。

　　If you **went** to bed !
　　（君が寝てくれたら…）

そしてこれがその「If 側」だけの文ですが，これだけでも言いたいことはわかるよね。

しかし文法的にはおかしいので，**If** を→**It is high time** に変えたのが冒頭の文なのです。time の説明として後ろの文があるわけ。time の直後の関係副詞の when が省略されていると思ってください。

第7章 仮定法をSVC，SVOだけでマスターする方法

```
    If        you went to bed!
     ⇩
It is high time you went to bed.
 S  V    C      ←Cの説明
```

　だからIt is time…以降の文は，「現在に対する仮定法」のIf側ですから，必ず時制が「過去形」(**主語がIの場合もwereではなく必ずwas**)になるのです。納得できましたか？

　発想は全て「If側を活かそう」ということですね。

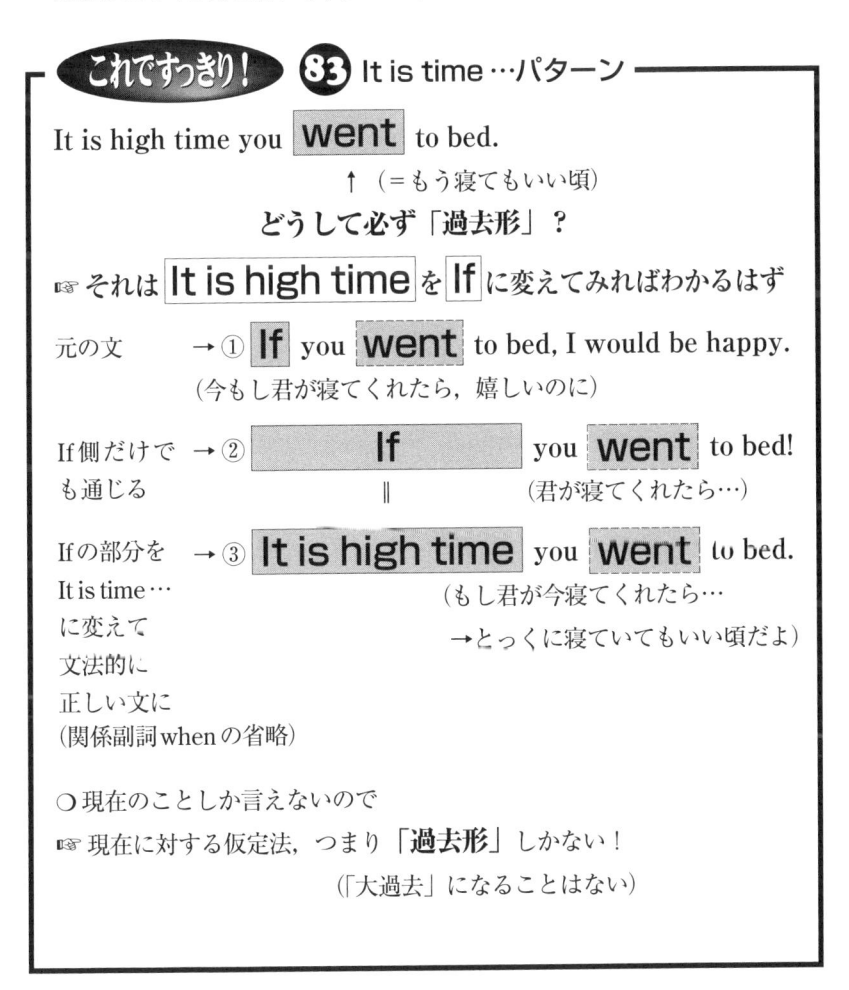

これですっきり！　83　It is time…パターン

It is high time you **went** to bed.
　　　　　　　　　　 ↑ (＝もう寝てもいい頃)

どうして必ず「過去形」？

☞ それは It is high time を If に変えてみればわかるはず

元の文　→① **If** you **went** to bed, I would be happy.
　　　　　　(今もし君が寝てくれたら，嬉しいのに)

If側だけで　→② **If** you **went** to bed!
も通じる　　　　‖　　(君が寝てくれたら…)

Ifの部分を　→③ **It is high time** you **went** to bed.
It is time…　　　　(もし君が今寝てくれたら…
に変えて　　　　　　　→とっくに寝ていてもいい頃だよ)
文法的に
正しい文に
(関係副詞whenの省略)

〇 現在のことしか言えないので
☞ 現在に対する仮定法，つまり**「過去形」**しかない！
　　　　(「大過去」になることはない)

> **問 2.** It's already eleven. It's high time you (   ) in bed.
> ① are　　② have been　　③ were　　④ will be
> 　　　　　　　　　　　　　　　　　　　　（センター試験）

▶**アプローチ**　It's high time …とくれば頭の中でIf…（もし）に変換しよう。「もし寝てくれたら嬉しいんだけど…」。仮定法の第1公式。実際には寝てないわけですから，時計の針を戻すために，つまり，現実とは逆だということを表わすため，If側は「過去形」だ。

正解　③

It's already eleven. It's high time you **were** in bed.
「すでに11時。もう寝る時間ですよ」

▶**ポイント**　先ほども述べたように，この問題文で，youがIになっても，仮定法だからといって，"I were"とは絶対になりません。必ず，**"I was"** と過去形を使うので注意してください。

③「as if / as though …」パターンがモヤモヤしている人へ

　　　S V …　〈**as if / as though** S' V'（過去形／大過去）…〉
「まるで〜であるかのように」

最後はこのパターンです。これはもちろん「If側」ですから，時計の針を勝手に戻す…，つまり「過去形」か「大過去」になりますね。

「まるで外国人のように英語を話した…」などと使います。実際には外国人じゃないわけですから，やはり仮定法の世界だよね。

それは簡単なのですが，問題は「過去形」と「大過去」(had + 過去分詞)の使い分けなのです。勘違いしている人が多いんだ。

結論から言うと「**V（述語動詞）との関係**」で決まります。

皆さんの多くは，Vが「現在形」なら→V'は「過去形」，Vが「過去形」なら→V'は「大過去」，と単純に考えているのですが，実は違うのです。Vが「現在形」でも→V'が「大過去」になることもあるし，Vが「過去形」で→V'

が「過去形」になることもあるのです。なぜだかわかりますか？実はVとV'が「**ズレているか／ズレてないか**」で決まるのです。知ってた？

(1) She **looks** as if she **were** sick.
(2) She **looks** as if she **had been** sick.

さて，この２文の違いがわかりますか？
(1)は「彼女はまるで病気のように見える」，(2)は「彼女は，病気だったように見える」ですね。つまり(1)は，「今」病気のように「今」見える，と言っているのに対し，(2)は，「昔」病気だったように「今」見える，と言ってるわけ。つまり(1)は「ズレ」がないのに対し，(2)は「ズレ」があるわけ。

つまりas if以降の文の「**過去形**」は→「**ズレ**」**がないこと**，「**大過去**」**は**→「**ズレ**」**があること**を表わしているんだ。

(3) She **looked** as if she **were** sick.
(4) She **looked** as if she **had been** sick.

ではこの２文の違いがわかります？今度はShe looked …とV (述語動詞)が過去形になっていますね。でも考え方は同じですよ。(3)はas if以降は「過去形」ですから「ズレ」がない，(4)は「大過去」ですから「ズレ」があるのですね。(3)は「彼女は病気のように見えた」，(4)は「彼女は(その前に)病気だったように見えた」

問 3. You looked (　　　) a ghost when you came out of the house. What happened?
　① like to have seen　　② like seeing
　③ as though to have seen　　④ as if you had seen
(中央大)

▶**アプローチ** as if …以降の時制は「大過去」，つまり「その前に」幽霊を見たような顔に見えた，と言ってるわけ。ちなみにas ifの代わりに**as though**も使えるが，③は後ろの形がおかしい。

正解 ④

You **looked** as if you **had seen** a ghost when you came out of the house. What happened?

「君は，その家から出てきたとき，まるで幽霊でも見たかのような顔をしていたよ。何かあったの？」

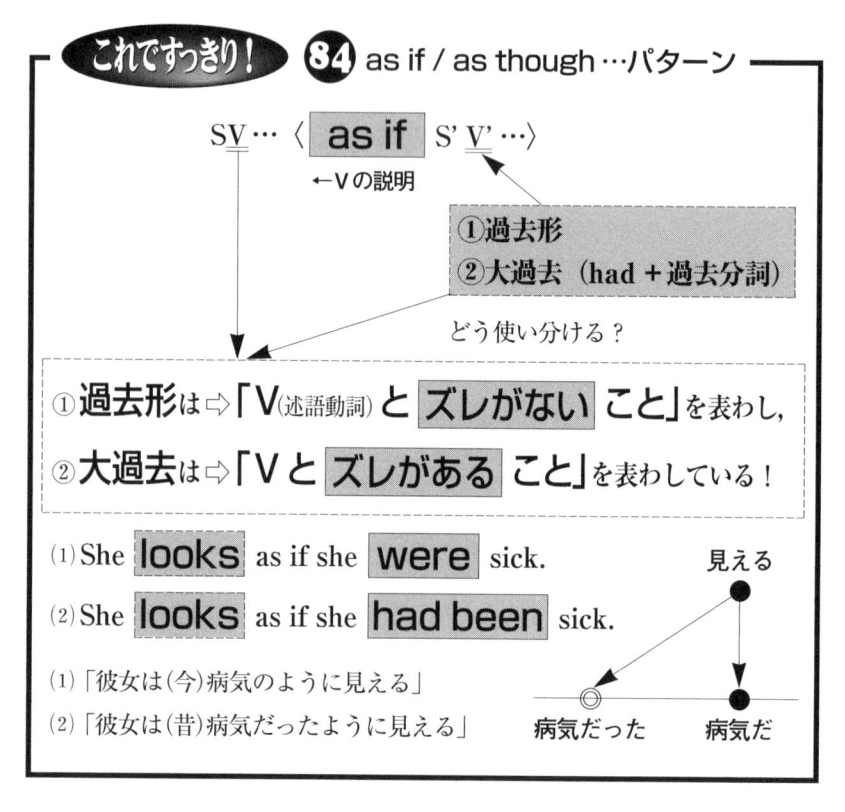

これですっきり！ 84 as if / as though …パターン

S V … 〈 as if S' V' …〉
　　←Vの説明

① 過去形
② 大過去（had＋過去分詞）

どう使い分ける？

① **過去形**は ⇨ 「V(述語動詞)と ズレがない こと」を表わし，
② **大過去**は ⇨ 「Vと ズレがある こと」を表わしている！

(1) She looks as if she were sick.
(2) She looks as if she had been sick.

(1)「彼女は(今)病気のように見える」
(2)「彼女は(昔)病気だったように見える」

見える
病気だった　病気だ

つまりこれらの慣用表現は全て仮定法の基本形の「If…を変形」しただけなのです！

第7章 仮定法をSVC, SVOだけでマスターする方法

これですっきり！ 85 仮定法の慣用表現の秘密

「もし～ならばなあ（いいのに）」

```
If
S wish
It is time
… as if
```

S' V'…
　↑
①過去形
②大過去（had＋過去分詞）

これらの慣用表現（構文）は
☞ **全て仮定法の基本形の「If…を変形」しただけ！**

★だから時制は全て「If…側」の時制（過去形・大過去）なのだ！

6. 仮定法を使った慣用表現(2)

君のモヤモヤ ⑥
「なければ表現」がよくわからない…
また「if 節」のない仮定法もあるの?

◆ SVC, SVO で説明しましょう!

最後にその他の頻出事項として「なければ表現」というのがありますので,それを確認しておきましょう。

(1) **If it were not for** 〜, … would + 原形
(2) **If it had not been for** 〜, … would + have + 過去分詞

(1) 「もし今〜がなければ…」
(2) 「もしあの時〜がなかったら…」

どの参考書にもこういう公式が書いてあるでしょう。**要は「もし〜がなければ」と言うとき専用**の言い方なんです。例えば「太陽がなければ,生きていけない」とか「あの時彼の助けがなかったら,失敗していたろう」などなど…。要は「ある」「あった」ことに感謝しているわけです。

(1) **If it were not for** the sun, every living thing on the earth would die.
 (もし太陽がなければ,地球上の全ての生き物は死んでしまうだろう)
(2) **If it had not been for** your help, I would have been ruined.
 (もしあの時君の助けがなかったら,私はダメになっていただろう)

これはそのまま覚えてしまった方がいい。あまり難しく考えない。
notの位置だけは注意してください。必ずVの「1つ目の動詞の直後」に置くことになっているんだ。否定形は全てそうですよ。
同様の言い方として **But for 〜 / Without 〜** もよく使います。「現在のこと」でも「過去のこと」でも使えます。

(1)= **But for** the sun, every living thing on the earth would die.
　（**Without** the sun …）

　つまり仮定法はIf節がなくても全然平気です。「もし～」という意味合いが入っていればいい。ただし主文側は必ず未来の世界ですから，would/couldは必要です。

これですっきり！　86　なければ表現

If it were not for the sun, every living thing would die.
→「今もし～がなければ…」という時の決まり文句

If it had not been for your help, I would have been ruined.
→「あの時もし～がなかったら…」という時の決まり文句

○「今～がある」「あの時～があった」ことに感謝しているのだ
○ But for ～／ Without ～も同じ意味でよく使う！
　（いわゆる「なければ表現の御三家」！）

◆どんな問題が出るの？

問 1. (　　) his idleness, he would be a nice fellow.
　① It were not for　　② If it were not for
　③ If he were not　　④ If it were not　　（センター試験）

▶アプローチ　選択肢を見て「例の"なければ表現"だな」と気づくか。
正解　②

If it were not for his idleness, he would be a nice fellow.
「もし怠慢さがなければ，彼はいい奴なのだが」

▶ポイント　これは「感謝」ではないですが，こういう使い方もできるいい例。

問 2. (　　) it not been for the accident, I would never have studied the problem.
　　① But　　② Had　　③ If　　④ rovided

（千葉商科大）

▶アプローチ　これは応用編で「Ifの省略－倒置」に関する問題。チャレンジしてみてください。

正解　②

Had it not been for the accident, I would never have studied the problem.
「もしその事故がなければ，私は決してその問題を研究しなかったろう」

▶ポイント　この「なければ表現」は「Ifの省略―倒置」で使われる（つまり出題される）ことも多いんだ。「Ifの省略－倒置」は①Ifを取って②「Vの先頭のもの」だけを前に出すんでしたね。

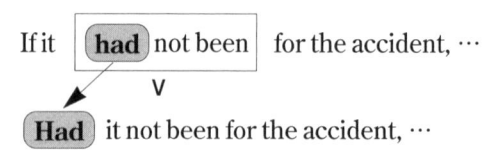

If it　had not been　for the accident, …
　　　　V

Had it not been for the accident, …

※

　以上，仮定法について書いてきましたが「仮定法とは＝時制だ」と言った意味がわかってもらえましたか？何も目新しいことは出てこなかったよね。大過去（過去完了）だって知っているだろうし，willの過去形wouldも知ってるはず。慣用表現も基本形の変形に過ぎないわけ。つまり仮定法は「時制選択」の話だよね。

　実はその時制選択のポイントは**「仮定法でないパターン」**が握っているのです。Ifを使うパターンで唯一仮定法でないパターンがあったよね。①**If側を「現在形」**にして，②**主文側が「will＋…」**になるパターンです。Ifを使う文は，半分ぐらいはこのパターンなのです。そして**このパターン**

を崩すことが仮定法なんだ。つまり①「If 側がいつもの現在形じゃないぞ」というのが作者の最大のメッセージ。そして，②「主文側がいつものwill…のパターンではないぞ」というのが最大のメッセージになるわけ。

仮定法の授業ではこの「If…でも仮定法じゃないパターン」はほとんど無視されているのですが，実はこのパターンを基本軸に考えるとわかりやすい。

というわけで，最後に次の表の空欄を埋められるかやってみてください。ポイントは，if側は「時計の針を戻した」ことを伝えないといけないので，何らかの形で過去形か大過去になっているはず。また主文側は常にIf側（過去）から見た未来の世界ですから，would, couldと助動詞が過去形になっているところがポイント。つまりいつものwillじゃないところがポイントです。

(ありえないが…)

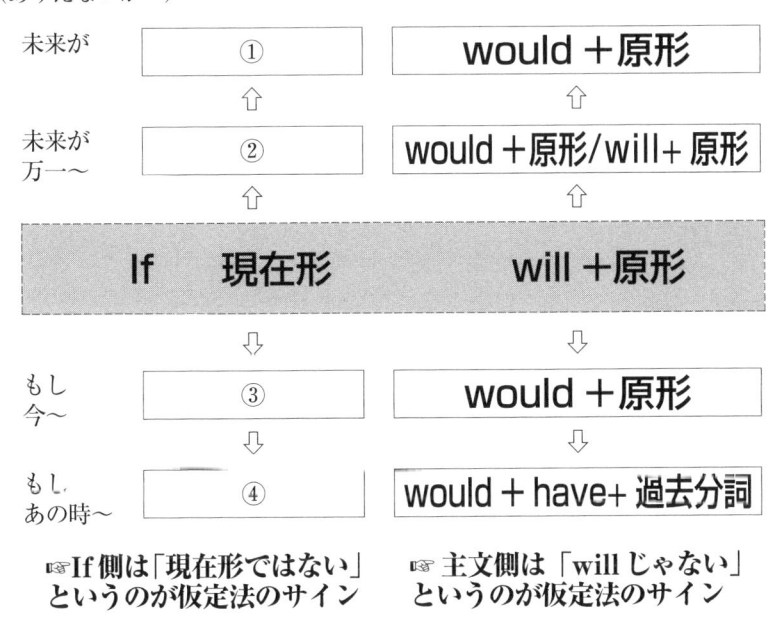

	If節	主文
未来が	①	would ＋原形
未来が万一～	②	would ＋原形／will ＋原形
	If　現在形	**will ＋原形**
もし今～	③	would ＋原形
もしあの時～	④	would ＋ have ＋過去分詞

☞ If 側は「現在形ではない」というのが仮定法のサイン　　☞ 主文側は「will じゃない」というのが仮定法のサイン

正解　①were to V　②should ＋原形　③過去形　④had ＋過去分詞

あとがき

　本書を最後まで読んでくれた方はどんな感想を持ったでしょうか。本書でも使用した"設計図"（5文型の変形版）を用いた英文解釈の本は、幸い多くの方々に支持され、「英語を読むということがようやくわかった」といった感想を多数いただきました。と同時に、この設計図を使った英文法の解説本を出してほしいとの要望も多数いただきました。僕はこの設計図（新5文型）を「英語の新しい教え方」として定着させたいと思っています。そのためには**全ての英文法のルールをこの設計図で矛盾なく説明できないといけない**。5文型では説明できない英文法のルールを、新たな設計図を使うことでもっとわかりやすく解説できることを証明したい…、それが本書で僕のやりたかったことです。

　「全ての英文法のルール…」と言いましたが、もちろん本書で述べた以外にも大事なルールがたくさんあるよね。例えば、**比較, 助動詞, 受け身, It…の構文, そして疑問文や倒置**などです。また構文や公式と呼ばれるものもまだ多数残っています。これらは時を改めてまとめるつもりです。もちろん全てSVC, SVOで説明してみせますよ。少し予告しておくと次のような感じです。

比較, 助動詞などは	⇨ もちろん**設計図の中**で使う
受身は	⇨ **3つ目のVのカタチ**！
疑問文, 倒置などは	⇨ 設計図の"**並べ方**"を変えただけ！
It…構文, There…構文は	⇨ 設計図の重要例外！
イディオムなどの**暗記もの**は	⇨ もちろん**設計図の中**の話

　今の参考書や問題集は**"情報系"**ばかりなのです。つまり出そうな構文が羅列してあるだけ。でもどうやったら暗記できるのか、先輩たちはどうやってマスターしたのか、そういう**"工夫系"**の本がほとんどないよね。でも本来はそちらのほうが重要なはず。九九で言えば…

「3 × 4 = 12…」を覚えろ…⇨ は単なる **"情報系"**

「さん・し＝じゅうに」と先輩達は覚えた…⇨ というのが **"工夫系"**

ということですね。僕はこの **"工夫系" の本を多数書きたい** と思っているのです。次回作でもいわゆる暗記ものを最後にまとめたいと思っていますが，**「情報系（これだけ覚えればいい！）＋工夫系（こう覚えれば本番で思い出せる！）」** の内容になるはずです。お楽しみに！

前作の「あとがき」で英文法の本を出したいと書いたところ，「まだ出ないのか」という問い合わせが多数ありました。本書はその方たちへのお礼のつもりで書きました。本当にありがとうございました。いずれはホームページなどを開設して，質問やお便りを直接受け付けたいと思っています。また「遠隔地で通えないが授業を受けたい」いう方のためにビデオ教材やカセット教材なども考えています。それらも画期的な内容になるはずですよ。どうぞお楽しみに！

本書に出てきた主な「構文」一覧

※…No.は これですっきり！ の番号

あの有名構文を ⇒ SVC, SVOで説明しましょう！		No
S V [too] [C／V説／O] [to V …]	～すぎて…できない	27
S V C／V説（enough to V …） 　　　　　　　←説明	Vするのに十分な～	28
S V [so] [C／V説／O] [as to V …]	とても～なのでVする	29
S [look forward]（to Ving …） 　　V　　　　　←Vの説明	Vする事を楽しみにしてる	44
[What] do [you] [say]（to Ving …）? 　O　　　　S　V　←Vの説明	Vしませんか？	45
S [object]（to Ving …） 　　V　　←Vの説明	Vすることに反対する	45

「構文」一覧

構文	意味	頁
… be used (to Ving …) 　　V　C　←Cの説明	Vすることに慣れている	46
… used to V C／O／V説… 　　V	かつてはVしたものだ	46
… cannot help Ving … … 　　V　　　　O	Vせざるをえない	47
… cannot but V ─ C／O／V説 　　V	Vせざるをえない	47
It is no use ／ Ving … 仮S V　C　　　↑真S	Vしてもムダ	48
There is no Ving … 　V　　S	Vするのは不可能	49
… can't make oneself understood in English． 　　V　　　O　　　　C	自分の英語は通じない	57

249

構文	意味	頁
S V [what S' is] C等	現在のS'	72
S V [what S' was = what S' used to be] C等	昔のS'	72
S V [what is called C'] C等	いわゆる…	73
[A] is (to B) [what C is] (to D) S V C	AとBとの関係はCとDとの関係と同じ	74
… [what little money S' V' …] O₂等	わずかながらも持っている全てのお金を	75

(If S' [過去形] …), S [would V]―C / O / V説
      V'   v
   イントロ
	もし今〜ならば,〜だろうに	77

(If S' [had pp] …), S [would have pp]―C / O / V説
      V'   v
   イントロ
	もしあの時〜ならば,〜だったろうに	78

「構文」一覧

構文	意味	No.
(If S' [should V] …), S [would V] ← C / O / V説 　　　　V'　　　　　　　　V 　　イントロ	万一〜したなら， 〜しますが…	80
(If S' [were to V] …), S [would V] ← C / O / V説 　　　　V'　　　　　　　　V 　　イントロ	もし今後〜したら， 〜するが…	81
S wish　S' [過去形] ← C' / O' / V'説 　　　　　　　V' S　V　　　　O	今〜ならばなあ (いいのに)	82

お助け索引

「あっ,あれが知りたい」「あれをもう一度読んでみたい」
というとき,ここで検索してみよう。

[あ行]

間に入っている but　123
あくまで少数の例外です！　54
あげる　19
新しい構文だ…　127
あの時あ〜しとけば,今頃は　222
アメリカに塾や予備校がない理由　223
あらゆる文法のルール　3
ありえないことを言っていますよというサイン　224
「I wish…」パターン　232
I wish を見たら「=If(もし)」と頭の中では変換　234
as if/as though…　232
「as if/as though…」パターン　238
ask B of A　20
avoid　108
家に持って帰る　48
家を買うのに十分なお金　87
〜以外　123
意識革命　vii
いちいち SVC/SVO で考える必要はないよ…　127
「1語で」説明するときのみ「前から」　136
1,2を争って質問が多い　176
1枚の紙切れ　130
一流企業　58
1個の名詞のカタマリ　206

一生忘れない　3
一般的なタイプ　19
一般動詞の後ろ　13
一般動詞を使った文　13
いつもの will…のパターンではない　245
いつもの現在形じゃない　245
今の私があるのは父のおかげ　199
今までと同じように　182
今までと違ってそのままでは入らない　176
今やっていることを終える　108
意味がない　60
意味上の主語　67
意味を付け足しているだけ　155
色を加える　156
色を付けている　10
いわゆる　200
イントロとして訳せ　150
イントロに使った分詞　151
It…から始まる文　68
It is no use Ving…　125
It is (high) time S' + 過去形　232, 236
its と所有格で入りそう　171
enough to〜構文　86
If…過去形,…would + 原形　213
If…現在形　224
If… had pp,… would + have pp　218

If it had not been for〜,… would + have + 過去分詞　242
If…should + 原形　224
If it were not for 〜,… would + 原形　242
If…were to + 原形　224
If 側の時制　213, 218, 224, 234
If 側の時制は,「どの世界に時計の針を戻すのか」　214
「If 側の V'…」が5パターン　210
「If 節」のない仮定法　242
If の代わりに I wish を使って　233
If の省略→倒置　230
If を→It is high time に変えた　236
in the way　189
in which…ってどう訳すの？　176
in which の代わりに where という関係副詞　183
受かる人　58
受け身バージョン　151
受け身文と進行形文の変形バージョン　154
受身文の be 動詞を変えた文　155
受身文の変形バージョン　162
動いているものを捕まえる　46
「失う」または「落とす」　47
失われた可能性　215

252

失われた未来 214
後ろから見守っている 55
後ろにくっつき系 86
「後ろに付ける」という発想が日本語にない 136
後ろの説明文の中でどのように登場するのか 184
「後ろの説明文のどこに登場するか」のサイン 172
後ろの不定詞の「前か」「後か」に直接つながって 75
「うれしい事」と「楽しい事」は違う 103
うれしい瞬間 103
want 111
wish 106
Without 242
will でも構わない 226
wake (up) 80
would/could ＋ 原形 226
would が 80％ 213
would/could ＋ have ＋ 原形 219
would like 106
英語が通じない 146
英語の敬語 230
英語の文は実は 8
英語の文は大半が「SVC か、SVO」 27
英語の本当の"設計図" 2
英語は結局は「4品詞」の話 34
英語を研究するための知識 iii
英語をマスターしたい iii
英語をマスターするための知識 iv
英作文や読解は別に勉強する v

英文が書けて読めるか v
英文法とは 3
英文法の教え方に問題がある iii
英文法の最大のテーマ 32
英文法の主要テーマ 34
英文法のテストでいい点が v
英文法の分厚い参考書 iii
英文法の勉強 iv
英文法＝難しい 2
英文をどういうルールで書くのか v
得られるはずのものを取り逃がす 46
延期系 109
A is B what C is D 202
A と B との関係は C と D の関係と同じだ 202
S wish S'＋過去形… 232
S wish S'＋大過去… 232
S が，O が C することを可能にする 94
S が現れる 53
S と V の関係 75
S need to V 112
S need Ving 112
S の説明を付けようかな 166
「S の直後」に置いたもの 32
S の直後に「Ving…」「Ved（過去分詞）…」のカタマリ 138
S は，O に C させる 94
S は作る/O が C される状況を 148
S は作る/O が C する状況を 148
S は V されることを望んでる 112
S は V される必要がある

111
S は V することを望んでる 112
S は V する必要がある 111
S は見た/O が C されている状況を 143
S は見た/O が C する状況を 143
S は持つ/O が C される状況を 145
S は持つ/O が C する状況を 145
SV…〈as if S' V'（過去形/大過去）…〉 238
SVC, SVO の成り立っている文が正しい文 208
SVOO₂ をとれる動詞 18
「SVOC で訳せ」という作者の指示 21
SVOC の C だぞ 90, 91
SVOC の C で使うパターン 141
SVOC の C 専用の不定詞 90
SVC, SVO がわかるか 64
SVC, SVO の中で関係詞をどう使うのか 164
SVC, SVO の中でどう使う 63, 72
SVC, SVO の中のどこの話？ 176
SVC, SVO という形式を守る 51
SVC, SVO という制約の中で 52
SVC が成り立っているから正しい文 86
SVC 文かどうかの判断材料 12
enable O to V… 93
enjoy 108
多いに努力する 47

253

大いに問題あり 83
大過去 218
大過去から見た未来の世界 219
「大過去」は→「ズレ」があること 239
大きく進歩する 47
大きな欠点2つ iv
おかしな説明 60
お金を出して借りる 50
お金を払う価値 167
教え方に問題あり 72, 164
教える側の都合のいいように 132
「教える」問題 48
同じ仲間 200
オフを宣言する 53
覚える効率が良くなる vii
主な感情動詞（〜させる動詞） 159
「O」か「Vの説明」か2つしかない！ 13
OとCが能動の関係 142
OにCさせる（なすがまま） 96
OにCしてもらう 95
Oの後ろに何か付ける 16
「Oの説明」で訳すケース 141
Oの直後に置けば 138
「O」を付けた 14
offは「onとの対比」で考えるのが基本 53
"of"を使うケース 69
of型 20
object to Ving… 117
on 53

[か行]

垣根などから人が顔をひょっこり 54
過去から見た未来 226
過去から見た未来の可能性 215
過去から見た未来の世界 214
過去完了 218
「過去形」は→「ズレ」がないこと 239
過去/現在＝すでにやっていること＝経験済み 107
過去と未来，その違いを表わすため 105
過去に対する仮定法 218
過去にVしたことを覚えている 105, 110
過去にVしたことを忘れる 110
過去の習慣を表す助動詞 198
過去の出来事に対する仮定法 218
過去分詞の作るカタマリ 137
囲み系 85, 88
"囲み系"のカタマリ 34
カタコトの日本語 31
片方の文を説明文にする 171
カタマリで名詞になったり 34
カタマリを作りつつ，なおかつ目的語も兼ねる 195
カタマリを作るサイン 34
かつてはVしたものだ 118
仮定法でないパターン 244
仮定法という特別の時制 208
仮定法とは「If側のV'…」と「主文側のV」に関するお話 210
仮定法の数々の公式も実はSVC, SVOの文 208
仮定法の授業 245
仮定法の第1公式 233, 236
仮定法は「V」の話 208
仮定法はIf節がなくても全然平気 243
仮定法は常に現実を考る 215
仮定法は3つの世界しかない 211
必ず後ろの名詞とセット 114
必ず「S＝C」で訳せ 9
必ず「SVCの文」 12
come across〜 55
仮主語－真主語パターン 68, 126
「借りる」問題 48
彼が言ったこと 192
彼がさよならと言ったということ 194
彼がテストに合格した方法 188
彼によって書かれた本 170
感覚が大事 14
関係形容詞 204
関係詞構文という特別の文 165
関係詞というと 164
関係詞のカタチ 172
関係詞の作るカタマリ 34, 165
関係詞のwhat 192
関係詞も「前置詞付き」になる 179
関係副詞 182
関係副詞パターン 165
関係副詞とは「前置詞＋関

係詞」の話 181, 182
関係副詞のhow 188
関係副詞のwhen 186
関係副詞のwhere 182
感情動詞 157
「感情の原因」で訳すタイプ 81
完成文 196
完全な1個の名詞扱い 193
簡単な「目印」 8
勘違い 232
感動 vii
学科(教科)を教える 49
我慢する 54
昨日図書館で出会った男 168
基本パターン 165
君が覚えるのは，この3パターンだけ 158
君が仕事をやめた理由 188
99％素っ裸で 22
98％ぐらいは「～なこと/もの」と訳すwhat 193
9割以上がthe reason why ～パターン 189
今日の英字新聞 6
今日のスタートラインに戻らないといけない 214
keep the promise 47
catch 46
catch the train 47
canだって未来形 215
can't make oneself understood in English 146
cannot but V 122
cannot help Ving 122
give up 108
草の上で眠っている少女 135

句動詞 51
群動詞の後ろは不定詞は使えない 109
群動詞問題あたりが原因 51
群動詞を作った 51
couldが19％ 213
grow up 80
形容詞かどうかなんて 22
形容詞のように使う 204
形容詞は「無冠詞」(素っ裸) 23
形容詞を使った「SVC」の文 158
「結果」で訳すタイプ 80
結果論 60, 157
原形動詞になるのは当たり前 123
原形不定詞 90
原形不定詞ならC 92
現在からの距離 105
現在形/should…/were to… 224
現在に対する仮定法 213
現実に近いと思ったらwill 226
現在のS 198
現在のことなのになぜIf 側は過去形？ 213
現在分詞のカタマリ 137
現実の世界がもう既に経過している 211
現実は1つしかない 215
get 144
後見人 55
交差 222
公式，公式，公式，…のオンパレード 208
構文やイディオムは，文型と 83
こう訳せるから○○文型 8

「こと」と「～ということ」の違い 194
この5文型とは少し違う 2
この3パターンに必ず戻って 158
この設計図上で使いこなせる能力 3
このパターンを崩すことが仮定法 244
このwhat is calledは挿入句で 200
こぼれ率 98
これからVすると決める 106
これからVすることを覚えている 105, 110
これが「英語の世界」 30
これも実は立派な「SVCの文」 202
こんなとき「関係詞」を使う 168
「こんな時は形容詞用法」という説明 72
ごく特殊なケース 69
御三家 80
5種類しかありません 34
5パターンしかない！ 6
語尾が必ず「‥なのに/だろうに」になる 211
「5文型」とは 6
5文型と離れて考えてほしい 68
call off ～ 53

[さ行]

最高の「受験戦略」 98
最初に習った5文型 2
避ける 123
～させる動詞 157
更に「3つのもの」を付ける 16

3語でV　123
3分間の中にその人の全てが　130
the way　189
the wayとhowを一緒に書いてはダメ　190
the thing　192
that以降がas to V…という不定詞に変わっただけ　88
that以降のカタチ　194
that＝ということ　194
thatは文の「外」　194
試合に負ける　47
使役動詞　93, 144
試験前の1時間で見直せる資料作り　98
試験用(受験用)の一問一答式問題集　iv
下から上への動き↑　54
…してあげたタイプ　20
主格は省略できない　174
主語がIの場合もwereではなく必ずwas　237
主語が人ではなく「物」　111
主語に使われることがすごく多い　197
主語も目的語も同じ形　170
主文側にはwouldかcouldが必ず必要　215
主文側の時制　213, 218
消化不良　167
省略した方が自然　174
初心者のうちは　33
真主語を動名詞で書かないといけないという特別ルール　126
事実がすでに確定　212
実際には90％近くは省略　173

実際の英文は例外ばかり　6
実は一番"近回り"　128
実はイントロの話　32
実はSVCだけ　26
実は「普通のSVOの文」　122
自動詞/他動詞　38
自動詞か他動詞かというルール　39
自動詞と間違いやすい他動詞(前置詞不要)　42
自動詞なら　40
自動詞のようで実は　43
自動的に決めてくれる　6
自分で導き出す　218
自分の意志に関係なく「持つ」　145
十分に説明できない　2
重要例外　125
従来の勉強法の欠点が解消　vii
重量挙げのイメージ　55
受験とビジネス　58
純粋な"ビジネス"　36
準動詞　61, 100
準動詞の作るカタマリ　34
重要度・頻出度共に超A級　192
自力で　72
「C」で訳すケース　141
Cと呼ばれるようなもの/人　200
Cの後ろは基本的に「Cの説明」しか付けれない　74
C(名詞)の直後に置けば　138
CやVの説明, Oにくっつけて使うのが大半　86
see　93
shallの世界　226

should＋原形　226
少しはありえること　224
筋道の通ったわかりやすい言語　113
すでに受かっている　36
…すべき〜　78
全て仮定法の基本形の『If側を変形しただけ』　232
全てのお金…　204
全ての文法事項を→SVC, SVOで説明する　v
全て"場所"が支配する世界　30
スラッシュの位置が違う　69
ズレているか/ズレてないか　239
stayとvisitあたりが頻出　185
stop　108
整理, 統合していく作業　vi
設計図上の問題　40, 61, 112
"設計図上"正しいかどうか　41
設計図中の"場所"と"訳し方"の話　79
「設計図」で考えれば簡単　91
接続詞の仲間　194
説明が大変な割りにはあまり重要ではない　153
説明したい名詞　168
説明を「後ろに」付ける英語式で大活躍　135
先生はしつこく言う　5
絶対ありえないこと　224
絶対にやってはいけない訳　67
ゼロからの積み重ね　46

全員退部する 223
全然意味が違う 76
全体はSVCやSVOなど5文型で訳すことには変わりない 84
前置詞+関係詞 176, 183
"前置詞+関係詞"パターン 165
前置詞+名詞 114
前置詞が付いているから 14
「前置詞が残る」パターン 78
前置詞付きで入るか 178
前置詞の後ろも目的格 181
「前置詞の有無」で誰でもわかる 14
前置詞のto 114
前置詞を付けないと入らない 177
前置詞がいるか，いらないか 40
全部暗記しないとダメ？ 12
全部の品詞を暗記 22
全問正解状態 vii
There is no Ving… 128
There専用設計図 129
「Z式」解法 215
外に出ることで中身がわかる 53
外に出る→中身がわかる 55
その基準が曖昧 60
その時のセットで 68
そのまま入るか 177
それを教わればおしまい 73
so～as to…構文 88
so～that…構文の不定詞版 88

[た行]

第1の決め手 12
第2の決め手 12
第2文型をとる動詞 10
大半は「O」が付いている 13
代名詞は「前後に説明を付けることができない」 142
助けるべき誰か 76
ただ暗記していても意味がない 113
正しい勉強 223
他動詞なら 40
他人の価値観 103
「誰が」理解するのかを考える 148
誰でも簡単に見抜ける仕組み 15
「誰に」という方向性 19
誰もが暗記させられた 112
「単語のカタマリ」を並べる 33
単語の"並べ方"で役割を表わす 31
単純に「方向性」を表わす 20
単独では絶対Vになれません 100
単なる条件 224
turn out (to be) C 53
turn up 53
小さいときから大きくなるまで 54
知覚動詞 93, 141
違ったら修正する 27
違ったら他のパターンを考える 81
長期間維持する 47
直前に意味上の主語 85

直前にnot 117
直前に所有格などでくっつける 117
直訳すると意味不明 45
次の3カ所だけ 133
付けなくても説明が付いている 174
「つながって」見えてくる 27
つまり代名詞 194
程度 84
手紙を出すために 80
天井に手が届くほど背が高い 87
電話を借りる 49
take after～ 56
decide 106
discussの後ろ 41
determine 106
deny 108
～という計画 76
トイレを借りる 49
統合学 vi
「時ならwhen」作戦 187
特定の穴埋め問題 165
特定の穴埋め問題しかできない 83
特別な文があるわけではない 85
～と偶然出会う 55
時計の針を勝手に戻してしまった世界 217
時計の針を戻せるなら… 214
時計の針を戻していない 225
とても興味深いお話 210
とても頻出するパターン 222
同格 76
どうして主文側にはwould,

257

couldが必ず必要？ 213
どうして前置詞が付くのか 176
どうしても知っておいてほしい 38
動詞と一緒に使う「副詞」 52
動詞の仕事をしない動詞 61
「動詞のニュアンス」をつかむいい機会 45
どうつながるのかを整理・統合 viii
どう見抜くか 8
動名詞 100
動名詞じゃなかったの？ 132
動名詞と不定詞の使い分け 104
動名詞の「意味上の主語」 117
動名詞の否定 117
動名詞を使った構文 122
動名詞をとるタイプ 107
動名詞を目的語にとる 105
読者にサインを送っている 100
どこかに登場する文 168
"どこの話"なのか viii
どちらかを省略しているだけ 190
どちらもwhichを使う 170
どのテキストにも載っている 209
to型 20
to＋動名詞 114
toなし不定詞 90
toの後ろなのにVing… 114
「to…」は 65

to不定詞と動名詞を「使い分ける」 104
to不定詞との使い分け 104
to不定詞・動名詞両方とって意味が異なるタイプ 109
to不定詞を目的語にとる 105
to不定詞をとるタイプ 106
to＋Ving 114
「to V…」の主語を指示 67
「to V…」の主語を指示 67
「to V…」を名詞で使う 62
too〜to…構文 84
try 110

[な行]

なければ表現 242
なぜtoを付けちゃいけないのでしょう？ 91
なぜtoをとるのか 90
なぜ動詞の頭にto 61
なぜ目的格の関係詞だけ省略するか 174
「何が」公式なのかがわかりにくい v
何が「公式」なのか vi
「並び順」に意味がある 73
「並べ方」には法則がある！ 31
何となく特徴 18
〜について議論する 41
〜に到着する 41
「〜にとって」と習ってしまう 66
〜に似ている 56
〜に入る 41
日本語と同じ感覚で→英語を教えてしまう 31

日本語には"てにをは"があるが、英語にはない！ 30
日本人がつい間違ってしまうもの 39
日本人にはわかりにくい 147
日本人は多くのミスをする 39
日本人はついつい前置詞を 42
need 111
neverとセットで 107
〜の"後を"受け継いでいる 56
〜の世話をする 55
望み系 106
(線の上に)乗ってる 53
「no Ving…」パターンの時だけは動名詞を使っていい 128
no use… 126
notの位置だけは注意 242

[は行]

入る位置だけ注意 202
はずれている 53
母が一番忙しい日 186
「判断の根拠」で訳すタイプ 81
半分当たっていて半分間違っている 182
"…by foreigners"（外国人に）」を補って考えればいい 147
「場所ならwhere」作戦 183
場所の名詞 183
ばらばらに暗記しないといけない v
ばらばらに暗記するので効率が悪い vi
パーティを開く 47

258

お助け索引

how 182
had + 過去分詞 219
had my bag stolen 144
have 93, 144
have a party 47
have と get 問題 94
But for〜 242
「被害」にも使える 145
引っかけよう 185
必要ない知識を"削除" viii
人 is excitted（at モノ） 158
「1つだけ」覚えるのがコツ 213
1つに集約（統合）する作業 iv
「1つの設計図上」で表わす 2
"1つの設計図"だけで説明する v
1つの設計図で全てを表わさないと 45
1つ前の世界 214
「人」の説明→ who, whom, whose 169
人は驚かされた（モノに） 160
人は興奮させられた（〜に） 158
人は退屈させられた（モノに） 160
一人で旅するには若すぎる 84
一人二役 194
人を興奮させるような〜 158
「人」を主語にするタイプの形容詞 70
100枚の紙切れ 130
ビンの中から中身（液）が出る 52

ピント外れの間違った説明 66
hear 93
hear O Ved 142
be で終わっている 199
be to 助動詞 228
be 動詞 + 過去分詞 158
「be 動詞に置き換えて」みればいい 10
be 動詞の代わりに使ってもいい動詞 10
be 動詞の仲間 10
「be 動詞」の部分に他の動詞を使うことができる 154
be 動詞を使っているから 9
be used to Ving… 118
be used to Ving…は普通の SVC の文 118
visit の目的語 185
「副詞」のイメージを学ぶチャンス！ 52, 55
副詞部分の代わりに使う関係詞なので→関係副詞 183
2つしかない 8
2つの条件 184
普通の SVO の文 51
普通の what の使い方 201
普通の名詞でもいい 115
不定詞と対比させながら考える 116
不定詞と動名詞で「能動と受動」の違い 111
不定詞と動名詞の性質の違いがわかれば，当たり前の話 105
不定詞・動名詞両方とって意味が異なるタイプB 111
不定詞のカタマリの中も「5文型」で 65

不定詞の形容詞用法 72
不定詞の副詞用法 79
不定詞の名詞用法 62
不定詞は使えない 114
不定詞をイントロなどに使うこと 79
不定詞を「Sの説明，Cの説明，Oの説明」などに使うこと 73
フランス料理式 167
文型がわかっているとどんどん問題が解ける 24
文型がわかってないと絶対解けない 24
文型とは 5
文型のサイン 21
文型の見抜き方 5
文型を見抜く必要 5
分詞 132
分詞構文 150
分詞構文も Ving… 102
分詞の限定用法 135
分詞の叙述用法 141
分詞は普通は「カタマリで」使う 133
分詞も Ving… 102
分詞を使って自由に文が書ける 133
文全体の説明として訳せ 150
文中でVの仕事をしていない動詞ですよ 100
文中の形容詞や副詞の説明として使う 84
文中の形容詞や副詞を"囲んで"使う 84
文の最初に置いた単語 32
文法の参考書には，必ず 104
文法問題の大頻出テーマ 140
文法問題の頻出テーマ 69

分類学 vi
文を書く上で何が問題なのか 60
「文を書くとき」何が問題なのか 38
who, which, whose などの使い分け 168
whose…のパターン 168
whose が付いていれば 171
whom という「関係」代名詞 168
whom に the man を代入してみれば 178
fail 107
what＝こと 194
what 以外の関係詞のカタマリ 165
What do you say to Ving …？ 117
what is called 198, 200
what is called C 200
What we call C 200
what S is 198
what S used to be 198
what S was 198
what は「内」 194
what は文中で said の目的語も兼ねている 194
what he had 204
what he said 193
what V'…のカタマリ 165
what money 204
What you call C 200
what little money 204
what を使って表す 193
feel 93
feel O Ved→O 143
which が付いてれば 170
finish 108
for 型 20
for が99％，of は1％もない！ 70
forget 110
for＝〜のために 19
Ved by…, SV… 150
Ving 132
Ving…, SV 150
Ving…の形容詞用法 102
Ving…の副詞用法 102
Ving…の名詞用法 102
Ving…を名詞で使う 100
Ving にも3用法がある 102
Ving は過去，to V は未来 105
V されたときに 151
V されたにもかかわらず 151
V されたので 151
V された名詞 136, 168
V したい 106
V したことを否定する 108
V して楽しむ 108
V してみた 110
V してみようと思う，試みる 110
V してもムダ 125
V している名詞 168
V する 以外 はできない 123
V すること 100
V することに慣れている 118
V することに反対する 118
V することはありえない 128
V することは存在しない 128
V することを避ける 108
V することを避けることができない 123
V する(した)時に 150
V する(した)にもかかわらず 150
V する(した)ので 150
V するのに失敗する 107
V するのに十分な形容詞/副詞 86
V するのは嫌？ 108
V するのはどうですか？ 118
V するのを楽しみにしている 116
V するのをためらう 107
V する名詞 136
V せざるをえない 122
「V」だけではない！ 12
V できない 128
V (述語動詞)との関係 238
V にさまざまな意味を込めないと 45
「V の1番前にあるもの」だけを前に出す 230
V のカタマリ 34
V の説明(副詞用法)で訳せ 91
「V の説明」だよ 14
V の直後 12
V の直後が「形容詞」 12
V の直後が形容詞 26
「V の左が行為者，右が対象物」 30
V 役をやっていないぞというサイン 101
V を延期する 109
bring up 〜 53
break the promise 47
put off 53, 109
put up with 〜 54
へ〜，そうなのか 3
部屋に入る彼を見た 142
hesitate 107
help 123

help は目的語に必ず動名詞をとる 123
他にもややこしい公式 232
本当の意味での意味上の主語 71
本当は全て「つながっている」 v
本番で使えない勉強 98
ポイントは「動詞(V)」 80
hope 106
where 182
were to ＋原形 228
when 182
why 182
postphone 109

[ま行]

毎日テニスすること 100
幕の内弁当式 167
まさにこの話 32
まず主語が人かモノかをチェック 160
間違いなく「C」 142
間違う 47
全く可能性のないこと 228
全く別の知識 vi
might が 1％ 213
mind 108
道を教えて 49
道を教えてくれるくらい親切だ 88
3つの別の名前が付いている 102
3つの未来形を利用 228
皆さんは英語学者になりたいの？ iii
未来に対する仮定法 224
未来日記 103
未来のスタートラインに戻って，別の未来をやり直す 226
未来の3つの世界を区別するため 228
未来＝まだやってない 106
miss 46
miss the train 47
昔のS 198
"無色透明"のbe動詞 10
「無色透明のbe動詞」に少し色を付ける 154
ムダ 126
無理矢理訳す人 145
無料で借りる 50
名詞(←説明) 169
名詞節や副詞節のカタマリ 34
名詞＋to V… 73
名詞の修飾をするときは"囲み系" 87
名詞＋Ved by… 136, 168
名詞＋Ving … 136, 168
名詞を説明する文章 168
滅多に使わない特殊な使い方 74
make 93, 144
make out 52
make great efforts 47
make great progress 47
make と enable 問題 93
make の基本イメージ 46
make a mistake 47
目的語(O)に使う時 104
「目的で訳せる」って誰が決めたの？ 79
目標達成能力 58
もしあの時〜がなかったら… 242
もし今〜がなければ… 242
「もし〜がなければ」と言うとき専用 242

「もし…」で書き始めて，現在のこと過去のことを書く 211
「もし…」で書くと必ず仮定法 212
「もし…」の世界が5パターンある 210
「もし…」の法則 211
もしVされたならば 151
もしVする(した)ならば 150
持っていく 54
最も教え方に問題がある 208
最も重要なのは『SVC / SVOが成立しているか』 128
モノ excite 人 157
モノが人を興奮させる 157
「〜もの」とか「〜こと」とか言うとき専用 192
モノにもつかえます 171
「モノ」の説明→ which, whose 170
「モノ」の説明文を後ろに 170
モノは，人を驚かせるようなものだ 160
モノは，人を退屈させるようなものだ 160
「モノ」(物事)を主語にするタイプの形容詞 70
モヤモヤをスッキリ晴らして 3
問題あり 132

[や行]

役が違えばもちろん訳も 33
訳さえできれば 5
約3割の不定詞 67

訳し方が決まる　8
訳し方が4パターン　79
「訳し方」の指示　5
訳したいから文型　6
約束を守る　47
約束を破る　47
約7割が目的で訳せばOK　79
やっぱり英語は暗記　51
やっぱり習っていない　83
やはりそれなりの意味がある　52
「やめる」系　107
唯一仮定法じゃない　225
use（使う）とは全く関係ない　119
useに似たややこしいカタチ　119
usedは「慣れている」という形容詞　119
"used to"が助動詞　119

used to V…　118
youと形容詞がイコールになるかどうか　70
要は一種の強調表現　216
横切った　55
4つに集約してしまう　35
読み手に「わかりやすい目印」　13

[ら行]

来年日本を訪れる　73
live　80
理由の名詞　189
両者の違いが頻出　95
remember　110
remember + to V　105
remember + Ving　105
look after〜　55
look forward to Ving…　114, 115
列車に乗り遅れる　47

列車に間に合う　47
let　93
letとallow問題　96
rentとborrowの違い　50
lose the game　47

[わ行]

「わかりやすい目印」を必ず付ける　16
忘れずにVする　110
わずかながらも持っていた全てのお金　204
私が生まれた家　176, 182
私が名前を知らない男　169
和訳せよ　64
〜を延期する　53
〜を育てる　53
〜を中止する　53
〜を理解する　52

KENKYUSHA

〈検印省略〉

超 英文法マニュアル

2000年10月10日　初版発行　　2023年5月12日　17刷発行

著　者　かんべやすひろ
発行者　吉　田　尚　志
印刷所　図書印刷株式会社
製版所　有限会社　十　歩

発行所　株式会社　研究社

〒102-8152
東京都千代田区富士見 2-11-3
電話番号（営業）03(3288)7777(代)
　　　　（編集）03(3288)7711(代)
振替　00150-9-26710

ISBN 978-4-327-76462-3 C7082
レイアウト／有限会社　十　歩